山东省革命文物图文大系

山东博物馆 编著

科学出版社
北京

图书在版编目（CIP）数据

山东省革命文物图文大系：全十卷 / 山东博物馆编著. -- 北京：科学出版社，2024. 12. -- ISBN 978-7-03-080020-6

Ⅰ. K871.62

中国国家版本馆CIP数据核字第2024SC9750号

责任编辑：张亚娜　樊　鑫 / 责任校对：张亚丹
责任印制：张　伟 / 书籍设计：北京美光设计制版有限公司

科学出版社 出版
北京东黄城根北街16号
邮政编码：100717
http://www.sciencep.com
北京华联印刷有限公司印刷
科学出版社发行　各地新华书店经销
*
2024年12月第　一　版　开本：889×1194　1/16
2024年12月第一次印刷　印张：123 3/4
字数：2 600 000

定价：3680.00元（全十卷）

分卷主编

第一卷	孙艳丽	第二卷	孙艳丽　贾依雪
第三卷	李　娉　贾依雪	第四卷	杨秋雨
第五卷	杨秋雨　仪明源	第六卷	仪明源　于秋洁
第七卷	刘　宁　张小松	第八卷	刘　宁　怀培安
第九卷	怀培安　李　娉	第十卷	张小松

撰写团队（按姓氏笔画排序）

卜　鑫	于佳鑫	于法霖	于秋洁	于颖欣	万本善	马　军	马　静	马天成
马克凡	王　美	王　浩	王　晶	王　鹏	王　睿	王小羽	王之信	王之谦
王丹青	王文红	王文博	王平云	王亚敏	王丽媛	王凯强	王思涵	王晓妮
王婀娜	王培栋	车　悦	毛洪东	孔凡胜	卢绪乐	仪明源	冯明科	宁志刚
毕晓乐	曲　菲	吕　健	吕其林	任　伟	任维娜	庄　倩	刘　宁	刘　畅
刘　凯	刘　婧	刘长艳	刘军华	刘丽丽	刘树松	刘剑钊	刘逸忱	江海滨
许　哲	许文迪	许盟刚	孙　佳	孙　颖	孙全利	孙利堂	孙纬陶	孙艳丽
苏　琪	苏力为	杜晨英	李　波	李　娉	李　媛	李　婷	李兴栋	李克松
李国盛	李寅初	李博文	李晶晶	李景法	李献礼	杨　坤	杨　昊	杨　燕
杨立民	杨亚昱	杨秋雨	杨靖楠	吴　昊	谷　淼	怀培安	宋　松	宋卓远
张　丹	张　卡	张　军	张　媛	张　璐	张小松	张世林	张有才	张秀民
张美玲	张晓文	张海燕	张淑敏	陈　晓	陈　鹏	陈孟继	林立东	昌筱敏
罗　琦	罗永华	周　宁	周光涛	周兴文	郑学富	郑德平	官春磊	项　项
赵　金	赵文彬	赵均茹	赵皎琪	赵蓓蓓	郝明安	胡可佳	姜羽轩	姜晴雯
姚　超	姚焕军	袁晓梅	聂惠哲	贾庆霞	贾依雪	贾婧恩	夏　敏	徐　艳
徐　静	徐　磊	徐晓方	徐赛凤	高丽娟	唐铭涓	黄巧梅	黄祖文	崔　强
崔萌萌	康甲胜	阎　虹	梁连江	梁新雅	董　艺	董倩倩	韩晓燕	焦玉星
赖大邃	雷　茜	蔡亚红	蔡运华	蔡言顺	薛喜来	穆允军	穆红梅	

学术顾问

邱从强　张艳芳　郑宁波　徐　畅　崔华杰

审校

李　娉　孙艳丽　怀培安　贾依雪

文物摄影

阮　浩　周　坤　赵蓓蓓　蔡启华

参加单位

★ 省直单位

山东博物馆
中共山东省委党校（山东行政学院）图书和文化馆
山东省档案馆
山东省图书馆
孔子博物馆
山东大学图书馆

★ 济南市

济南市博物馆
济南市章丘区博物馆
济南市济阳区博物馆
济南革命烈士陵园（济南战役纪念馆）
济南市莱芜区博物馆
中共山东早期历史纪念馆

★ 青岛市

青岛市博物馆
青岛海关博物馆
青岛道路交通博物馆
青岛市黄岛区博物馆
青岛市即墨区博物馆
青岛市即墨区烈士陵园
青岛市档案馆
青岛市革命烈士纪念馆
中共青岛党史纪念馆
中国人民解放军海军博物馆
莱西市博物馆
黄岛烈士陵园纪念馆
平度市博物馆
平度市烈士陵园
胶州烈士纪念馆

★ 淄博市

淄博市博物馆
淄博市焦裕禄纪念馆
淄博煤矿博物馆
黑铁山抗日武装起义纪念馆
淄博市公安局
桓台博物馆
高青县革命历史纪念馆
沂源博物馆
沂源县革命烈士陵园（革命历史纪念馆）

★ 枣庄市

枣庄市博物馆
铁道游击队纪念馆
台儿庄区贺敬之文学馆
台儿庄革命烈士陵园（战史陈列馆）

★ 东营市

东营市历史博物馆
中共刘集支部旧址纪念馆
东营市垦利区博物馆（含渤海垦区革命纪念馆）

★ **烟台市**

烟台市博物馆

烟台市牟平区博物馆

烟台北极星钟表文化博物馆

烟台市蓬莱区烈士陵园管理处

莱州市博物馆

地雷战纪念馆

龙口市博物馆

栖霞市牟氏庄园管理服务中心

招远市博物馆

★ **潍坊市**

潍坊市博物馆

潍坊市革命烈士陵园管理处

潍坊市寒亭区博物馆

青州市博物馆

昌邑市博物馆

寿光市博物馆

安丘市博物馆

潍县西方侨民集中营旧址博物馆

★ **济宁市**

邹城博物馆

金乡县文物保护中心

嘉祥县烈士陵园烈士纪念馆

梁山县烈士陵园管理服务中心

★ **泰安市**

泰安市博物馆

泰安徂徕山抗日武装起义博物馆

中共东平县工委纪念馆

东平县博物馆

肥城市档案馆

新泰市档案馆

新泰市博物馆

★ **威海市**

中国甲午战争博物院

天福山起义纪念馆

威海市博物馆

乳山市文物保护中心

★ **日照市**

日照市岚山区博物馆

日照市抗日战争纪念馆

莒州博物馆

五莲县博物馆

★ 临沂市

临沂市博物馆
山东省政府和八路军115师司令部旧址
大青山胜利突围纪念馆
华东野战军总部旧址暨新四军军部旧址纪念馆
沂水县博物馆
沂水县云头峪村《大众日报》创刊地纪念馆
沂水县中共中央山东分局旧址
沂蒙红嫂纪念馆
沂蒙革命纪念馆
莒南县博物馆
孟良崮战役纪念馆
平邑县博物馆
鲁南革命烈士陵园

★ 德州市

德州市博物馆
冀鲁边区革命纪念馆

★ 聊城市

孔繁森同志纪念馆
聊城中国运河文化博物馆
聊城市茌平区博物馆
聊城市茌平区档案馆
东阿县文物事业发展中心
东阿县文物管理所
运东地委革命纪念馆
临清市档案馆

★ 滨州市

滨州市博物馆
邹平市文物保护中心（邹平市博物馆）
滨州市滨城区文物保护修复中心（滨州市滨城区博物馆）
渤海革命老区纪念园
博兴县博物馆
阳信县博物馆

★ 菏泽市

菏泽市博物馆
菏泽市烈士陵园（菏泽市抗日纪念馆）
菏泽市定陶区博物馆
菏泽市定陶区档案馆
菏泽市定陶区烈士陵园
东明县博物馆（东明县文物保护中心）
巨野县博物馆
郓城县博物馆
中国鲁锦博物馆
冀鲁豫边区革命纪念馆
单县档案馆
曹县档案馆
成武县烈士陵园
成武县档案馆
鄄城县档案馆

山东省
革命文物
图文大系

第八卷

刘　宁
怀培安　主编

命运决战

解放战争时期

（中）

科学出版社
北京

前言

解放战争时期，山东是人民军队北上南下的战略枢纽和主要战场，战略进攻和决战的序幕都从山东揭开。经过一年作战，战争形势发生重大变化。1947年6月30日，晋冀鲁豫野战军一举突破黄河天险，揭开了战略进攻的序幕。

人民解放军转入战略进攻的新形势，要求解放区更加普遍深入地开展土地制度改革。1947年7月至9月，全国土地会议在西柏坡召开，制定《中国土地法大纲》，并于同年10月由中共中央批准公布。在开展土地制度改革的同时，各解放区针对一些地方党组织特别是农村基层党组织中存在的思想不纯、作风不纯和成分不纯的问题，进行了整党工作。在党中央领导下，山东党组织团结带领山东人民抓住重点、统筹兼顾，进行土地改革、支援前线和发展生产，支援人民解放军粉碎了国民党的军事进攻，为揭开解放战争战略进攻和战略决战的序幕作出了重要贡献。山东共有1106万人次支前，近百万人参军，充分展现了顾全大局、听党召唤的优秀品质，更留下了彪炳史册的历史功勋。

目录

第一章
整党整军 肃纪铸魂

第二章 生产互助 支援前线

第三章 战略决胜 捷报频传

第四章

铜墙铁壁 人民功勋

第一章

整党整军 肃纪铸魂

经历了抗战时期的严峻考验，山东的党组织和党员数量得到很大发展，抗战结束后，山东解放区党员数量已发展到20多万人。党的队伍状况总体向好，但在一些党组织特别是在一些农村基层党组织中，思想、作风和组织不纯的问题也明显地暴露出来。针对这些问题，在全国土地会议上，中共中央决定在各解放区结合土地改革开展整党运动，以说服教育为主，通过开展批评与自我批评，实现“惩前毖后，治病救人”的目标。整党运动的同时，人民解放军开展了新式整军运动。其中，渤海军区新式整军经验受到党中央的高度肯定。1947年底，渤海区新式整军运动在渤海纵队等部试点展开。

华东军区政治部编印《三查三整运动参考文件》

1947年

山东博物馆藏

“三查三整”是1947年冬至1948年春，根据全国土地会议决定在解放区结合土地改革开展的以查阶级、查思想、查作风，整顿组织、整顿思想、整顿作风为内容的整党运动。方针是“惩前毖后，治病救人”，坚持思想教育、组织整顿、纪律制裁的原则，运用群众路线，开展批评与自我批评的方法，收到显著成效。这次整党运动纯洁了党组织和干部队伍，改进了工作作风，保证了土改的顺利完成和解放战争的最后胜利。

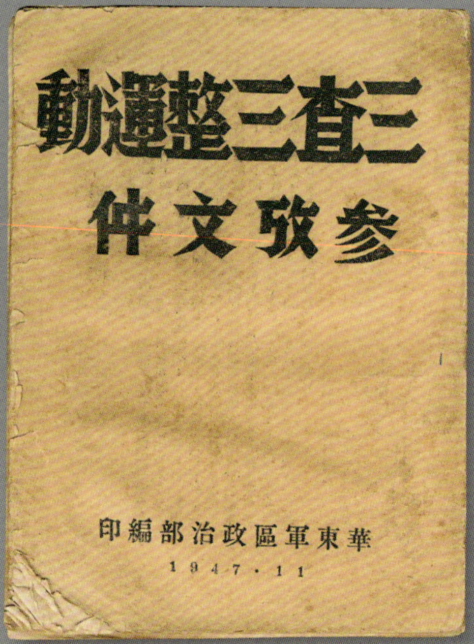

三查三整運動

参攷文件

華東軍區政治部編印

1947·11

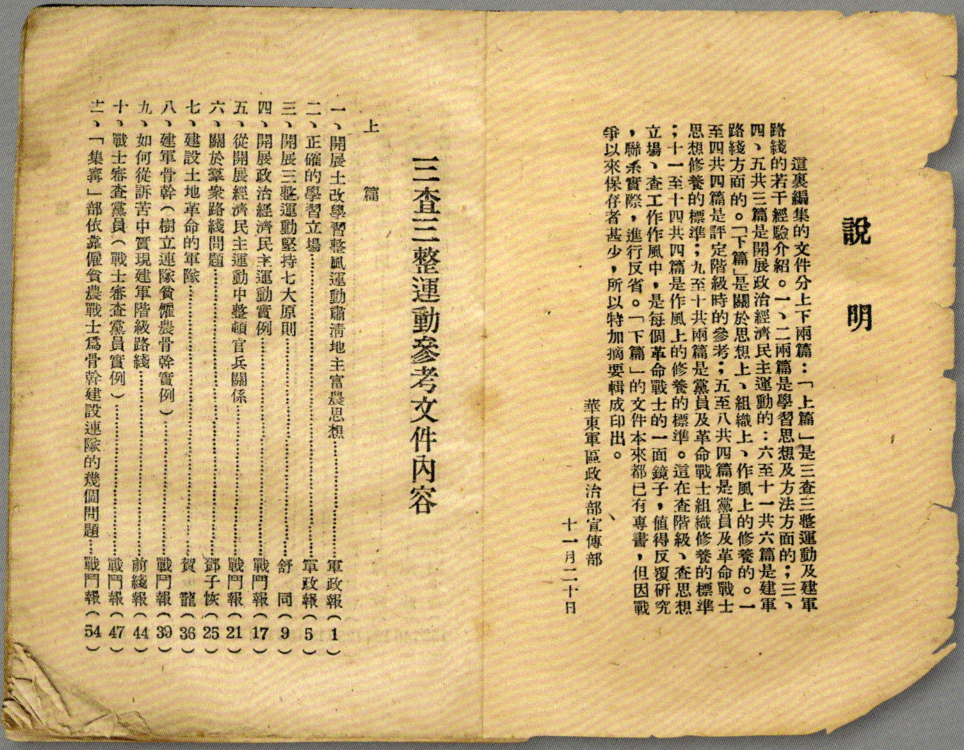

說明

這裏編集的文件分上下兩篇：「上篇」是三查三整運動及建軍路綫的若干經驗介紹。一、二兩篇是學習思想及方法方面的；三、四、五共三篇是開展政治經濟民主運動的；六至十一共六篇是建軍路綫方面的。「下篇」是關於思想上、組織上、作風上的修養的。一至四共四篇是評定階級時的參考；五至八共四篇是黨員及革命戰士思想修養的標準；九至十共兩篇是黨員及革命戰士組織修養的標準；十一至十四共四篇是作風上的修養的標準。這在查階級、查思想立場、查工作作風中，是每個革命戰士的一面鏡子，值得反覆研究，聯系實際，進行反省。「下篇」的文件本來都已有專書，但因戰爭以來保存者甚少，所以特加摘要輯成印出。

華東軍區政治部宣傳部

十一月二十日

三查三整運動參考文件內容

上篇

山东胶东军区司令部编印《铁的纪律》

1947年
山东博物馆藏

胶东军区部队纪律整顿材料。《铁的纪律》分为序言、纪律要则、革命部队中的军法工作、保持我军铁的纪律、腐化堕落死路一条、部队模范等方面的内容。书中写道：“整顿纪律是形势的发展和要求，由于老部队不断集体升级，胶东部队的新成分增多，新提拔干部尤其是排连干部业务较生疏，对于部队管理教育的常识经验等欠缺……根据部队的纪律状况和平时与战时的考验，胶东部队的纪律还不够严明，需要严格整顿纪律，以达到自觉遵守纪律的要求。”通过整训整军和练兵活动，部队的军政素质有了很大提高。

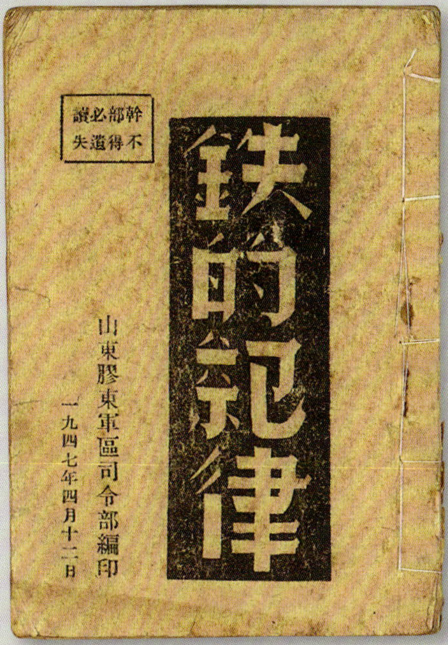
幹部必讀
不得遺失

鉄的紀律

山東膠東軍區司令部編印
一九四七年四月十二日

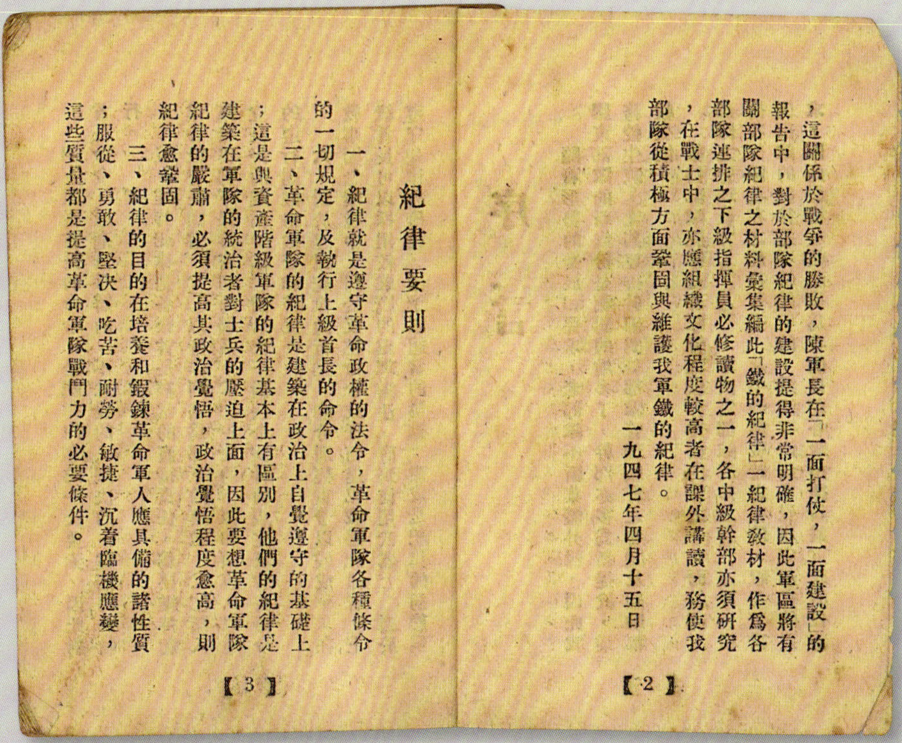
，這關係於戰爭的勝敗，陳軍長在「一面打仗，一面建設」的報告中，對於部隊紀律的建設提得非常明確，因此軍區將有關部隊紀律之材料彙集編此「鐵的紀律」一紀律教材，作爲各部隊連排之下級指揮員必修讀物之一，各中級幹部亦須研究，在戰士中，亦應組織文化程度較高者在課外講讀，務使我部隊從積極方面鞏固與維護我軍鐵的紀律。

一九四七年四月十五日

【2】

紀律要則

一、紀律就是遵守革命政權的法令，革命軍隊各種條令的一切規定，及執行上級首長的命令。

二、革命軍隊的紀律是建築在政治上自覺遵守的基礎上；這是與資產階級軍隊的紀律基本上有區別，他們的紀律是建築在軍隊的統治者對士兵的壓迫上面，因此要想革命軍隊紀律的嚴肅，必須提高其政治覺悟，政治覺悟程度愈高，則紀律愈鞏固。

三、紀律的目的在培養和鍛鍊革命軍人應具備的諸性質；服從、勇敢、堅決、吃苦、耐勞、敏捷、沉着臨機應變，這些質量都是提高革命軍隊戰鬥力的必要條件。

【3】

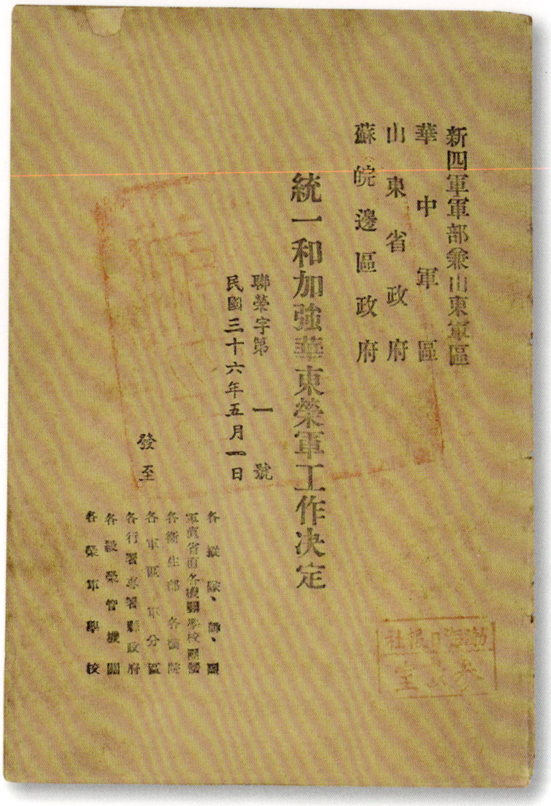

新四军军部兼山东军区、华中军区、山东省政府、苏皖边区政府《统一和加强华东荣军工作决定》

1947年
山东博物馆藏

解放战争时期，为安置被国民党军队迫害而从其占领区撤退的荣军，安慰革命有功之将，提高前线将士英勇杀敌的士气和人民参战的勇气，争取解放战争全部胜利局面早日到来，民主政府决定加强优荣工作，确立全体干部及人民的优荣尊荣观念以及全体荣军继续为革命服务到底的思想。新四军军部兼山东军区、华中军区、山东省政府、苏皖边区政府于1947年5月1日联合发布《统一和加强华东荣军工作决定》。

由于解放战争的需要，山东各级党政军机关和全体人民对优荣工作认识的提高和工作中的摸索和研究，已经创造了一套优荣工作的经验和专门负责领导优荣工作的组织，使每一位从前方归来的荣军在政治地位上得到应有的提高，在生活上得到应有的优待，在政治思想上得到一定程度的提高，因而，使很多荣军同志在“养好身体重回前线杀敌中，在生产节约支援前线中，在量力能所参加各种后方工作中，在复员安家后的兴家立业中，及在加强学习、准备就业中，积极地为革命服务”，优荣工作获得很大成绩。

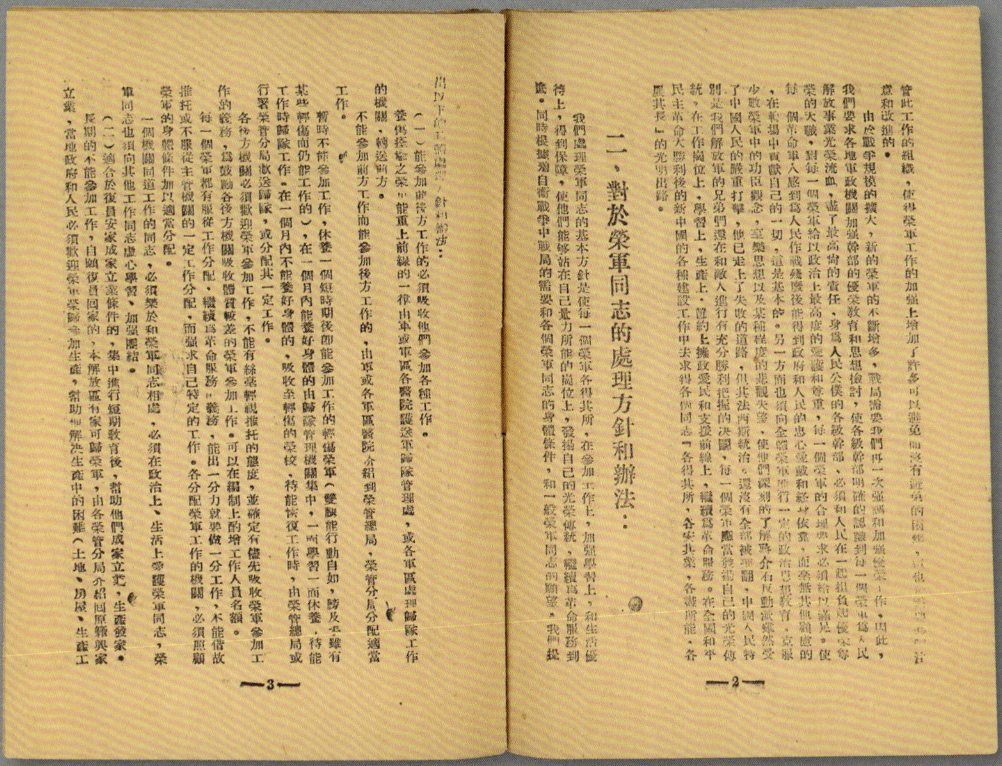
管此工作的組織，使得榮軍工作的加强上增加了許多可以避免而沒有避免的困難，[illegible]意和改進的。

由於戰爭規模的擴大，新的榮軍的不斷增多，戰局需要我們再一次强調和加强優榮工作。因此，我們要求各地軍政機關加强幹部的優榮教育和思想檢討，使各級幹部明確的認識到每一個榮軍爲人民解放事業光榮流血，盡了最高尚的責任，身爲人民公僕的各級幹部、必須和人民在一起担負起優榮尊榮的大職，對每一個榮軍給以政治上最高度的愛護和尊重，每一個榮軍的合理要求必須給以滿足。使每一個革命軍人感到爲人民作戰殘廢後能得到政府和人民的忠心愛戴和終身依靠，而毫無其他顧慮的，在戰場中貢獻自己的一切，這是基本的。另一方面也須向全體榮軍進行一定的政治思想教育，克服少數榮軍中的功臣觀念，享樂思想以及某種程度的悲觀失望，使他們深刻的了解蔣介石反動派雖然受了中國人民的嚴重打擊，他已走上了失敗的道路，但其法西斯統治，還沒有全部被推翻，中國人民特別是我們解放軍的兄弟們還在和敵人進行有充分勝利把握的決鬥，每一個榮軍應當發揚自己的光榮傳統，在工作崗位上，學習上，生產上，節約上擁政愛民和支援前線上，繼續爲革命服務。在全國和平民主革命大勝利後的新中國的各種建設工作中求得各個同志「各得其所，各安其業，各盡所能、各展其長」的光明出路。

二、對於榮軍同志的處理方針和辦法：

我們處理榮軍同志的基本方針是使每一個榮軍各得其所，在參加工作上，加强學習上，和生活優待上，得到保障，使他們能够站在自己能力所能的崗位上，發揚自己的光榮傳統，繼續爲革命服務到底。同時根據自衛戰爭中戰局的需要和各個榮軍同志的身體條件，和一般榮軍同志的願望，我們提

—2—

出以下的工作處理方針和辦法：

（一）能參加前後方工作的必須吸收他們參加各種工作。

參傷痊愈之榮軍能重上前線的一律由軍或軍區各醫院護送軍區歸隊管理處，或各軍區處理歸隊工作的機關，轉送前方。

不能參加前方工作而能參加後方工作的，由軍或各軍區醫院介紹到榮管總局，榮管分局分配適當工作。

暫時不能參加工作，休養一個短時期後即能參加工作的輕傷榮軍（雙腿能行動自如，傷及手雖有某些輕傷而仍能工作的），在一個月內能養好身體的由歸隊管理機關集中，一面學習一面休養，待能工作時歸隊工作。在一個月內不能養好身體的，吸收至輕傷的榮校，待能恢復工作時，由榮管總局或行署榮管分局激送歸隊，或分配其一定工作。

各後方機關必須歡迎榮軍參加工作，不能有絲毫輕視推托的態度，並確定有優先吸收榮軍參加工作的義務，爲鼓勵各後方機關吸收體質較差的榮軍參加工作，可以在編制上酌增工作人員名額。每一個榮軍都有服從工作分配，繼續爲革命服務的義務，能出一分力就要做一分工作，不能借故推托或不服從主管機關的一定工作分配，而强求自己特定的工作。各分配榮軍工作的機關，必須照顧榮軍的身體條件加以適當分配。

一個機關同道工作的同志，必須樂於和榮軍同志相處，必須在政治上、生活上愛護榮軍同志，榮軍同志也須向其他工作同志虛心學習，加强團結。

（二）適合於復員安家成家立業條件的，集中進行短期教育後，幫助他們成家立業，生產發家。長期的不能參加工作，自願復員回家的，本解放區有家可歸榮軍，由各榮管分局介紹回原籍與家立業，當地政府和人民必須歡迎榮軍榮歸參加生產，幫助他解決生產中的困難（土地、房屋、生產工

—3—

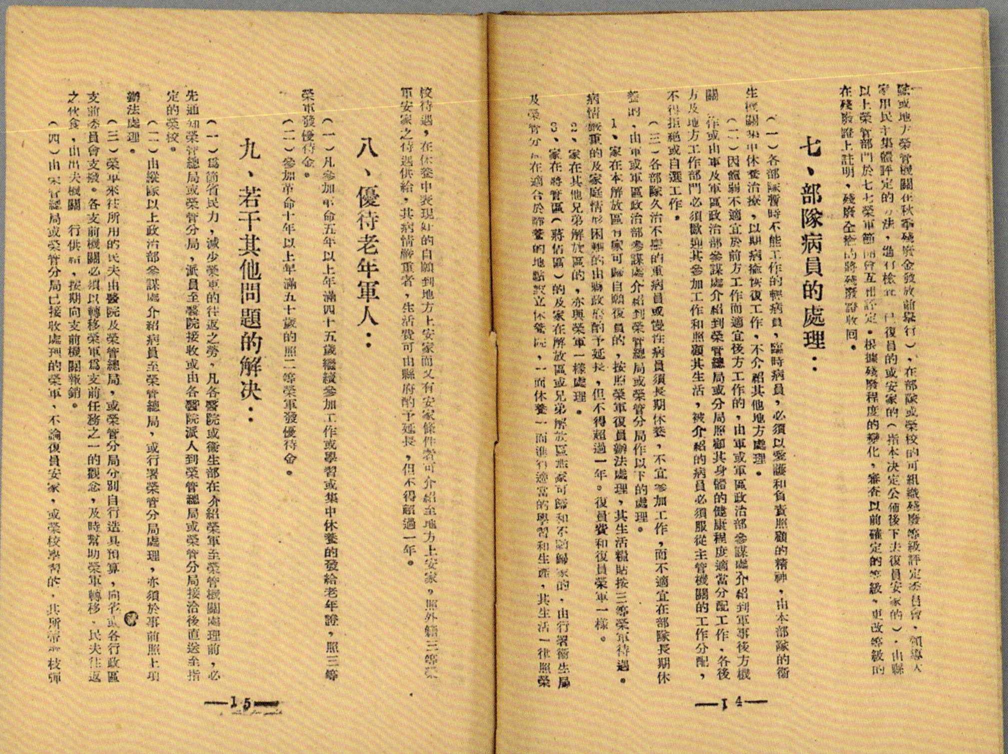
隊或地方榮管機關在秋季殘廢金發放前舉行），在部隊或榮校的可組織殘廢等級評定委員會，領導大家用民主集體評定的方法，進行檢查（已復員的或安家的（指本決定公佈後下去復員安家的），由縣以上榮管部門於七七榮軍節前會互相評定。根據殘廢程度的變化，審查以前確定的等級，更改等級的在殘廢證上註明，殘廢全癒的將殘廢證收回。

七、部隊病員的處理：

（一）各部隊暫時不能工作的輕病員，臨時病員，必須以愛護和負責照顧的精神，由本部隊的衛生機關集中休養治療，以期病愈恢復工作，不介紹其他地方處理。

（二）因體弱不適宜於前方工作而適宜後方工作的，由軍或軍區政治部參謀處介紹到軍事後方機關工作或由軍及軍區政治部參謀處介紹到榮管總局或分局照顧其身體的健康程度適當分配工作，各後方及地方工作部門必須歡迎其參加工作和照顧其生活，被介紹的病員必須服從主管機關的工作分配，不得拒絕或自選工作。

（三）各部隊久治不愈的重病員或慢性病員須長期休養，不宜參加工作，而不適宜在部隊長期休養的，由軍或軍區政治部參謀處介紹到榮管總局或榮管分局作以下的處理。

1、家在本解放區有家可歸自願復員的，按照榮軍復員辦法處理，其生活糧貼按三等榮軍待遇。病情嚴重的及家庭情形困難的由縣政府酌予延長，但不得超過一年。復員費和復員榮軍一樣。

2、家在其他兄弟解放區的，亦與榮軍一樣處理。

3、家在蔣管區（蔣佔區）的及家在解放區或兄弟解放區無家可歸和不願歸家的，由行署衛生局及榮管分局在適合於靜養的地點設立休養院，一面休養一面進行適當的學習和生產，其生活一律照榮

—14—

校待遇，在休養中表現好的自願到地方上安家而又有安家條件者可介紹至地方上安家，照外籍三等榮軍安家之待遇供給，其病情嚴重者，生活費可由縣府酌予延長，但不得超過一年。

八、優待老年軍人：

（一）凡參加革命五年以上年滿四十五歲繼續參加工作或學習或集中休養的發給老年證，照三等榮軍發優待金。

（二）參加革命十年以上年滿五十歲的照二等榮軍發優待金。

九、若干其他問題的解決：

（一）爲節省民力，減少榮軍的往返之勞，凡各醫院或衛生部在介紹榮軍至榮管機關處理前，必先通知榮管總局或榮管分局，派員至醫院接收或由各醫院派人到榮管總局或榮管分局接洽後直送至指定的榮校。

（二）由縱隊以上政治部參謀處介紹病員至榮管總局，或行署榮管分局處理，亦須於事前照上項辦法處理。

（三）榮軍來往所用的民夫由醫院及榮管總局，或榮管分局分別自行造具預算，向各該行政區支前委員會支援。各支前機關必須以轉移榮軍爲支前任務之一的觀念，及時幫助榮軍轉移，民夫往返之伙食，由出夫機關 行供給，按期向支前機關報銷。

（四）由榮管總局或榮管分局已接收處理的榮軍，不論復員安家，或榮校學習的，其所帶[illegible]枝彈

—15—

中国人民解放军华东野战军总司令部印制的通行证

1947年
山东博物馆藏

通行证由中国人民解放军华东野战军总司令部于1947年9月印制，铅印。封面印有“通行证”“大家要和平　不当蒋家兵”字样。第二页对来降者在解放区通行作出了“四大保证”的规定：“一、缴枪不杀。二、放下武器者，一切私人财物概不没收。三、携带枪械材器来归者有赏。四、凡自动来归者，按下列情形处理：（一）愿工作者，分配工作，并保留其年资及抗战中功绩。（二）愿回家者，发路单、路费、资送回籍。（三）愿在解放区生活者，协助其安家生产。”

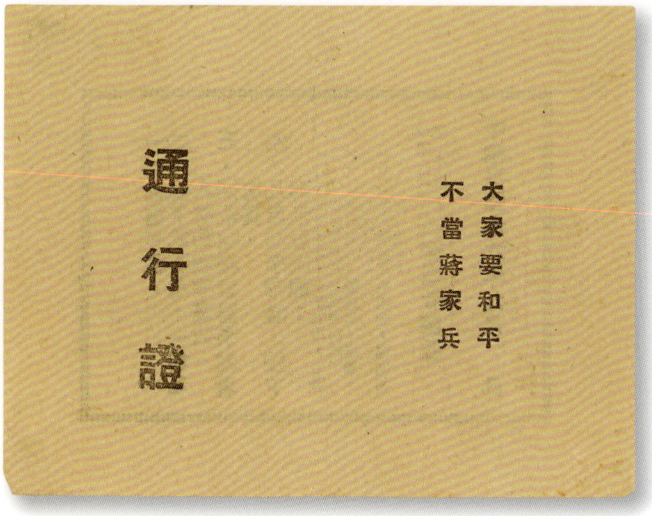

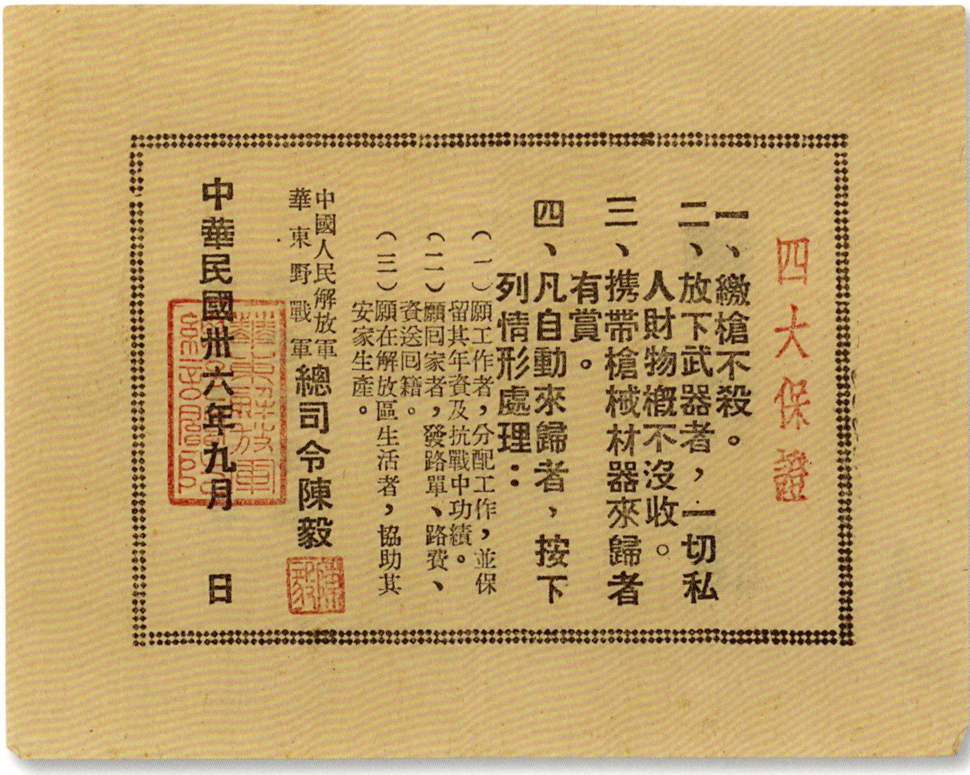

滨海地委宣传部编印《冀鲁豫游击战争经验》（工作通讯增刊）

1947年

山东博物馆藏

滨海地委宣传部于1947年7月15日编印的对敌斗争业务学习材料。总结了游击战争的几个基本经验。一是解决干部思想问题。目前游击战争的对手已经由日寇转变为国民党及汉奸、封建势力。因此干部要在思想上进行两个转变，由和平转入战争的思想转变和由笼统的、统一的战线转到实行土地改革。因此我们的游击战争要主张坚持、反对退却，主张控制地主、实行土改，反对双保险的妥协思想，主张独立自主、自力更生，反对依靠主力、依靠别人打天下的思想。二是领导机关的思想统一，行动一致。

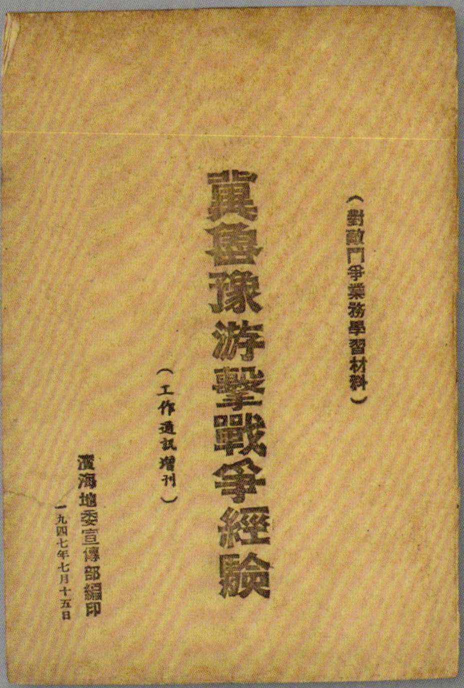

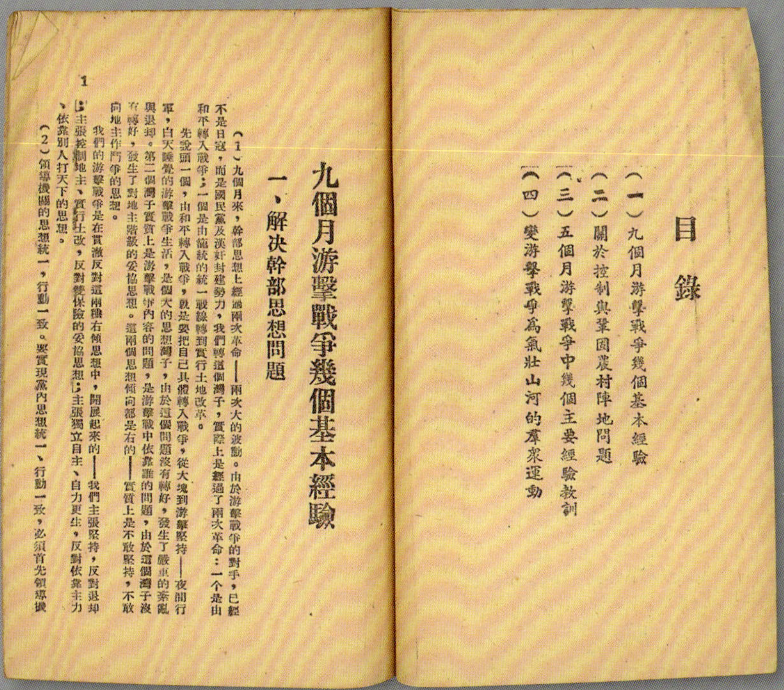

山东省胶东区行政公署公布令（财字第二号）

1947年
山东博物馆藏

1947年3月，山东省胶东区行政公署制山东省胶东区行政公署公布令（财字第二号），行署主任曹漫之签发。共公布施行《山东省胶东区征收出厂税暂行条例》《山东省胶东区征收印花税暂行条例》《山东省胶东区领发营业牌照暨征收营业牌照税暂行条例》《山东省胶东区征收屠宰税暂行条例》《山东省胶东区征收牲畜交易税暂行条例》《山东省胶东区领发车牌暨征收车照费暂行办法》六条条例，后附此六条条例附件。

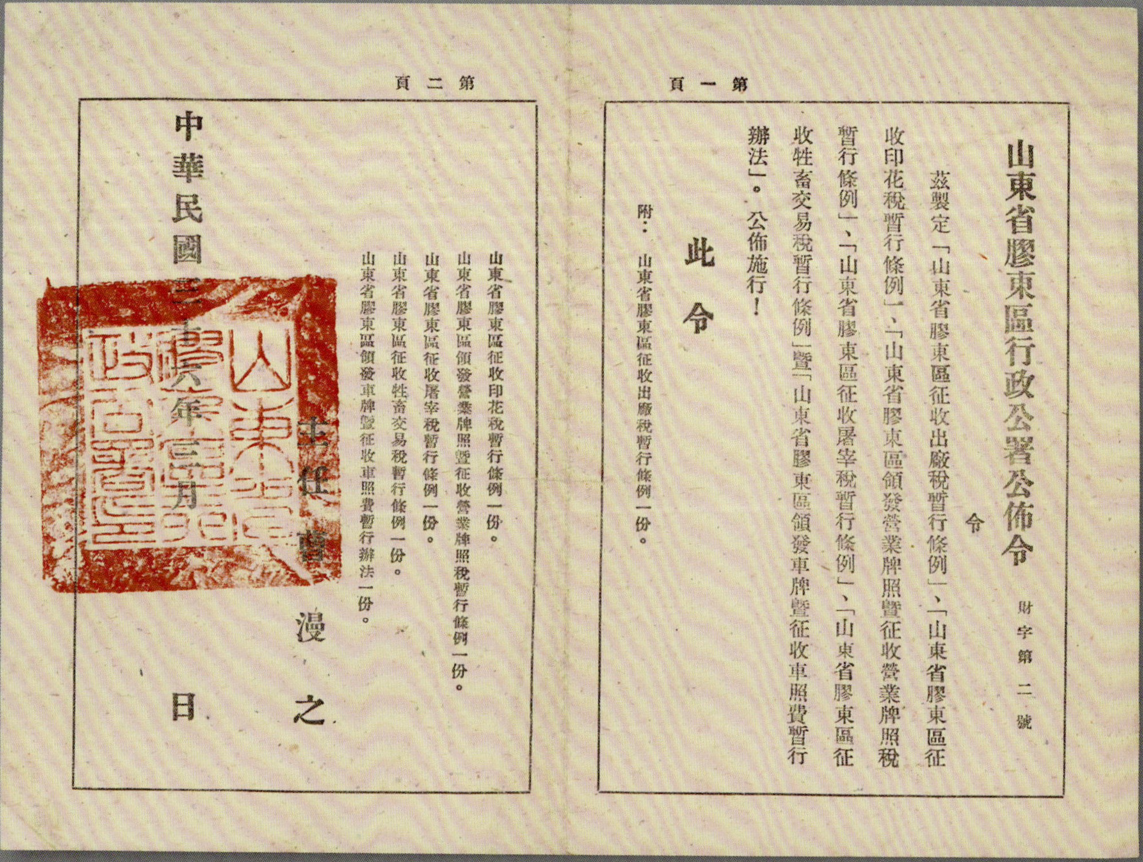

第一頁

山東省膠東區行政公署公佈令

財字第二號

令

茲製定「山東省膠東區征收出廠稅暫行條例」、「山東省膠東區征收印花稅暫行條例」、「山東省膠東區領發營業牌照暨征收營業牌照稅暫行條例」、「山東省膠東區征收屠宰稅暫行條例」、「山東省膠東區征收牲畜交易稅暫行條例」暨「山東省膠東區領發車牌暨征收車照費暫行辦法」。公佈施行！

此令

附：山東省膠東區征收出廠稅暫行條例一份。

第二頁

山東省膠東區征收印花稅暫行條例一份。
山東省膠東區領發營業牌照暨征收營業牌照稅暫行條例一份。
山東省膠東區征收屠宰稅暫行條例一份。
山東省膠東區征收牲畜交易稅暫行條例一份。
山東省膠東區領發車牌暨征收車照費暫行辦法一份。

主任 曹漫之

中華民國三十六年三月 日

山东省胶东区行政公署、山东胶东军区司令部联合通知（联字第贰号）

1947年

山东博物馆藏

山东省胶东区行政公署和山东胶东军区司令部联合通知发布于1947年7月26日，通知根据胶东地区情况和战争需要，照顾群众支援力量，对当前粮草供应工作进行了规定。另要求粮草供给、马料供给、谷草供给、木柴供给、部队到站领取粮秣须开证明等，以共同克服困难争取反攻的胜利。

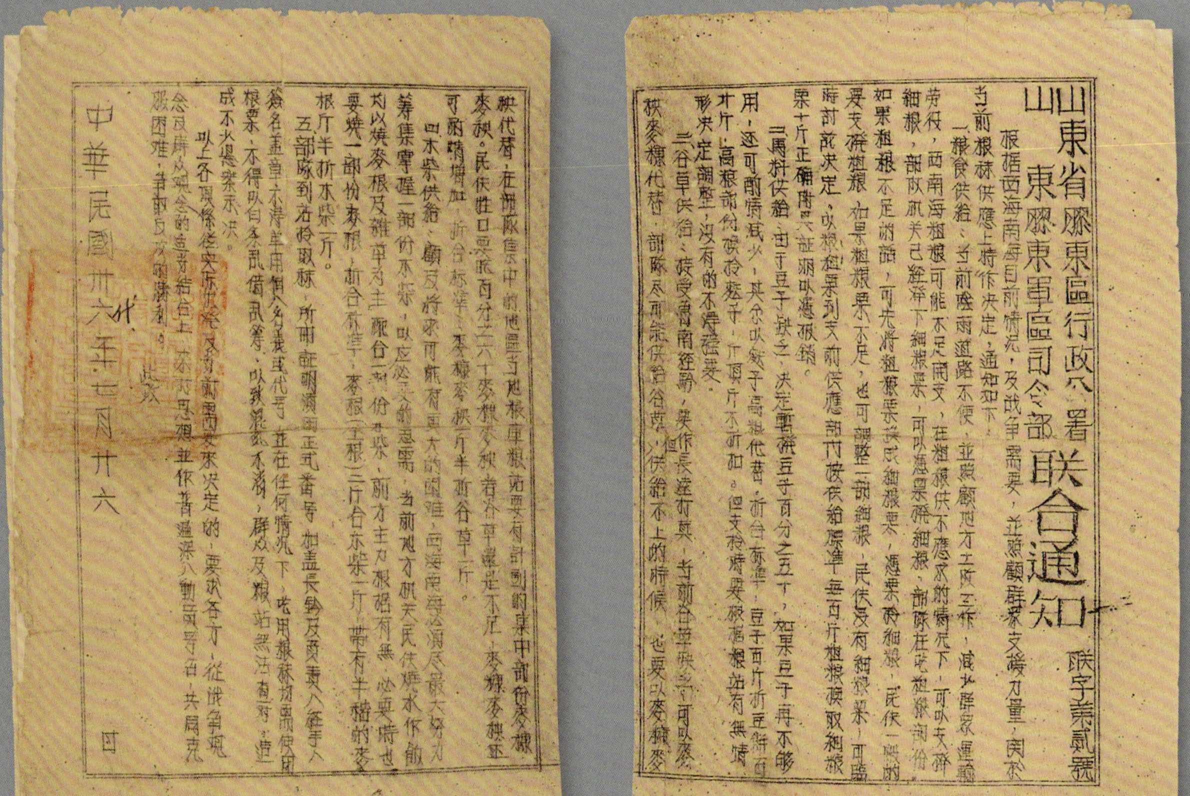

胶东区党委宣传部编印《全面展开对敌政治攻势》（参考材料第二册）

1947年
山东博物馆藏

全面内战爆发后，国民党反动当局向山东解放区派遣大批特务，扰乱后方治安，为迎接大反攻，解放区军民对敌特采取了军事围剿和政治瓦解相结合的方针，除军事进攻外，还大量编印瓦解敌人的宣传材料，运用群众运动的方式展开政治攻势。1947年8月胶东区党委宣传部编印的《全面展开对敌政治攻势》规定了开展政治斗争的工作方法，即走群众路线，召集大家开会研究，采纳执行大家的意见，与群众运动密切地结合。通过反蒋保田、反蒋诉苦斗争来开展群众性的瓦解敌人运动。通过土改号召顽属保田立功。对坏分子可以采取街头教育，打击少数争取多数，从政治上分化顽属内部，孤立制服顽属上层，争取顽属下层。

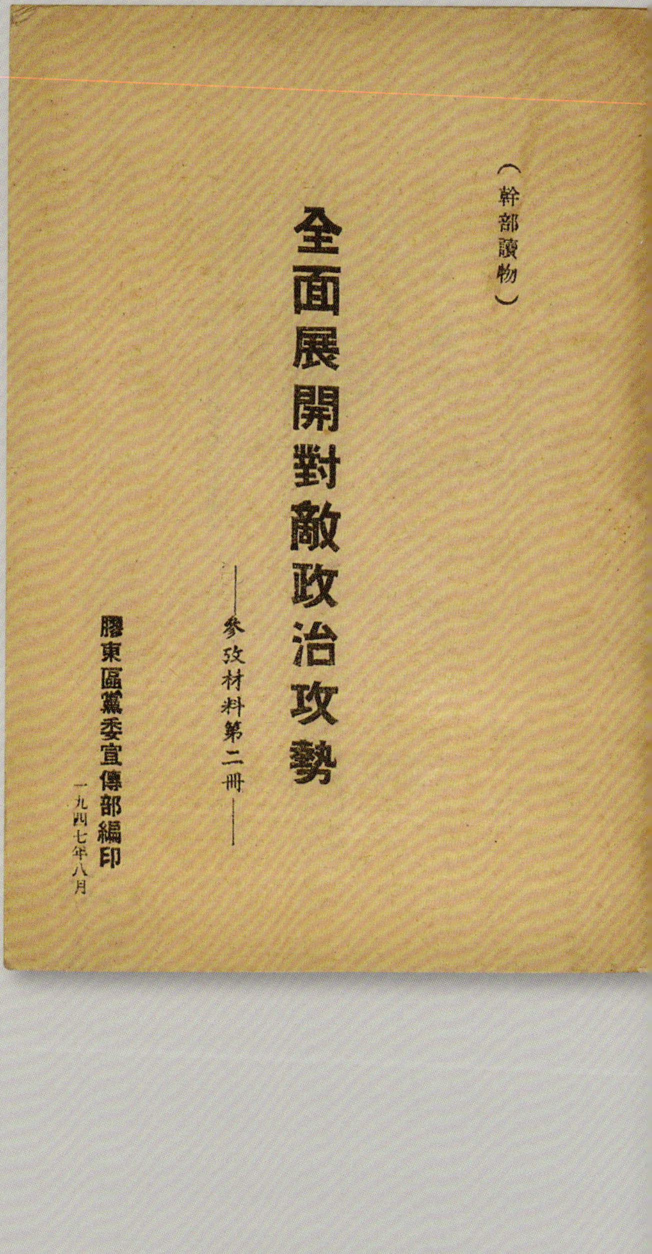

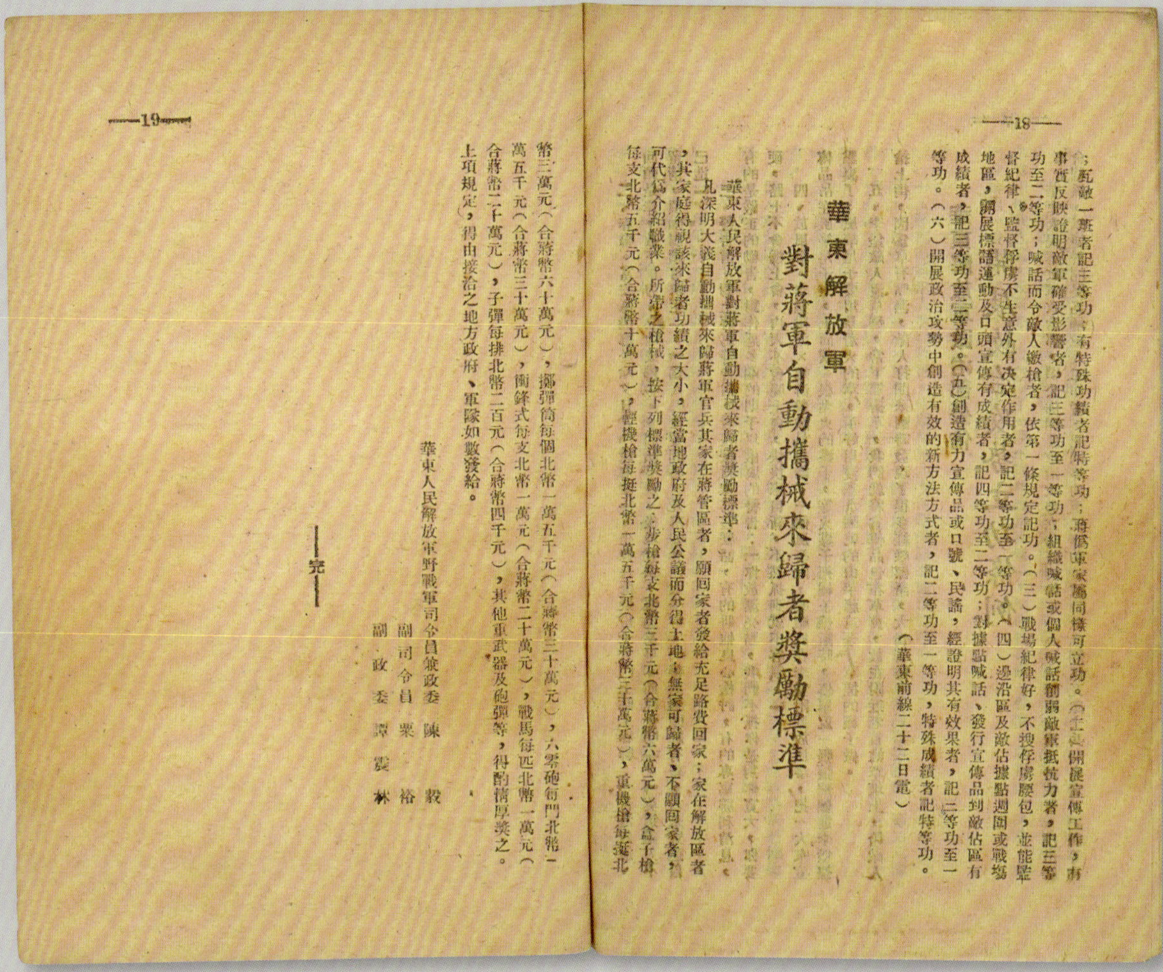

—18—

；瓦敵一班者記三等功；有特殊功績者記特等功；蔣偽軍家屬同樣可立功。（二）開展宣傳工作，有事實反映證明敵軍確受影響者，記三等功至一等功；組織喊話或個人喊話削弱敵軍抵抗力者，記三等功至二等功；喊話而令敵人繳槍者，依第一條規定記功。（三）戰場紀律好，不搜俘虜腰包，並能監督紀律、監督俘虜不生意外有決定作用者，記二等功至一等功。（四）邊沿區及敵佔據點週圍或戰場地區，開展標語運動及口頭宣傳有成績者，記四等功至二等功；對據點喊話、發行宣傳品到敵佔區有成績者，記三等功至二等功。（五）創造有力宣傳品或口號、民謠，經證明其有效果者，記二等功至一等功。（六）開展政治攻勢中創造有效的新方法方式者，記二等功至一等功，特殊成績者記特等功。（華東前線二十二日電）

華東解放軍

對蔣軍自動攜械來歸者獎勵標準

華東人民解放軍對蔣軍自動攜械來歸者獎勵標準：

凡深明大義自動攜械來歸蔣軍官兵其家在蔣管區者，願回家者發給充足路費回家；家在解放區者，其家庭得視該來歸者功績之大小，經當地政府及人民公議而分得土地；無家可歸者、不願回家者，可代爲介紹職業。所帶之槍械，按下列標準獎勵之：步槍每支北幣三千元（合蔣幣六萬元），盒子槍每支北幣五千元（合蔣幣十萬元），輕機槍每挺北幣一萬五千元（合蔣幣三十萬元），重機槍每挺北幣三萬元（合蔣幣六十萬元），擲彈筒每個北幣一萬五千元（合蔣幣三十萬元），六零砲每門北幣一萬五千元（合蔣幣三十萬元），衝鋒式每支北幣一萬元（合蔣幣二十萬元），戰馬每匹北幣一萬元（合蔣幣二十萬元），子彈每排北幣二百元（合蔣幣四千元），其他重武器及砲彈等，得酌情厚獎之。上項規定，得由接洽之地方政府、軍隊如數發給。

華東人民解放軍野戰軍司令員兼政委 陳毅

副司令員 粟裕

副政委 譚震林

—完—

—19—

冀鲁豫行署财政处给金专员、宋科长的信

1947年
山东博物馆藏

冀鲁豫行署财政处1947年8月12日给金专员、宋科长的信，信中提到：为解决经费及支持货币计，决定河南各专署成立卖粮组，由专署与分区供给处组成，人数不超过十人，此组织保持经常出售粮食，请接到信后即作研究，并将卖粮计划报告行署。

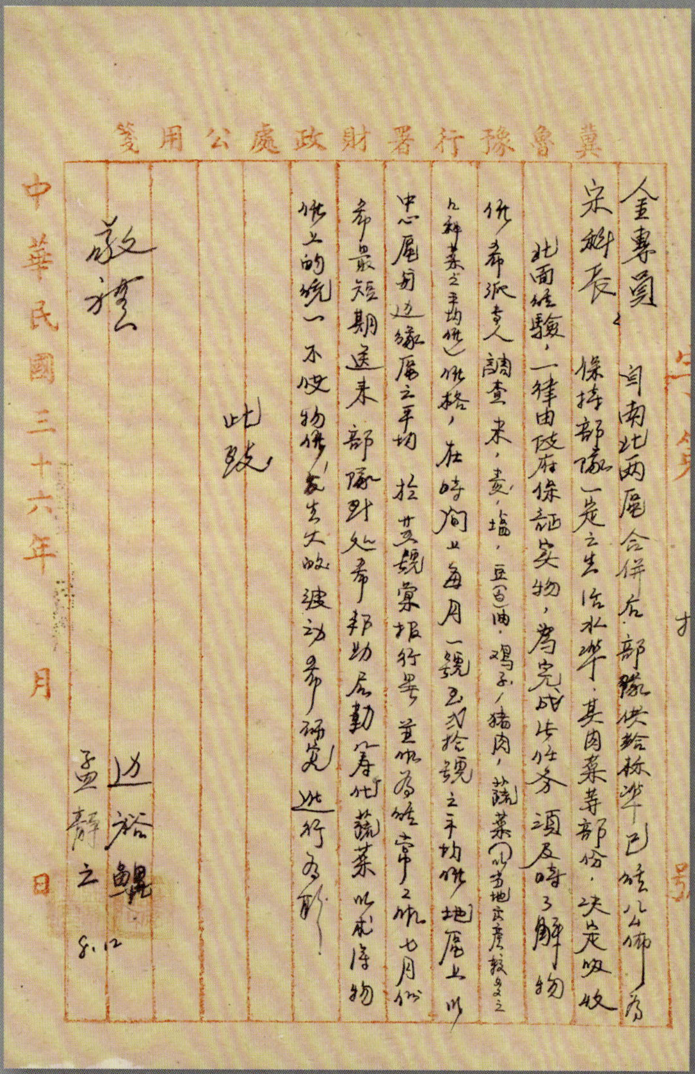
冀魯豫行署財政處公用箋

金專員
宋科長：

此致
敬禮

中華民國三十六年 月 日

第一军分区教导营6部
“永远跟着毛主席走”的入党宣誓誓词

1946年
山东博物馆藏

1946年4月20日，第一军分区教导营6部徐志法的入党宣誓誓词，折页，誓词共七条，表达了宣誓人“为人民服务”“遵守纪律”“服从组织分配”“保持我军光荣传统”“为共产事业奋斗到底”的誓言与决心。

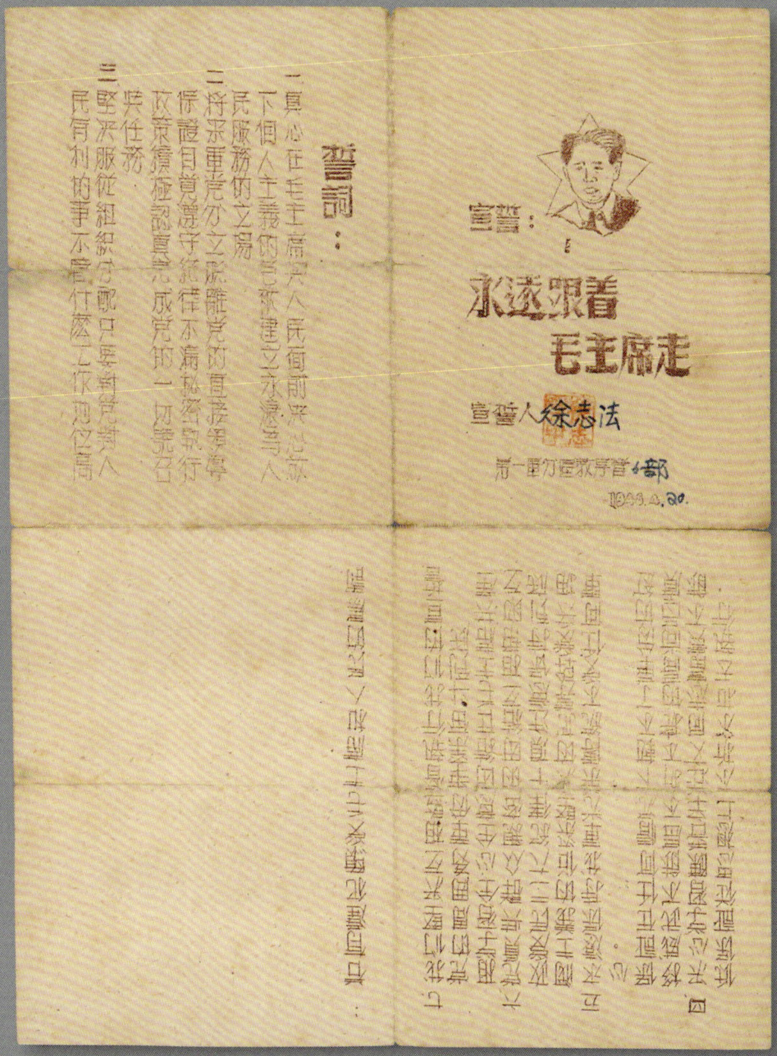

中共冀鲁豫区党委宣传部编印《在群众运动中发展党》

1946年

聊城市茌平区档案馆藏

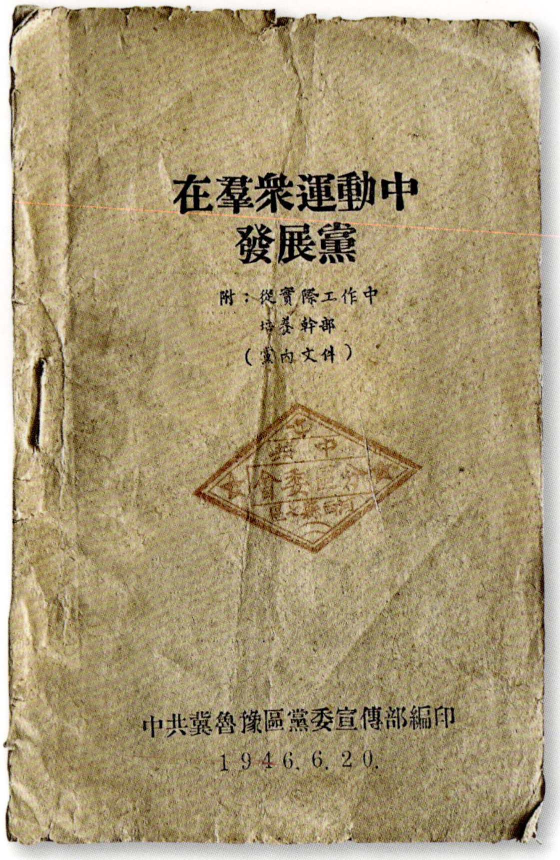

军民共叙鱼水情

内载八篇文章，第一、第二篇是三地委关于新区群众运动中发展党的指示和经验；第三至第六篇是关于在群众运动中发展党，中共冀鲁豫区委关于新区发展党员入党手续的指示等方面的文章；第七、第八篇是关于培养干部及干部政策的文章。

此书是为指导和推动群众运动中的党建工作，交流发展党、牢固党和支部建设的经验，供研究参考，同时更好地提拔培养干部。书中指出，1946年6月以来群众运动已在全区开展，并逐渐向深入普遍方面发展大批积极分子，群众组织已普遍建立，因此发展党、树立党的领导，使群众的力量更有保证，是非常重要的。

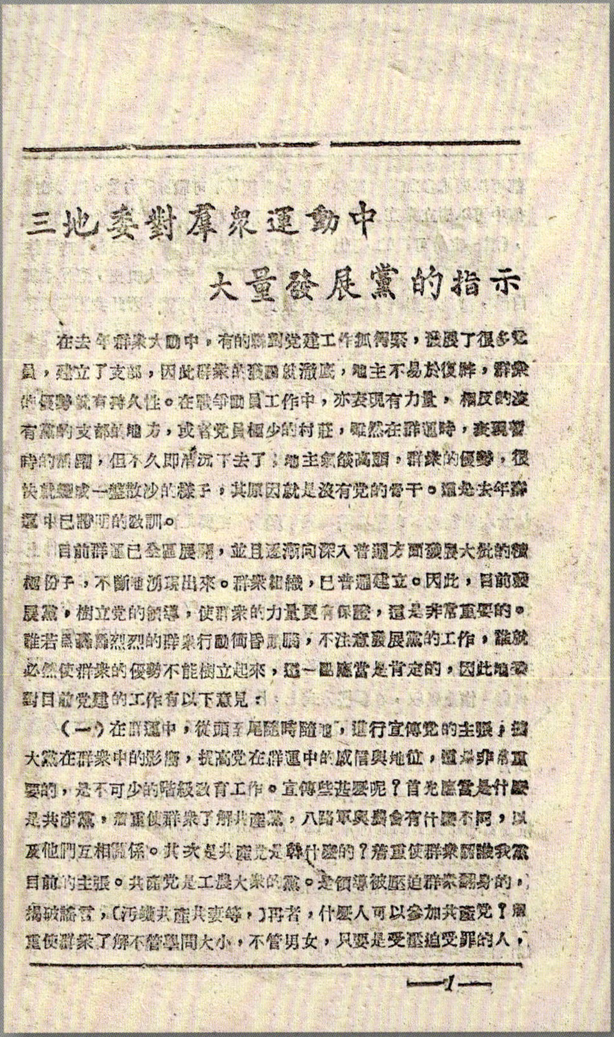

三地委對羣衆運動中大量發展黨的指示

在去年群衆大動中，有的縣對党建工作抓得緊，發展了很多党員，建立了支部，因此群衆的發動就徹底，地主不易於復辟，群衆的優勢就有持久性。在戰爭動員工作中，亦表現有力量，相反的沒有黨的支部的地方，或者党員極少的村莊，雖然在群運時，表現暫時的熱鬧，但不久即消沉下去了；地主氣燄高漲，群衆的優勢，很快就變成一盤散沙的樣子，其原因就是沒有党的骨干。這是去年群運中已證明的教訓。

目前群運已全區展開，並且逐漸向深入普遍方面發展大批的積極份子，不斷地湧現出來。群衆組織，已普遍建立。因此，目前發展黨，樹立党的領導，使群衆的力量更有保證，這是非常重要的。誰若忽略轟轟烈烈的群衆行動衝昏頭腦，不注意發展黨的工作，誰就必然使群衆的優勢不能樹立起來，這一點應當是肯定的，因此地委對目前党建的工作有以下意見：

（一）在群運中，從頭至尾隨時隨地，進行宣傳党的主張，擴大黨在群衆中的影響，提高党在群運中的威信與地位，這是非常重要的，是不可少的階級教育工作。宣傳些甚麼呢？首先應當是什麼是共產黨，着重使群衆了解共產黨，八路軍與農會有什麼不同，以及他們互相關係。其次是共產党是幹什麼的？着重使群衆認識我黨目前的主張。共產党是工農大衆的黨。是領導被壓迫群衆翻身的，揭破謠言，（汚衊共產共妻等，）再者，什麼人可以參加共產党？着重使群衆了解不管學問大小，不管男女，只要是受壓迫受罪的人，

—1—

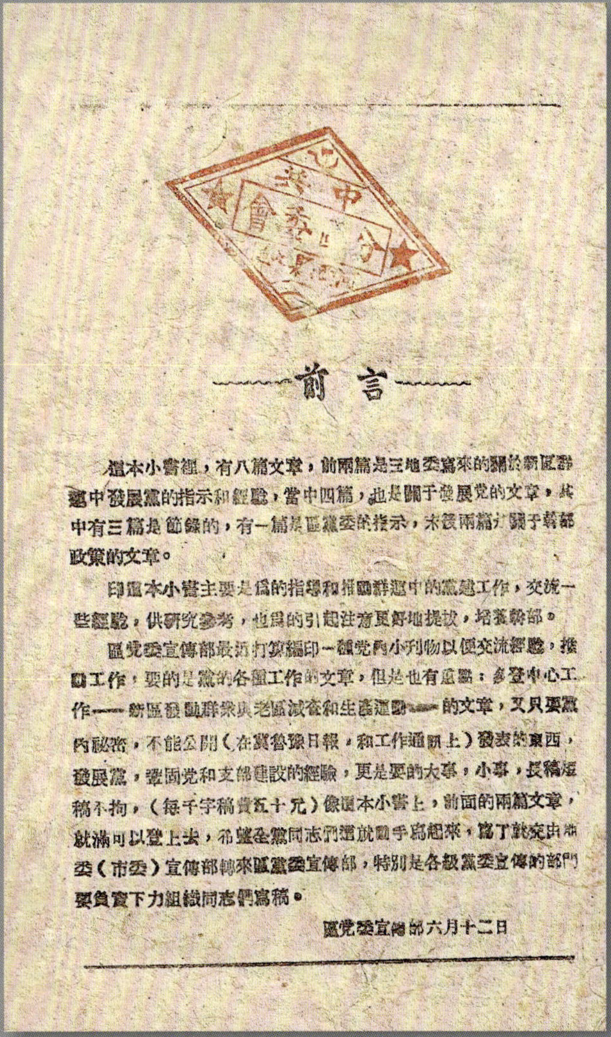

——前 言——

這本小書裡，有八篇文章，前兩篇是三地委寫來的關於新區群運中發展黨的指示和經驗，當中四篇，也是關于發展党的文章，其中有三篇是節錄的，有一篇是區黨委的指示，末後兩篇是關于幹部政策的文章。

印這本小書主要是為的指導和推動群運中的黨建工作，交流一些經驗，供研究參考，也為的引起注意更好地提拔，培養幹部。

區党委宣傳部最近打算編印一種党內小刊物以便交流經驗，推動工作，要的是黨的各種工作的文章，但是也有重點：多登中心工作——新區發動群衆與老區減租和生產運動——的文章，又只要黨內秘密，不能公開（在冀魯豫日報，和工作通訊上）發表的東西，發展黨，鞏固党和支部建設的經驗，更是要的大事，小事，長稿短稿不拘，（每千字稿費五十元）像這本小書上，前面的兩篇文章，就滿可以登上去，希望全黨同志們還就動手寫起來，寫了就交由地委（市委）宣傳部轉來區黨委宣傳部，特別是各級黨委宣傳的部門要負責下力組織同志們寫稿。

區党委宣傳部六月十二日

中共华北局冀鲁豫区党委组织部给陆云三写的党员介绍信

1949年

冀鲁豫边区革命纪念馆藏

中共华北局冀鲁豫区党委组织部给陆云三的党员介绍信，写于1949年。当时因华野兵团南下过江，华野司令部委托冀鲁豫军区负责陆云三回原籍休养，并转移组织关系。此介绍信主要内容为：“兹介绍陆云三同志系中共正式党员（自一九四八年四月入党），由冀鲁豫区政治部到你处。请接党的关系编入小组过党的生活为荷。现任班长，党费已交到六月份。”落款为中共华北局冀鲁豫区党委组织部。

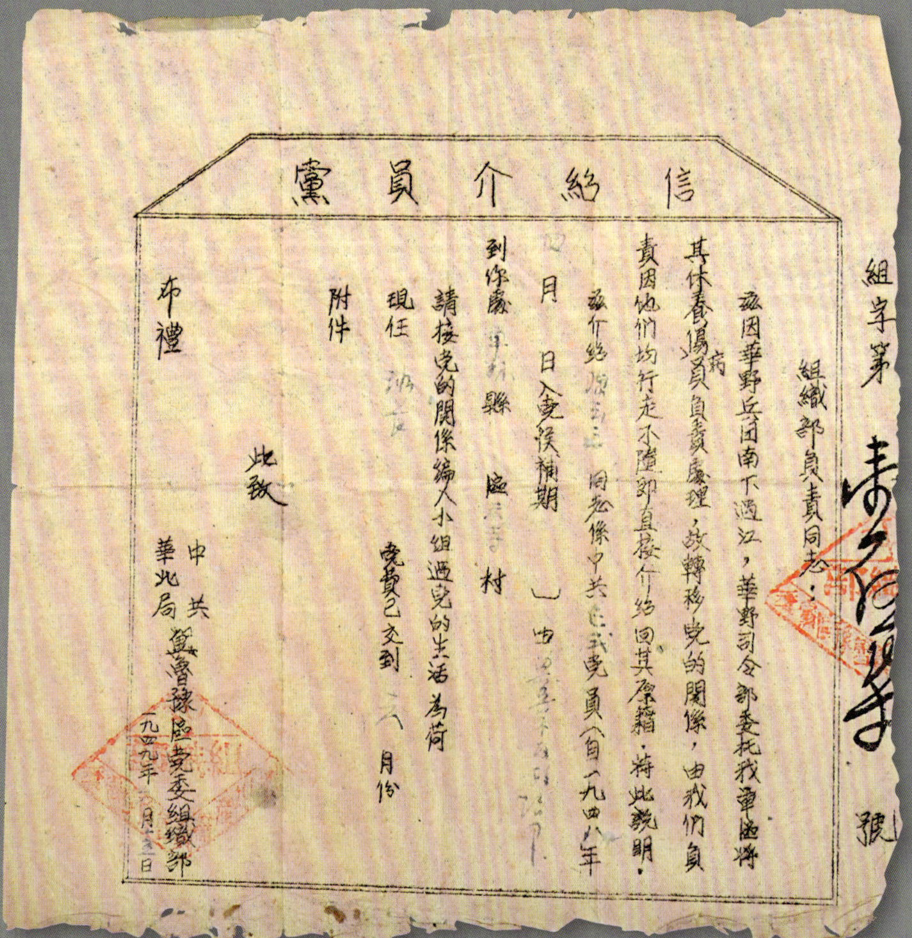
黨員介紹信

組字第　號

組織部負責同志：

茲因華野兵团南下過江，華野司令部委托我軍區將其休養傷員負責處理，故轉移党的關係，由我們負責因他們均行走不便，即負責介紹回其原籍，特此說明。

茲介紹陸云三同志係中共正式党員（自一九四八年四月　日入党　候補期　）由政治部到你處　縣　村

請接党的關係編入小組過党的生活為荷

現任班長　党費已交到六月份

附件

此致

布禮

中共華北局冀魯豫區党委組織部

一九四九年　月　日

华野第八师二十三团总支颁发给杨玉林的临时党员证

1947年

冀鲁豫边区革命纪念馆藏

六折页，展现了当时基层党组织的运行情况。这张临时党员证镌刻和记录了中国共产党在发展党员方面的时代风貌，见证了在血雨腥风、内忧外患的革命战争时期共产党员所承担的义务和权利。

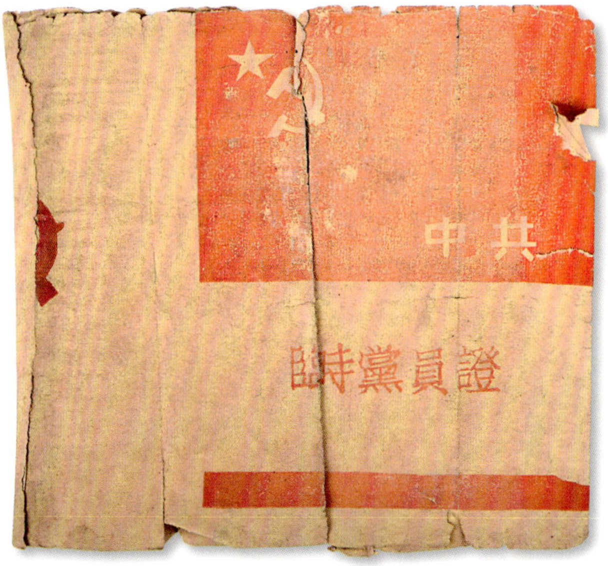

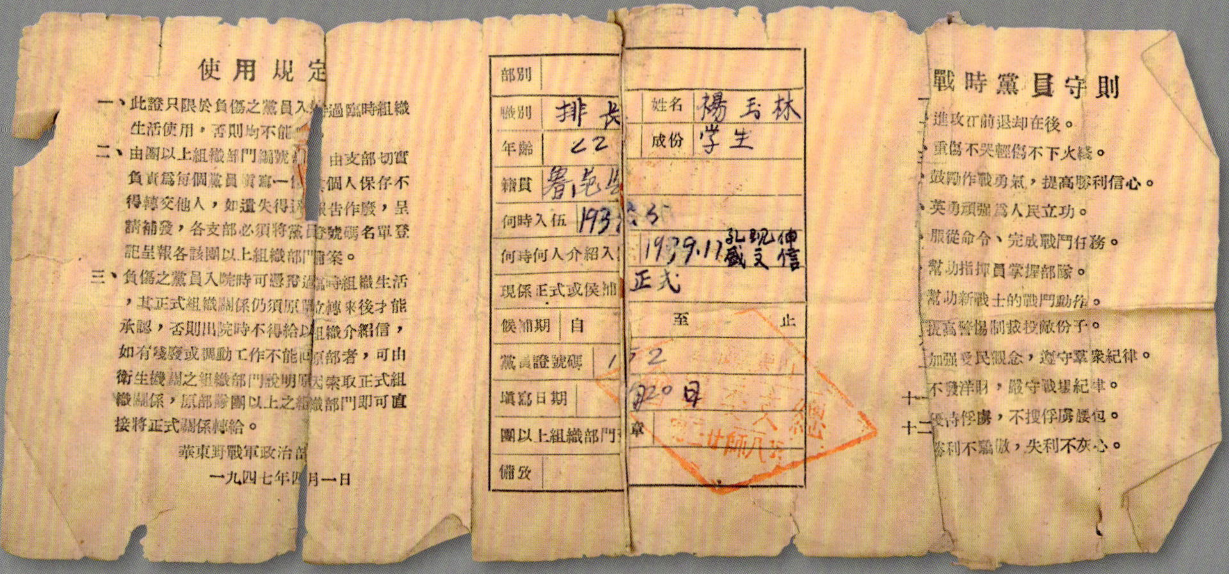

中共宣教干部工作笔记

1946、1947年
冀鲁豫边区革命纪念馆藏

笔记记录了解放战争时期中国共产党宣教工作的内容和冀鲁豫边区基层党员的工作情况。重视学习、善于学习是我党的优秀品格，是我党的宝贵历史经验和优良传统。延安时期，我党明确强调“学习是共产党员的责任”，学习要与工作联系起来，要通过学习不断改进、提升工作。1942年春起，我党在以延安为中心的全党范围内，开展了一场深入的马克思主义教育运动，即整风运动，在中国共产党历史上具有深远的历史意义，它是党的建设史上的一大创举。通过整风，全党确立了一条实事求是的辩证唯物主义的思想路线，使干部在思想上大大地提高，使党达到了空前的团结。在整风运动中，为了提升党员干部学习的质量、真正达到“改造思想”“改造工作作风”的实效，实现推动革命事业向前发展的目的，写工作笔记、学习笔记成为当时重要的制度安排。

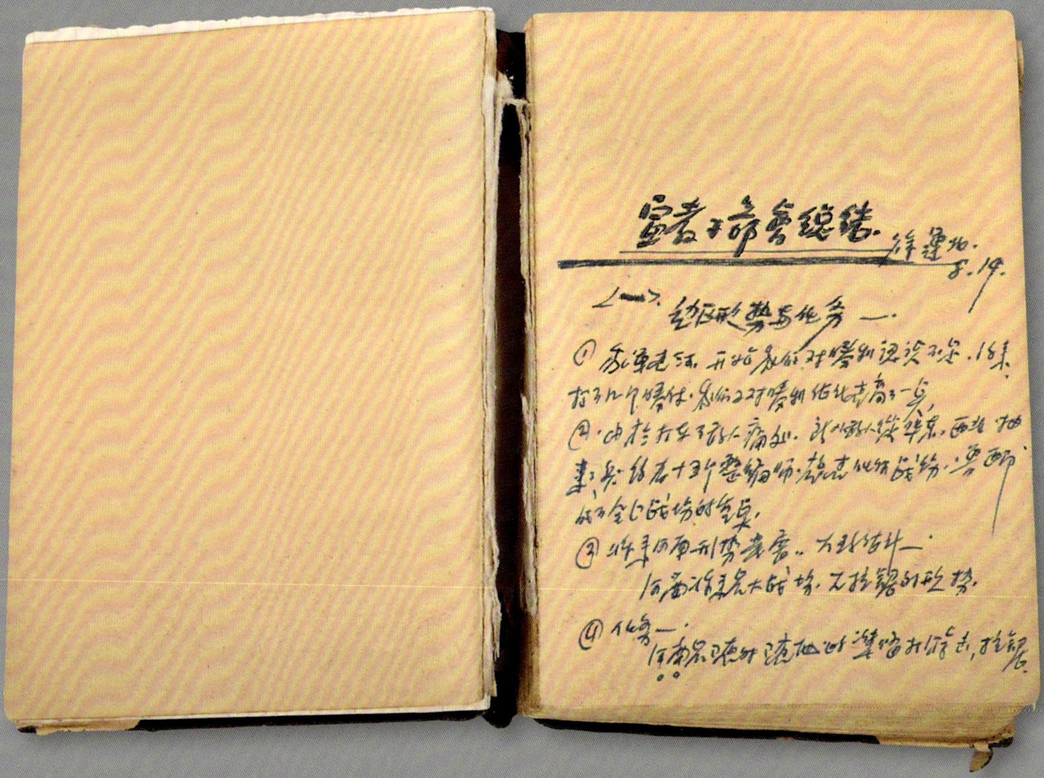

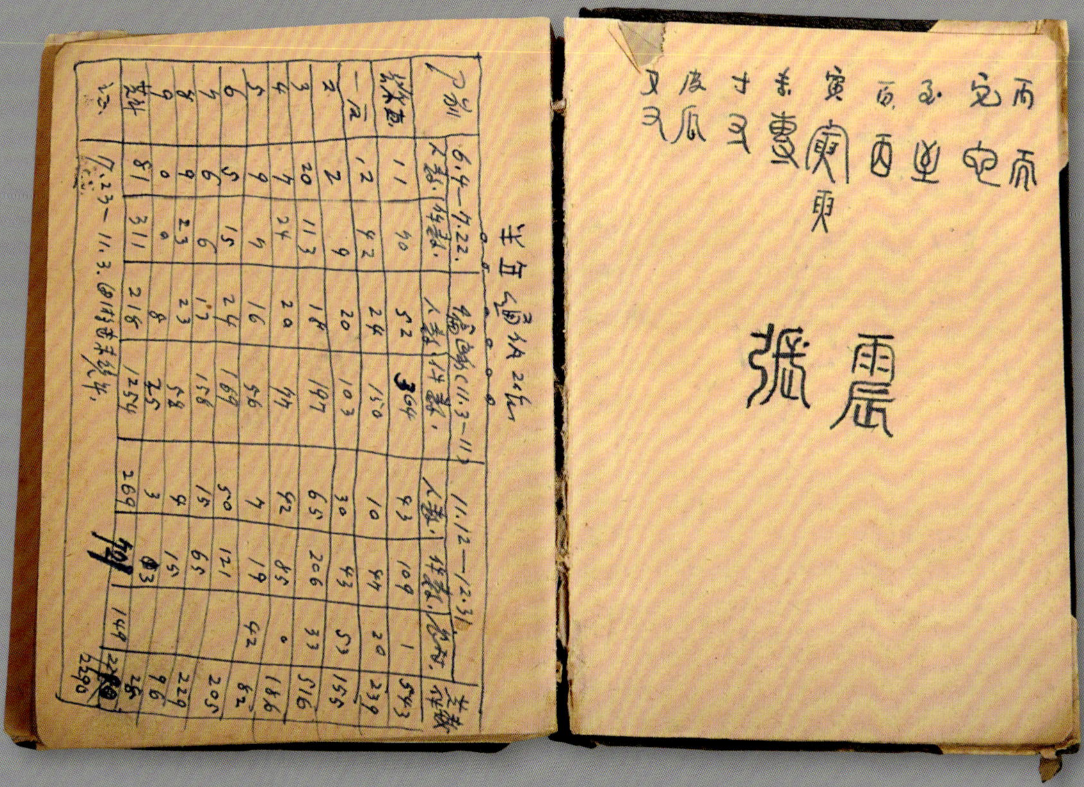

杨小三的新兵入伍通知书

1948年

菏泽市烈士陵园（菏泽市抗日纪念馆）藏

山东曹州（今属山东省菏泽市）杨小三的新兵入伍通知书，由华北人民解放军三兵团一纵队三旅政治部于1948年12月4日签发。通知中说明经由当地民主政府给予革命军人待遇。杨小三原是国民党军新二军三十一师二团八连的上等兵，于1948年7月18日被我军在定兴战斗中解放后，正式编入华北人民解放军第三兵团一纵队三旅七团六连。

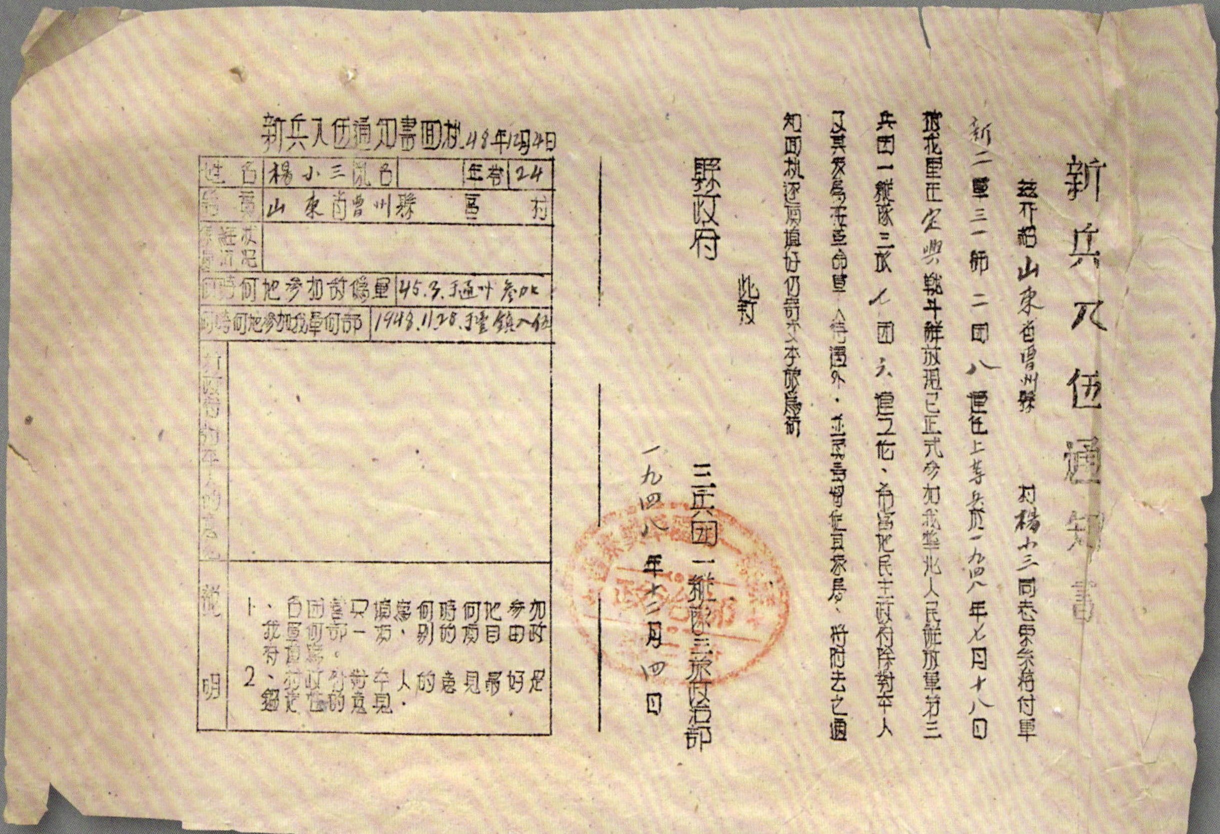

刘宪章的解放同志参军证明书

1948年

菏泽市烈士陵园（菏泽市抗日纪念馆）藏

刘宪章的解放同志参军证明书，正文内容如下："兹有山东省菏泽县勇睢镇刘堂村刘宪章人，前因受蒋匪的欺骗威胁被迫加入匪军专员公署，幸于三十七年十一月十五日在石屯地被我军解放，经教育后认识了真理，今参加我军二野战军五兵团十七军五十一师一五一团三营，为共同打倒蒋匪独裁卖国反动政府、建立新民主主义的新中国而奋斗。特此证明，仰请县政府接此公函后，依照革命军人家属优待条例予以优待为荷。"

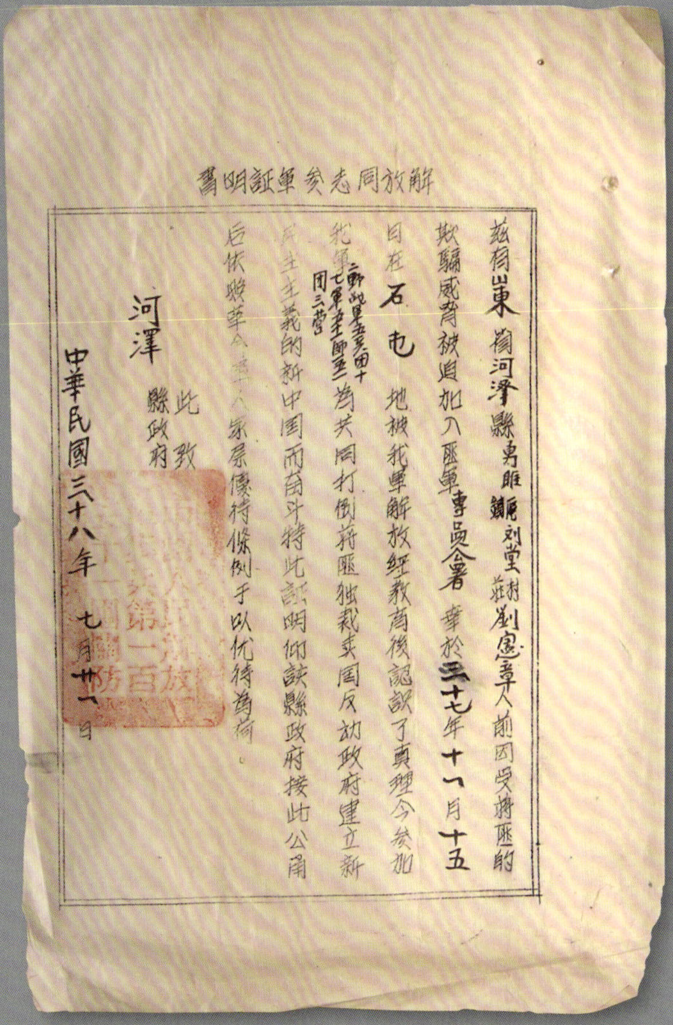

解放同志參軍證明書

兹有山東省河澤縣勇睢鎮刘堂村劉憲章人前因受蔣匪的欺騙威脅被迫加入匪軍專員公署 幸於三十七年十一月十五日在石屯地被我軍解放经教育後認識了真理今参加我軍二野五兵團十七軍五十一師一五一團三營 為共同打倒蔣匪独裁卖国反动政府建立新民主主義的新中国而奋斗特此証明仰請縣政府接此公函后依照革命軍人家屬優待條例予以优待為荷

此致

河澤縣政府

中華民國三十八年七月廿一日

鲁中南区党委机关报《鲁中南报》（1949—1950年）

1949—1950年
临沂市博物馆藏

一套128张，《鲁中南报》于1948年9月26日创刊于山东沂中（今山东省沂水县境内），是鲁中南区党委机关报。初创时期为3日刊，1950年2月16日改为2日刊，4开4版。1950年4月20日因鲁中南区党委撤销而停刊。临沂市博物馆现藏128张，均为1949年至1950年之间发行。《鲁中南报》宣传报道核心“一切为了前线”，以报道支前和前线胜利消息为主要内容，同时重视恢复发展生产、新收复区各项政策的宣传。

《鲁中南报》强调大众化、通俗化。编辑记者无论写评论、消息、通讯，都注意通俗化、口语化，力求使粗通文字的能念通，不识字的能听懂。该报还十分注意群众工作，开辟了“工农习作”专栏，发表工农通讯员的文章，并提出“工农写，写工农”的口号激励，不少通讯员由此取得了很大进步。

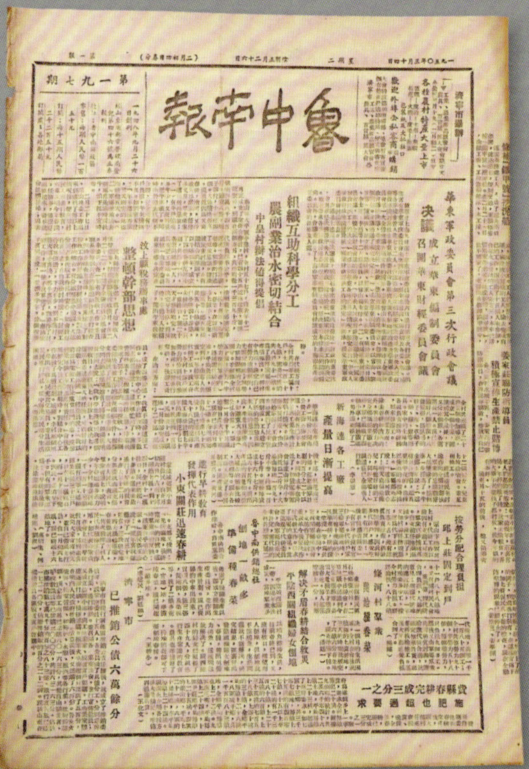
鲁中南報

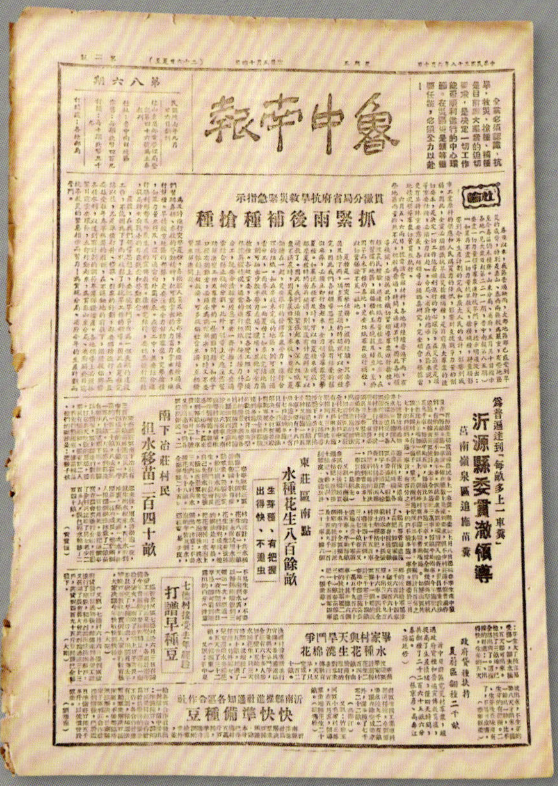
鲁中南報

胶东新华书店出版《论共产党》

1946年
莱西市博物馆藏

胶东新华书店于1946年7月出版，印刷5000册，32开，无定价，封面为马克思、恩格斯、列宁、斯大林并排木刻头像。该书共12章，包括工人阶级、共产党、支部、党员、干部、组织的领导等，另有重要文件、附录两部分。全书以马克思、恩格斯、列宁、斯大林著述为主，多摘录列宁、斯大林选集和《真理报》社论等相关内容，《共产党宣言》也刊登于书中。最后的重要文件、附录部分，还包含一些国际共产党有关章程，如《共产国际章程》《共产党法规》等。

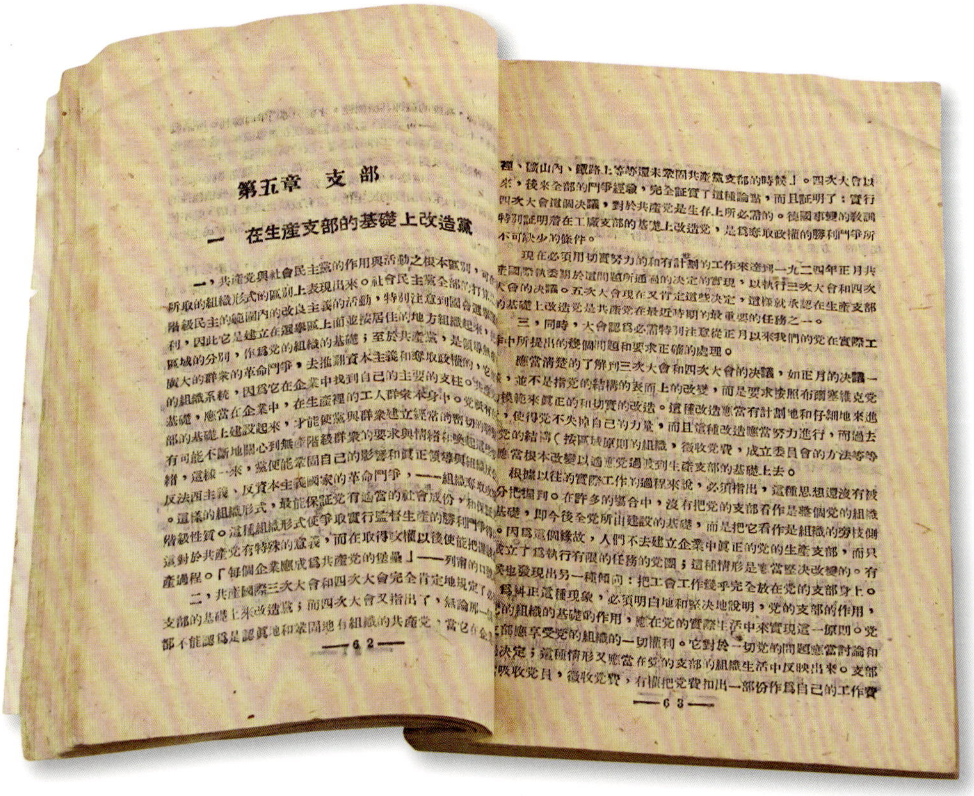

中国人民解放军第三野战军第十兵团政治部颁发的中共临时党员证

1949年

菏泽市博物馆藏

三折对折。封面印有“中共临时党员证”，背面表格填有持证党员的基本信息，填写日期4月20日，还印有12条战时党员守则和使用规定，落款为中国人民解放军第三野战军第十兵团政治部，1949年4月4日。中共临时党员证是解放战争时期中国共产党加强党员管理和赋予党员权利和义务的见证。

该中共临时党员证为渡江战役前颁发。1949年4月，中国人民解放军第二、第三野战军，在西起湖口、东至江阴的千里战线上分三路强渡长江，发动了渡江战役。第三野战军第十兵团作为东路军先后占领了扬中、镇江、江阴，封锁了长江，使国民党苦心经营三个半月的长江防线顷刻瓦解。4月23日解放军占领了国民党统治中心南京，宣告国民党反动派统治的覆灭。

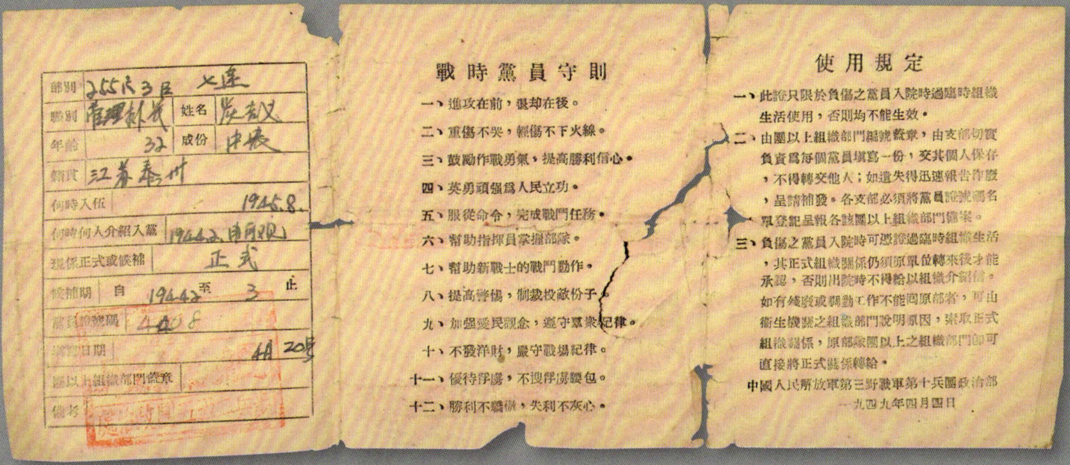

部別	255六3區 七連
職別	
姓名	
年齡	32
成份	
籍貫	江蘇泰州
何時入伍	1945.8.
何時何人介紹入黨	
現係正式或候補	正式
候補期	自 至 止
黨員證號碼	4008
填發日期	4月20日
團以上組織部門蓋章	
備考	

戰時黨員守則

一、進攻在前，退却在後。

二、重傷不哭，輕傷不下火線。

三、鼓勵作戰勇氣，提高勝利信心。

四、英勇頑强爲人民立功。

五、服從命令，完成戰鬥任務。

六、幫助指揮員掌握部隊。

七、幫助新戰士的戰鬥動作。

八、提高警惕，制裁投敵份子。

九、加强愛民觀念，遵守羣衆紀律。

十、不發洋財，嚴守戰場紀律。

十一、優待俘虜，不搜俘虜腰包。

十二、勝利不驕傲，失利不灰心。

使用規定

一、此證只限於負傷之黨員入院時過臨時組織生活使用，否則均不能生效。

二、由團以上組織部門編號蓋章，由支部切實負責爲每個黨員填寫一份，交其個人保存，不得轉交他人；如遺失得迅速報告作廢，呈請補發。各支部必須將黨員證號碼名單登記呈報各該團以上組織部門備案。

三、負傷之黨員入院時可憑證過臨時組織生活，其正式組織關係仍須原單位轉來後才能承認，否則出院時不得給以組織介紹信。如有殘廢或調動工作不能回原部者，可由衛生機關之組織部門說明原因，索取正式組織關係，原部隊團以上之組織部門即可直接將正式關係轉給。

中國人民解放軍第三野戰軍第十兵團政治部

一九四九年四月四日

第二章

生产互助 支援前线

1947年冬天至1948年夏，国民党重点进攻山东解放区。战乱搜刮和山东夏秋季洪灾，局部地区的旱灾、蝗灾等加剧了山东解放区的财粮困难。战时粮食征收、军队物资供给成为决定战争成败和山东解放区民主政权执政的重要因素。如何兼顾对敌作战与生产救灾和粮食征收，尽量避免因粮食歉收、征收公粮引起农民的不满和抵触情绪，是民主政府要应对的考验。军队打胜仗，人民是靠山。解放战争的进行离不开粮草物资的供应，山东人民一面进行土改、一面积极开展生产救灾运动支援前线。

沂蒙六姐妹——张玉梅、伊廷珍、杨桂英、伊淑英、冀贞兰和公方莲是解放战争时期在沂蒙革命老区涌现出的女英雄群体
（照片摄于1995年，当时公方莲老人已经去世）

解放区妇女组织起来做军鞋

1949年广饶县“一门四英雄”，王洪翥送三弟一子参军。

渤海垦区轮战营马车日报表存根

1947年

东营市垦利区博物馆（含渤海垦区革命纪念馆）藏

马车日报表存根仅保存一页表格样式。日报表详细记录了原有车辆数190套，1947年3月3日出车150套，现有车辆数40套。

1946年秋，垦利县成立运输大队，组织百余辆大车往益都、高苑前线运粮20多万斤。1947年组织骡马大车百余辆由垦利县向小清河北岸渡口运大豆30多万斤。

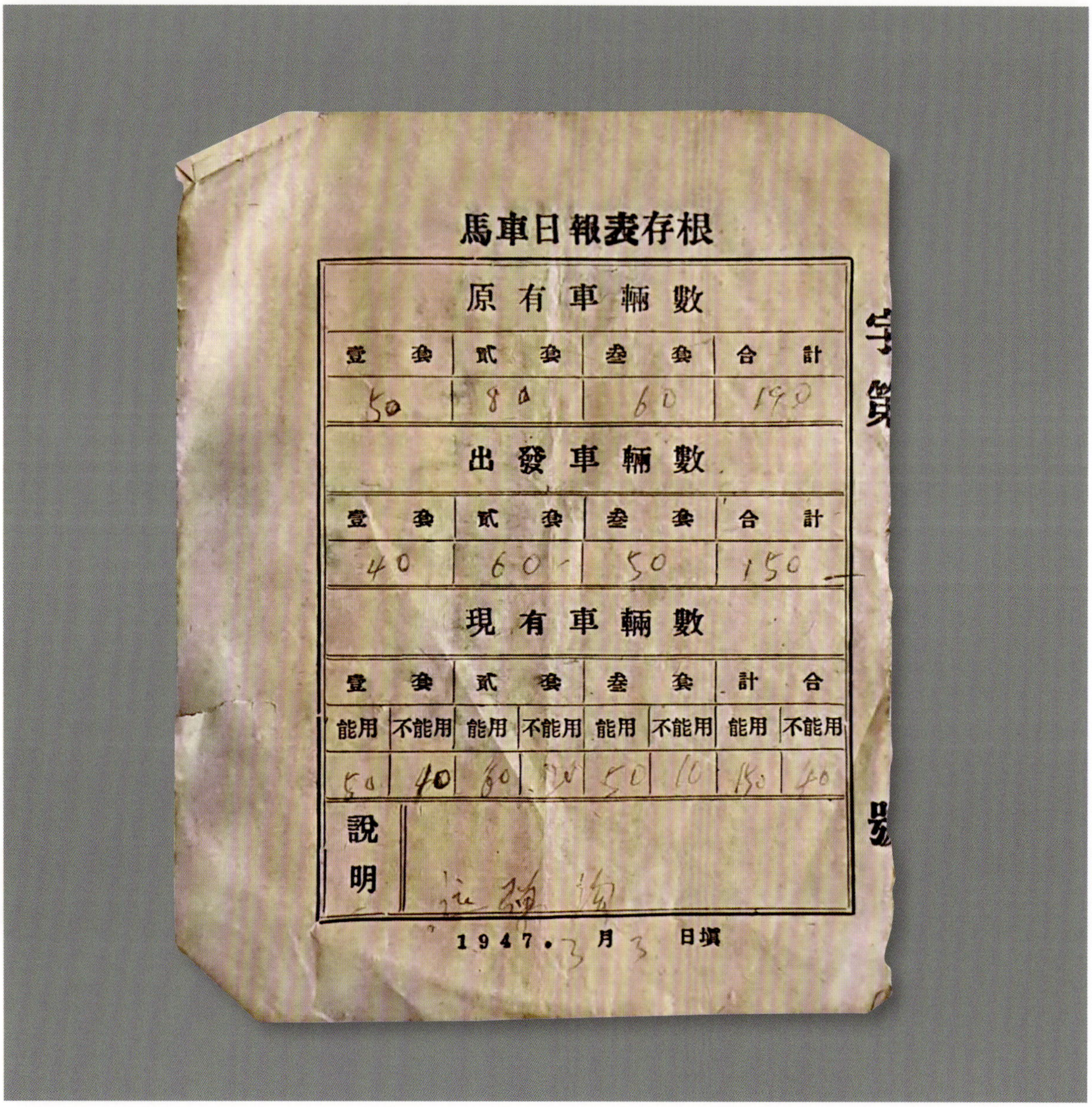

馬車日報表存根

原有車輛數			
壹套	貳套	叁套	合計
50	80	60	190

出發車輛數			
壹套	貳套	叁套	合計
40	60	50	150

現有車輛數							
壹套		貳套		叁套		計合	
能用	不能用	能用	不能用	能用	不能用	能用	不能用
50	40	60	[illegible]	50	10	150	40

說明	[illegible]

1947.3月3日填

渤海军分区独立团给当地群众打的借条

1946年
德州市博物馆藏

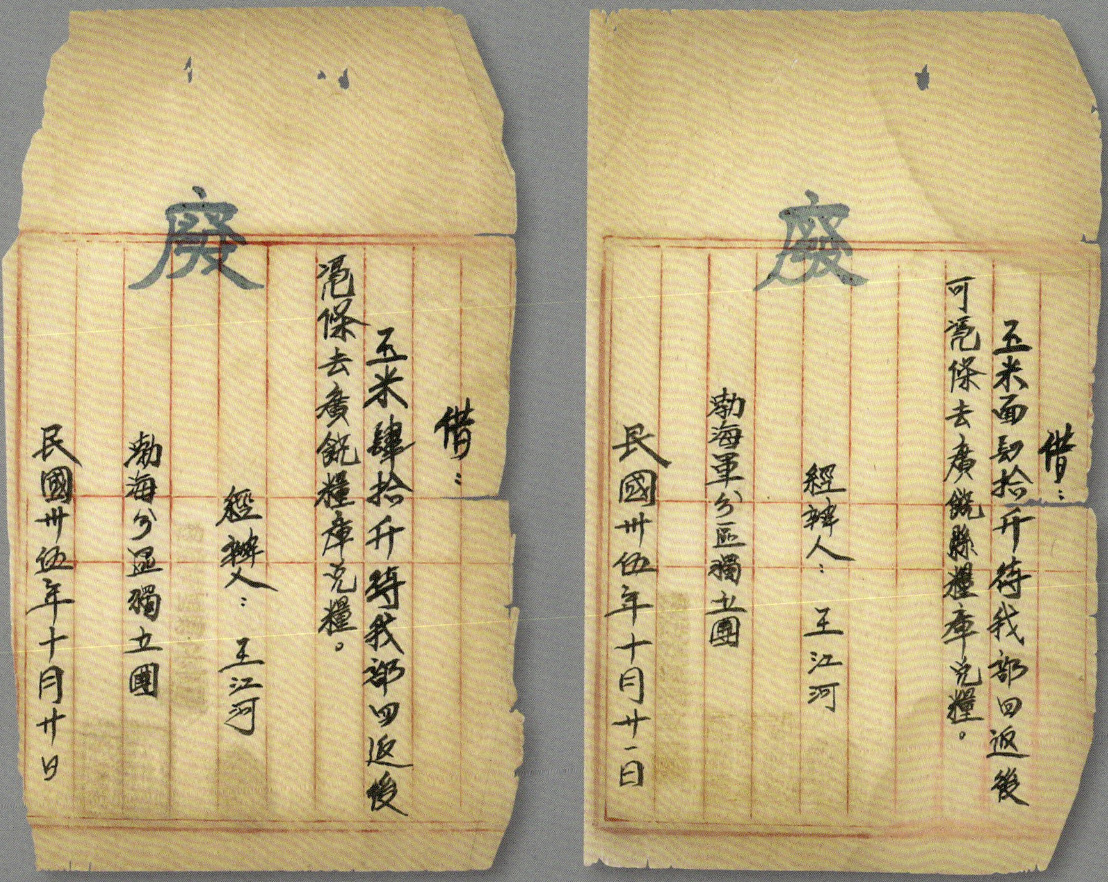

廢
借：
玉米肆拾升，待我部回返後
凭條去廣饒糧庫兑糧。
經辦人：王江河
渤海分區獨立團
民國卅伍年十月廿日

廢
借：
玉米面肆拾升待我部回返後
可凭條去廣饒縣糧庫兑糧。
經辦人：王江河
渤海軍分區獨立團
民國卅伍年十月廿一日

借条两份，一份内容为“借：玉米肆拾升，待我部回返后凭条去广饶粮库兑粮。经办人：王江河，渤海分区独立团，民国卅伍年十月廿日。”另一份内容为“借：玉米面肆拾升，待我部回返后可凭条去广饶县粮库兑粮。经办人：王江河，渤海军分区独立团，民国卅伍年十月廿一日。”

革命战争期间，部队因为常年行军打仗，战士们时常吃不饱穿不暖，但是即使在这样艰苦的环境之下，他们也依然严守军队铁一般的纪律，那就是“不拿群众的一针一线”，即使在特殊情况下拿了，也必须要立下欠条，作为日后革命胜利后的还款凭据。

冀鲁豫区壹百市斤兑料票

1946年
金乡县文物保护中心藏

面值壹百市斤，竖式，墨蓝色边框，边框内最上方写有“冀鲁豫区”，编号006057，中间书写有“兑料票”“壹百市斤”“领料机关”“民国三十五年度”字样。中间盖正方篆书朱印“晋冀鲁豫边区政府冀鲁豫行署粮秣票照印”。“有效期自七月一日起至十二月底止”。边框外最底边一行小字写有“晋冀鲁豫边区政府冀鲁豫行署印”。

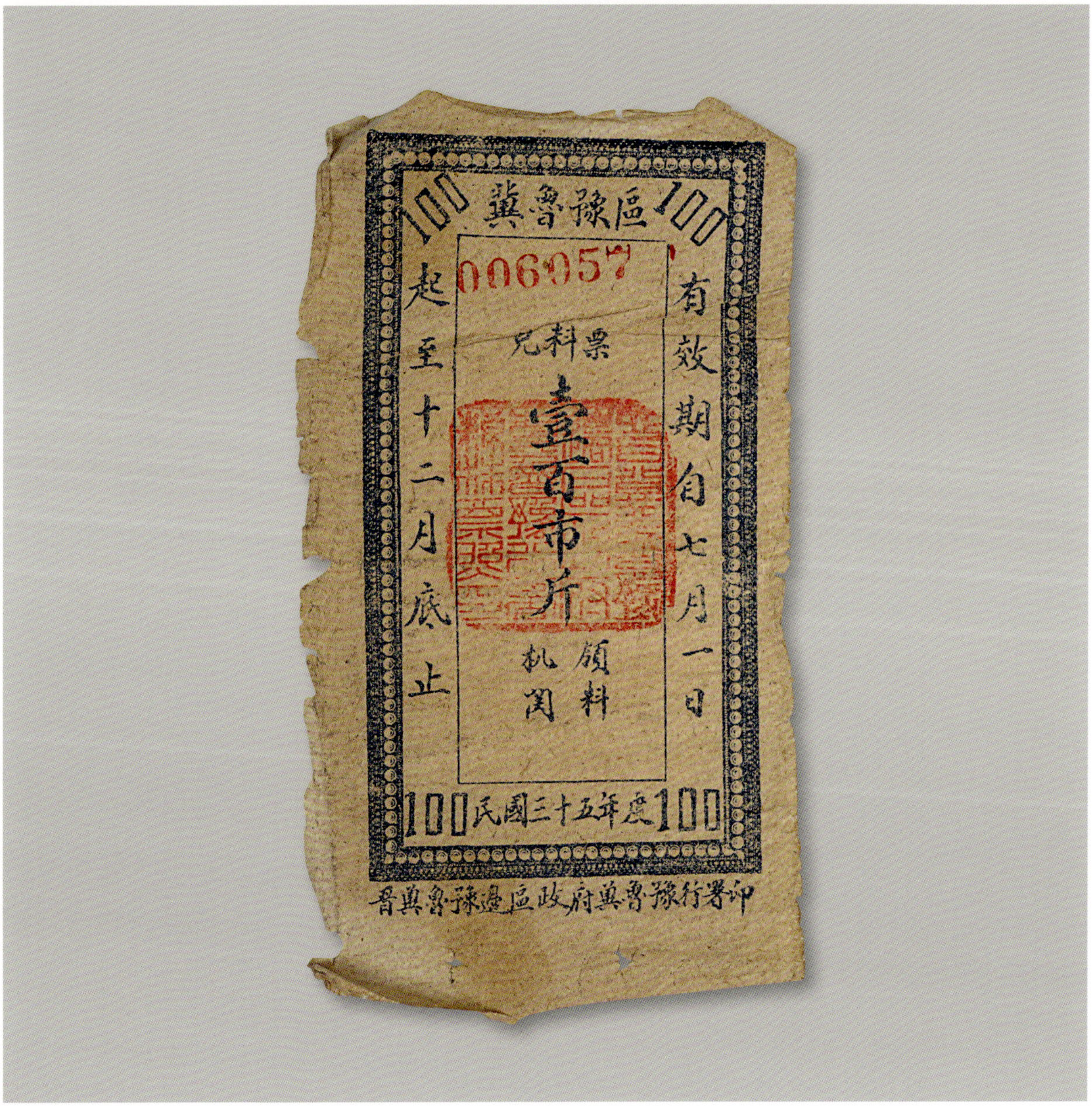

冀鲁豫区贰百市斤柴票

1946年
金乡县文物保护中心藏

面值贰百市斤，墨蓝色边框，竖式，柴票信息都印在花纹边框内，上端书写有“冀鲁豫区”，“由此废除号码”“柴票贰百市斤”“领柴机关”，“有效期自三十五年十月一日起至三十六年三月底止”。印有正方篆书印“冀鲁豫行署粮秣票照印”。底边书写“冀鲁豫行署印”。

由于敌人的军事包围和经济封锁，抗日战争时期和解放战争时期的晋冀鲁豫边区，条件艰苦。在共产党的领导下，边区军民响应党中央发出的“自己动手、丰衣足食”号召，开展了热火朝天的生产运动，有力地支援了前线。为解决“军需民用”的粮食、柴火、给养问题，保障供给，发展生产，支持抗战，我边区抗日政府曾发有过不同面值以及不同版别的票据，其中面值有“贰拾五斤”“壹百斤”“贰百斤”等，小面额票据有时直接当作饭餐票或货币使用，晋冀鲁豫边区兑米票据一直流通使用到中华人民共和国成立后才逐步停用。

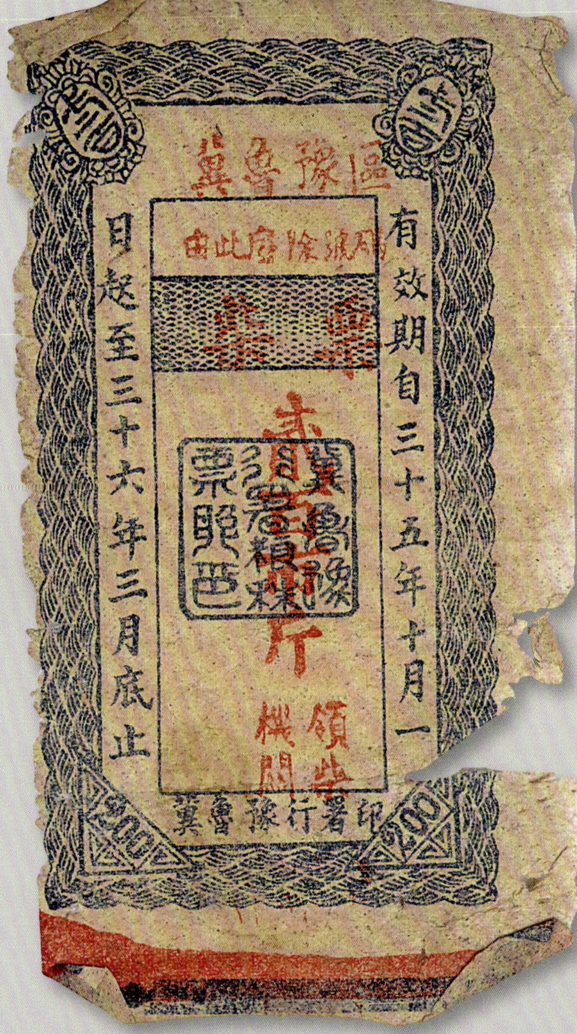

冀鲁豫区米票

1949年
菏泽市博物馆藏

米票是解放战争时期冀鲁豫边区政府为保障最低限度的粮食供给和机关人员行军出差备用而发行的一种票据。该米票为横式版，红黑两色套板单面印刷。红色边框内印有“冀鲁豫区米票”，“壹市斤肆两”，“有效期间：自三十八年一月一日起至三十八年六月底止。”“禁止买卖”。钤印“冀鲁豫行政公署印”。米票是战争年代根据地保障供给、稳定物价、促进经济发展的票据，它的产生为解决边区军需民用作出了重要贡献。

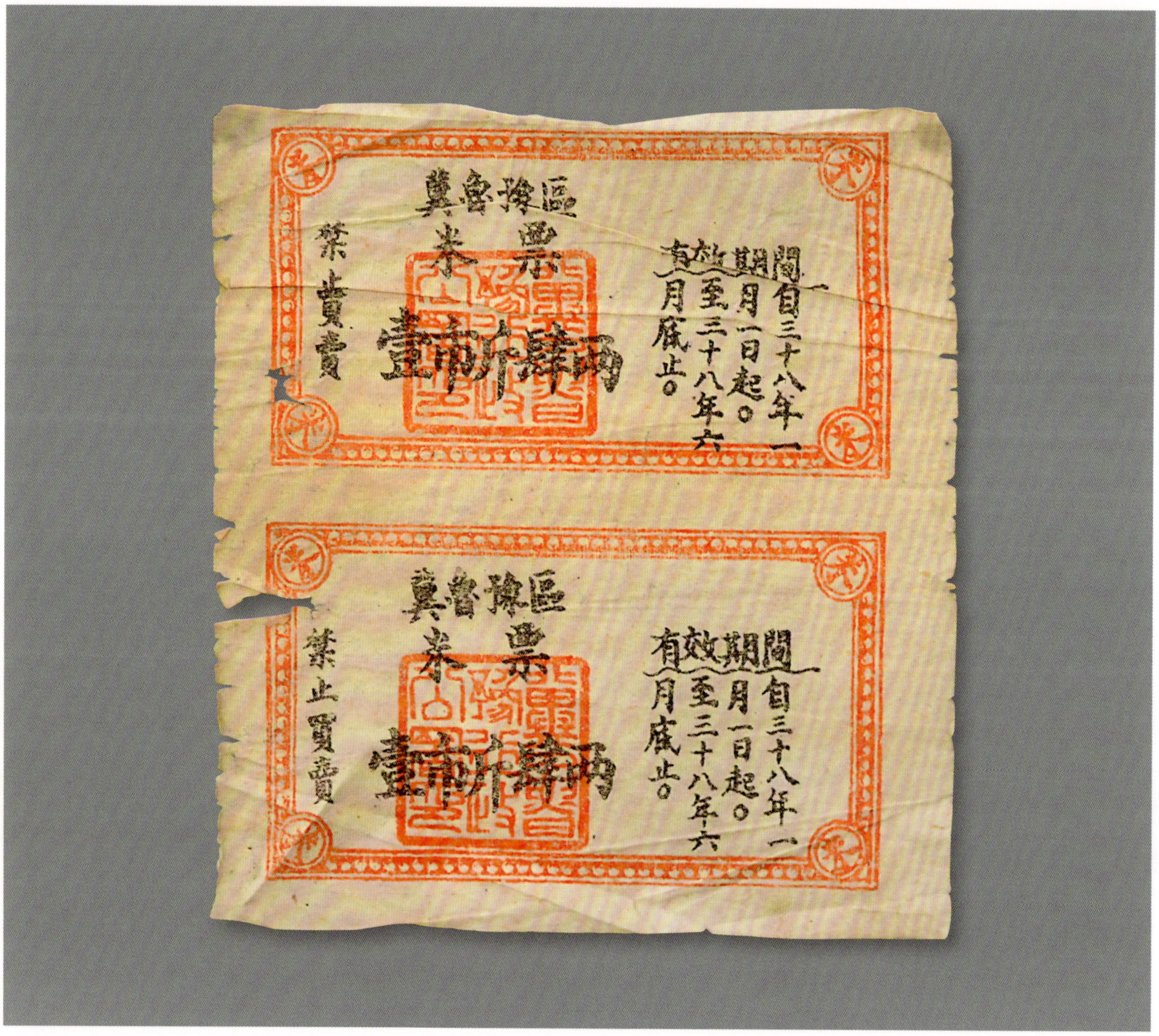

山东省胶东区行政公署布告（粮字第壹号）

1947年

烟台市博物馆藏

此布告正文总体意思为：自国民党反动派以半数以上兵力，对我华东战场采取“重点进攻”以来，已遭到我人民解放军自卫反击而惨败，战争胜利开展端赖我后方支援。当今我部队日益扩大，望我全体人民共体时艰，光荣承担目前暂时加多之公粮负担，争取保田保家福利于久享。现小麦登场在即，希我边缘地带全体军政民立即组织动员武装起来，保卫麦收。结合军事政治攻势，开展反抢粮、反收购、反资敌的粮食斗争。以高度支前热情，切实做到缴好、缴快、缴足，以期迅速踊跃完纳公粮，为大反攻准备充分给养，争取军事上更大胜利，迎接大反攻即早到来。

落款：主任曹漫之，中华民国三十六年六月十日。

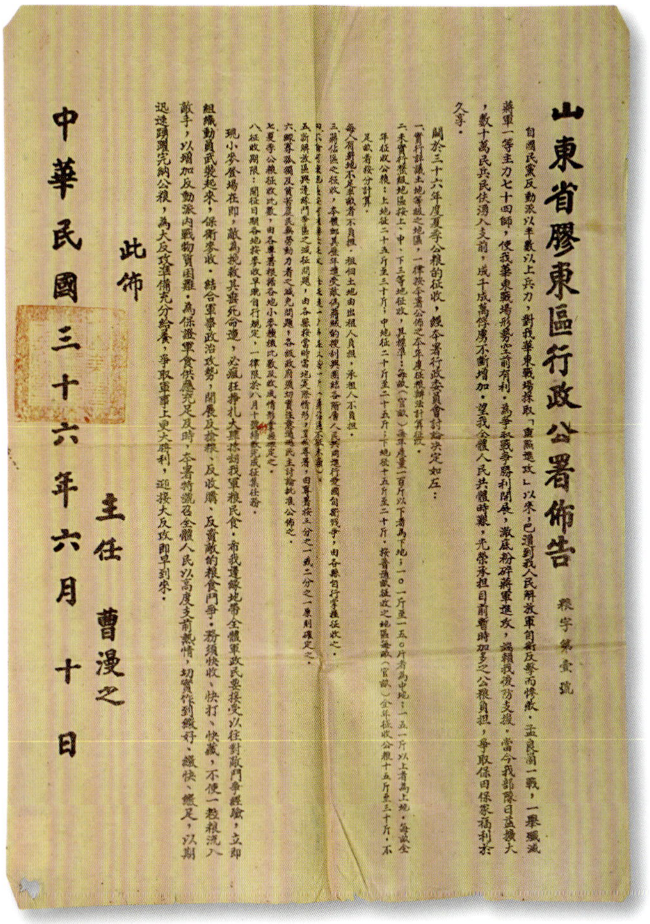

山東省膠東區行政公署佈告 糧字第壹號

自國民黨反動派以半數以上兵力，對我華東戰場採取「重點進攻」以來，已遭到我人民解放軍自衛反擊而慘敗。孟良崮一戰，一舉殲滅蔣軍一等主力七十四師，使我華東戰場形勢空前有利。為爭取戰爭勝利開展，徹底粉碎蔣軍進攻，端賴我後方支援。當今我部隊日益擴大，數十萬民兵民伕湧入支前，成千成萬俘虜不斷增加。望我全體人民共體時艱，光榮承担目前暫時加多之公糧負担，爭取保田保家福利於久享。

關於三十六年度夏季公糧的征收，經本署行政委員會討論決定如左：

一、實行詳議土地等級之地區，一律按本署公佈之本年度征糧辦法計算征收。

二、未實行禁級地區按上、中、下三等地征收，其標準：每畝（官畝）全年產量一百斤以下者為下地；一〇一斤至一五〇斤者為中地；一五一斤以上者為上地。每畝全年征收公糧：上地征二十五斤至三十斤；中地征二十斤至二十五斤；下地征十五斤至二十斤。按普通畝征收之地區每畝（官畝）全年征收公糧十五斤至三十斤。不足畝者按分計算。

每人有耕地不足壹畝者不負担。租佃土地由出租人負担，承租人不負担。

三、游任區之征收，本體部其歷年遭受敵偽蔣匪的搜刮與困難各當人民與商進行愛國自衛戰爭，由各縣自行掌握征收之。

四、[illegible]

五、新解放區與邊緣鬥爭區之減征問題，由各縣按當時當地實際情形，負擔最重者，由專署按三分之一或二分之一原則確定之。

六、鰥寡孤獨及貧苦農民無勞動力者之減免問題，各級政府須切實注意通過民主討論批准公佈之。

七、夏季公糧征收比數，由各專署根據各地小麥收穫比數及收成情形掌握規定之。

八、征收期限：開征日期各地按麥收早晚自行規定，一律限於八月十五日前完成征集任務。

現小麥登場在即，敵為挽救其垂死命運，必瘋狂掙扎大肆搶劫我軍糧民食。希我邊緣地帶全體軍政民要接受以往對敵鬥爭經驗，立即組織動員武裝起來，保衛麥收。結合軍事政治攻勢，開展反搶糧、反收購、反資敵的糧食鬥爭。務須快收、快打、快藏，不使一粒糧流入敵手，以增加反動派內戰物質困難。為保證軍食供應充足及時，本署特號召全體人民以高度支前熱情，切實作到繳好、繳快、繳足，以期迅速踴躍完納公糧，為大反攻準備充分給養，爭取軍事上更大勝利，迎接大反攻即早到來。

此佈

主任 曹漫之

中華民國三十六年六月十日

曹漫之

1913—1991

原名曹元鹏，山东荣成人，中共党员。曹漫之参与发动威海起义和埠柳乡校起义，烟威地区早期党组织领导人之一。中华人民共和国成立后，曾任上海市人民政府党组成员、上海市政协常务委员兼法制研究委员会副主任等职。

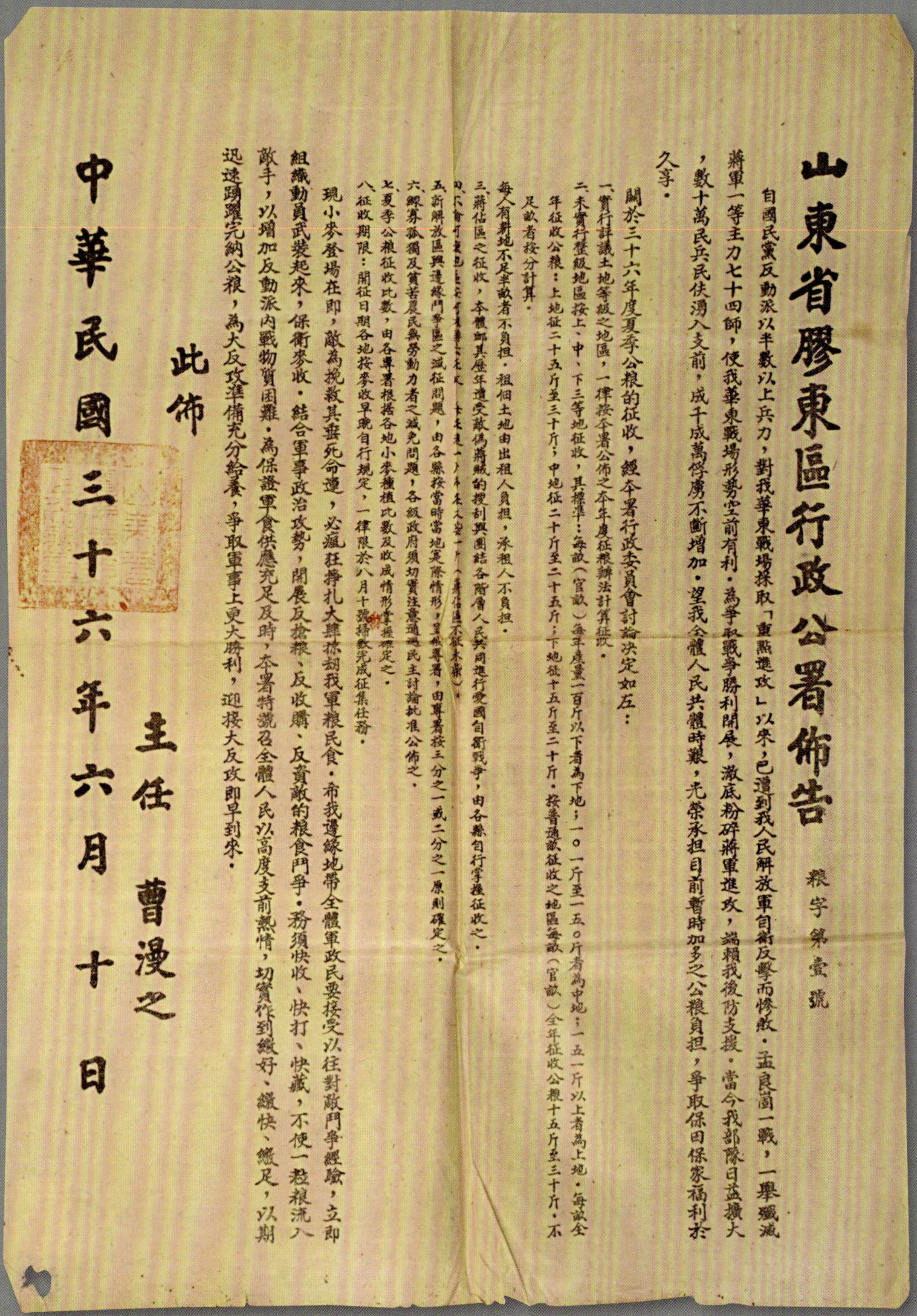

山東省膠東區行政公署佈告

粮字第壹號

自國民黨反動派以半數以上兵力，對我華東戰場採取「重點進攻」以來，已遭到我人民解放軍自衛反擊而慘敗。孟良崮一戰，一舉殲滅蔣軍一等主力七十四師，使我華東戰場形勢空前有利。為爭取戰爭勝利開展，澈底粉碎蔣軍進攻，端賴我後防支援。當今我部隊日益擴大，數十萬民兵民伕湧入支前，成千成萬俘虜不斷增加。望我全體人民共體時艱，光榮承担目前暫時加多之公粮負担，爭取保田保家福利於久享。

關於三十六年度夏季公粮的征收，經本署行政委員會討論決定如左：

一、實行評議土地等級之地區，一律按本署公佈之本年度征粮辦法計算征收。

二、未實行整級地區按上、中、下三等地征收，其標準：每畝（官畝）每年產量一百斤以下者為下地；一〇一斤至一五〇斤者為中地；一五一斤以上者為上地。每畝全年征收公粮：上地征二十五斤至三十斤；中地征二十斤至二十五斤；下地征十五斤至二十斤。按普通畝征收之地區每畝（官畝）全年征收公粮十五斤至三十斤。不足畝者按分計算。

每人有耕地不足半畝者不負担。租佃土地由出租人負担，承租人不負担。

三、蔣佔區之征收，本體邹其歷年遭受敵偽蔣賊的搜刮與團結各階層人民共同進行愛國自衛戰爭，由各縣自行掌握征收之。

四、[illegible]（蔣佔區不征本條）。

五、新解放區與邊緣鬥爭區之減征問題，由各縣按當時當地實際情形，呈報專署，由專署按三分之一或二分之一原則確定之。

六、鰥寡孤獨及貧苦農民無勞動力者之減免問題，各級政府須切實注意通過民主討論批准公佈之。

七、夏季公粮征收比數，由各專署根据各地小麥種植比數及收成情形掌握確定之。

八、征收期限：開征日期各地按麥收早晚自行規定，一律限於八月十號掃數完成征集任務。

現小麥登場在即，敵為挽救其垂死命運，必瘋狂掙扎大肆掠刼我軍粮民食。希我邊緣地帶全體軍政民要接受以往對敵鬥爭經驗，立即組織動員武裝起來，保衛麥收。結合軍事政治攻勢，開展反搶粮、反收購、反資敵的粮食鬥爭。務須快收、快打、快藏，不使一粒粮流入敵手，以增加反動派內戰物資困難。為保證軍食供應充足及時，本署特號召全體人民以高度支前熱情，切實作到繳好、繳快、繳足，以期迅速踴躍完納公粮，為大反攻準備充分給養，爭取軍事上更大勝利，迎接大反攻即早到來。

此佈

主任 曹漫之

中華民國三十六年六月十日

平原省第三、七行政督察专员公署联合通知（民社字第壹号）《关于代耕工作补充意见由》

1949年
成武县档案馆藏

平原省第三、七行政督察专员公署联合通知（民社字第壹号）《关于代耕工作补充意见由》，主要内容为：各县应重视秋收代耕工作，关注缺失劳动力家庭，确保其收入不低于一般家庭。严格检查秋收产量，代耕应减轻民负，发展民生，稳固部队，代耕应代给应代的对象，执行力不够者，应重新分头而置，至解决实际困难为止，各县应了解三五个村的典型材料，以及典型户的生产材料，九月二十日前将代耕工作报告本署，以作为工作推进研究。

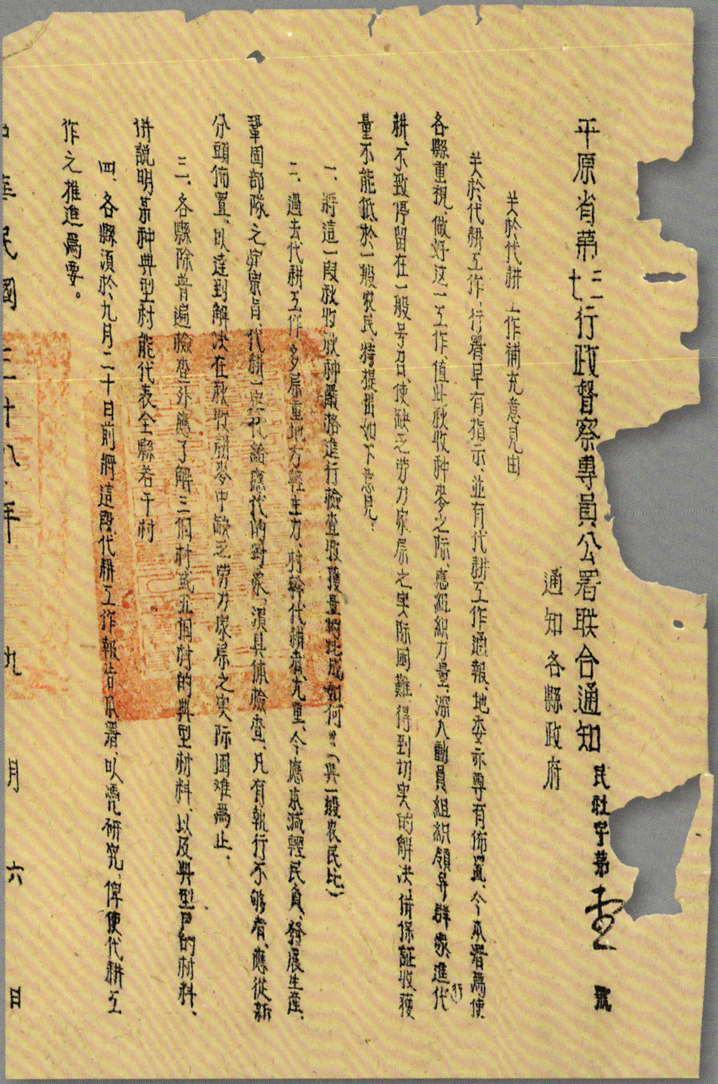
平原省第七三行政督察專員公署联合通知 民社字第壹號

通知各縣政府

关於代耕工作補充意見由

关於代耕工作，行署早有指示，並有代耕工作通報，地委亦專有佈置，今本署為使各縣重視，做好这一工作，值此秋收种麦之際，應組織力量，深入動員組織領导群众進行代耕，不致停留在一般号召，使缺乏劳力家属之实际困難得到切实的解决，併保証收獲量不能低於一般农民，特提出如下意見：

一、將這一段秋收秋种嚴格進行檢查收獲量將比底如何？（與一般农民比）

二、過去代耕工作多属重地方輕主力，村幹代耕者尤重，今應本減輕民負，發展生產，鞏固部隊之宗旨，代耕一定代給應代的對象，須具体檢查，凡有執行不够者，應從新分頭佈置，以達到解決在秋收耕麦中缺乏劳力家属之实际困难為止。

三、各縣除普遍檢查外，應了解三個村或五個村的典型材料，以及典型户的材料，併說明某种典型村能代表全縣若干村

四、各縣須於九月二十日前將這段代耕工作報告本署，以憑研究，俾使代耕工作之推進為要。

中華民國三十八年九月六日

《湖西专署顺水种麦节约备荒》

1949年
成武县档案馆藏

草纸油印，共两页。主要内容为：本月八日至十七日风雨交加昼夜不停导致十四日山洪暴发湖水急增，两县九千顷土地变成汪洋，水深高至五公分，造成严重损失。首先提出全体干部应组织集中全力有计划有领导地迅速排水堵口，扫除障碍，争取早日种麦。其次应切实解决劳力畜力耕具种子等的困难，发动妇女参加劳作，开展种麦互助活动，互相拉犁，男女换工，人力换畜力，提倡各种各样的互助。再次，湖西全区耕种地66046顷，全区七个县共种麦45000顷，但据各县报告春种尚缺427万斤。任务分配到各县并指示各县及时贷放。最后，有灾救灾，全区进行灾荒教育省吃俭用，结合秋收，采集代食，领导灾民开展谋生道路。

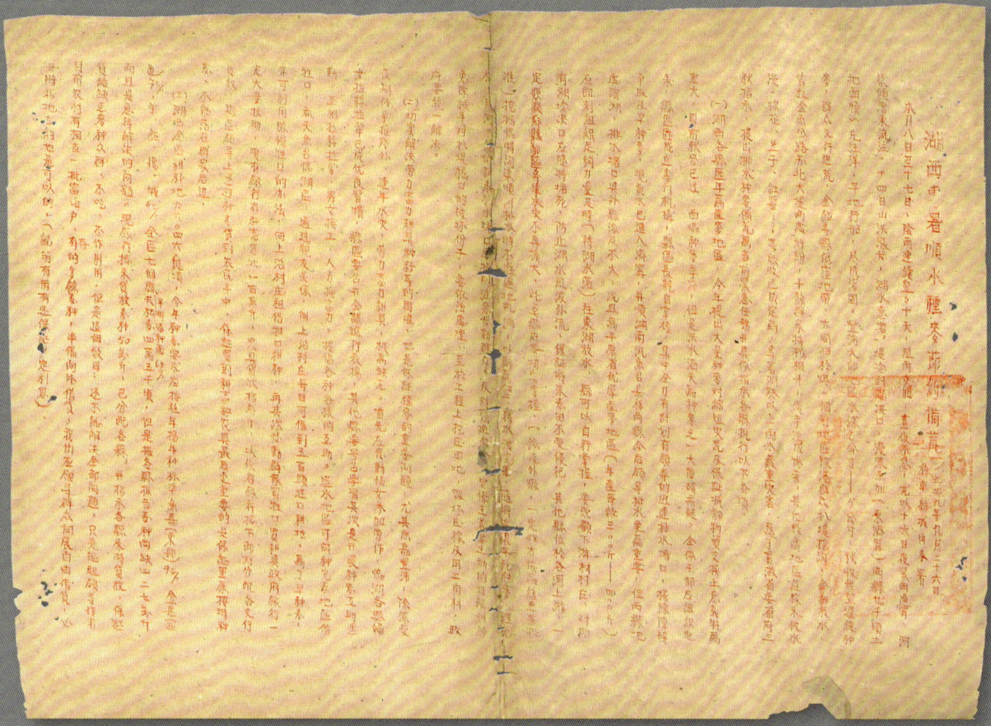

平原省湖西区行政督察专员公署指示《关于节约救灾的指示》

1949年

成武县档案馆藏

草纸油印，共一页。指示的主要内容为：节约行动，夜间办公集中省灯油，利用废纸以及办公用具的使用严格执行预算制。捐救物资，专署级各单位共748人除响应每天每人一两米的号召外，在六个月内共再捐出米8004斤，人民币88600元（旧人民币），棉衣83件，鞋子81双，袜子17双等。

晋冀鲁豫民工在前线运输粮食

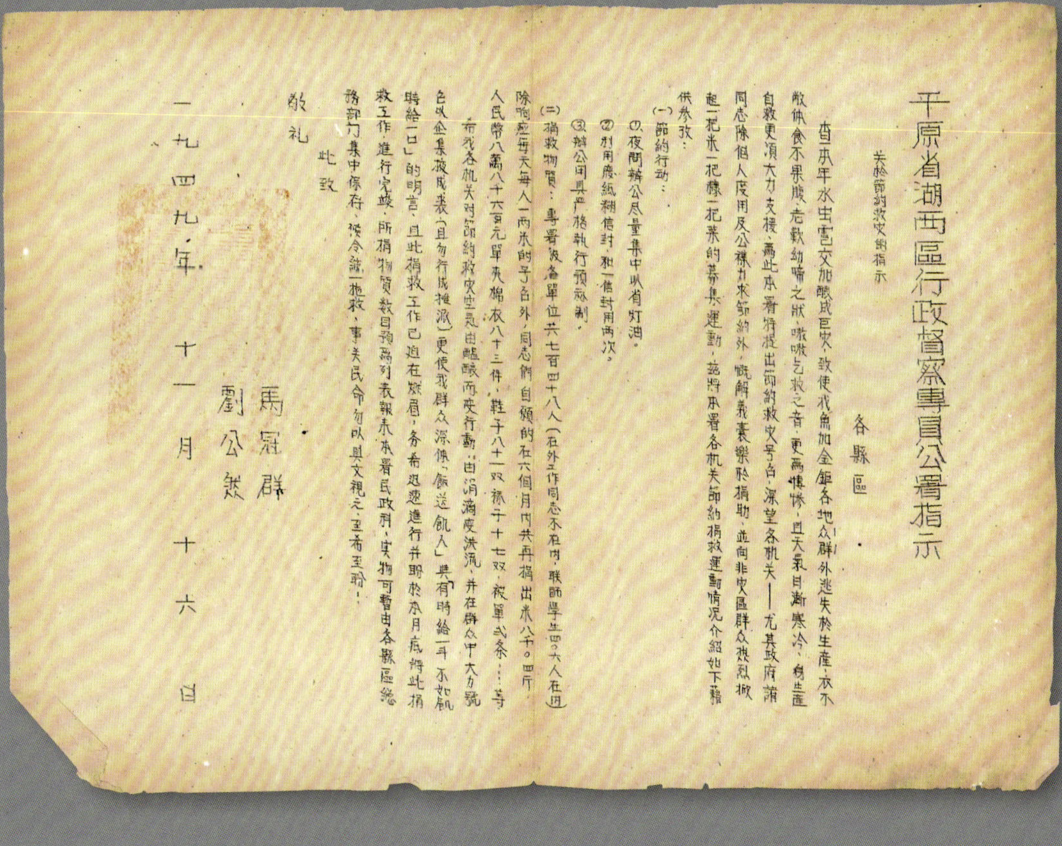

平原省湖西區行政督察專員公署指示

关於節約救灾的指示

各縣區：

查本年水虫雹灾加酿成巨灾，致使我魚台金鄉各地众群外逃，失於生產，衣不蔽体，食不果腹，老叹幼啼之状，嗷嗷乞救之音，更為悽惨，且天氣日漸寒冷，自生產自救更須大力支援，為此本署特提出節約救灾号名，深望各机关——尤其政府諸同志除個人度用及公標力求節約外，慨解義囊，樂於捐助，並向非灾區群众熱烈掀起一把米一把糠一把菜的募集運動，茲將本署各机关節約捐救運動情况介紹如下藉供参考：

(一)節約行動：

⑴夜間辦公尽量集中以省灯油。

⑵利用廢紙糊信封，和一信封用两次。

⑶辦公用具严格執行預算制。

(二)捐救物質：專署級各單位共七百四十八人（在外工作同志不在内，联師學生四〇六人在内）除响应每天每人一两米的号召外，同志們自願的在六個月内共再捐出米八千〇四斤，人民幣八萬八千六百元，單夾棉衣八十三件，鞋子八十一双，袜子十七双，被單弍条……等。

希我各机关对節約救灾应急由醞釀而变行動，由涓滴变洪流，并在群众中大力號召以企集腋成裘（且勿行成推派），更使我群众深体「飯送飢人」與「有時給一斗不如飢時給一口」的明言，且此捐救工作已迫在燃眉，务希迅速進行并盼於本月底將此捐救工作進行完竣，所捐物質数目預為列表報來本署民政科，实物可暫由各縣區總務部门集中保存，候令統一拖救，事关民命勿以具文視之，至希至盼！

此致

敬礼

馬冠群

劉公然

一九四九年十一月十六日

冀鲁豫行政公署指示（民财社字第四十八号）

1949年
鄄城县档案馆藏

纸质油印，共计三页，末页钤方章篆书“冀鲁豫行政公署印”，落款：主任潘复生，副主任贾心斋、韩哲一。

1949年，冀鲁豫行政公署指示河南各专属县府、河北四专署县府、行署直系机关征借地富秋粮、拨给上交公粮完全用于生产救灾。其中对征借土地、征借对象、征借数目、征借粮食、征借手续、征借用途做了详细的说明，并对征借者提出不应再有自发的群众借粮，但自由借贷需提倡的严格要求。最后对拨借上交公粮的数量和分拨的计划进行了说明，以及对这次生产救灾任务的完成强调了保障措施。后续成立以党委为核心的生产救灾委员会，不仅负责办清手续，搞好救灾任务，还提出组织发动灾区群众生产贷粮，对贷粮条件及手续进行了具体规定。

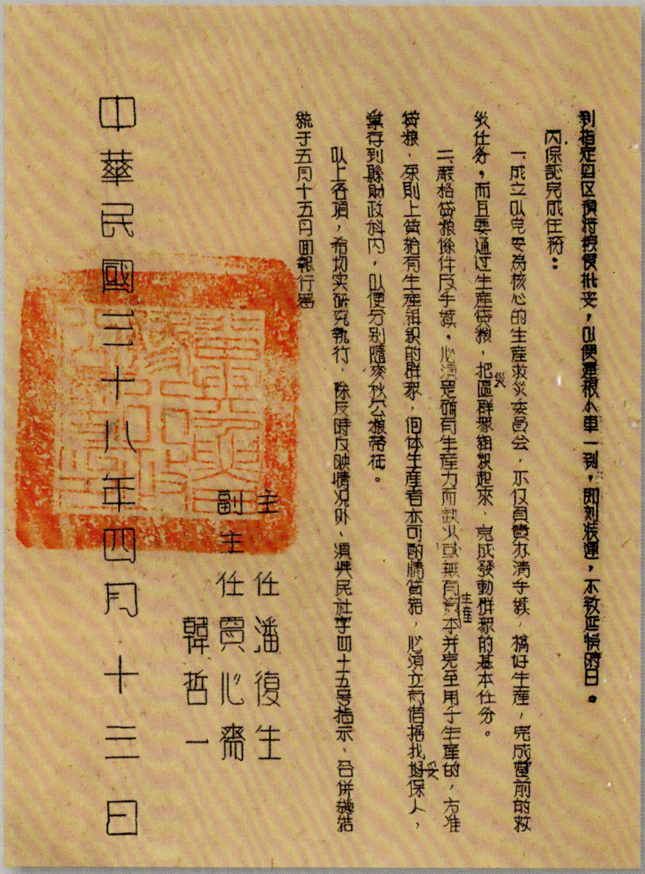

到指定四区負責將核貸批交，以便運粮小車一到，即刻裝運，不致延誤時日。

丙、保証完成任務：

一、成立以党委為核心的生產救災委員会，不仅負責办清手續，搞好生產，完成當前的救災任务，而且要通过生產貸粮，把災區群眾組織起來，完成發動群眾的基本任务。

二、嚴格貸粮條件及手續，必須是確有生產力而缺少或無有生產資本并完全用于生產的，方准貸粮，原則上貸給有生產組織的群眾，但个体生產者亦可酌情貸給，必須立有借据找妥保人，彙存到縣財政科內，以便分別隨麥秋公粮帶征。

以上各項，希切实研究執行，除及時反映情況外，須與民社字四十五号指示，合併總結，統于五月十五日回報行署。

主　任　潘復生
副主任　賈心齋
　　　　韓哲一

中華民國三十八年四月十三日

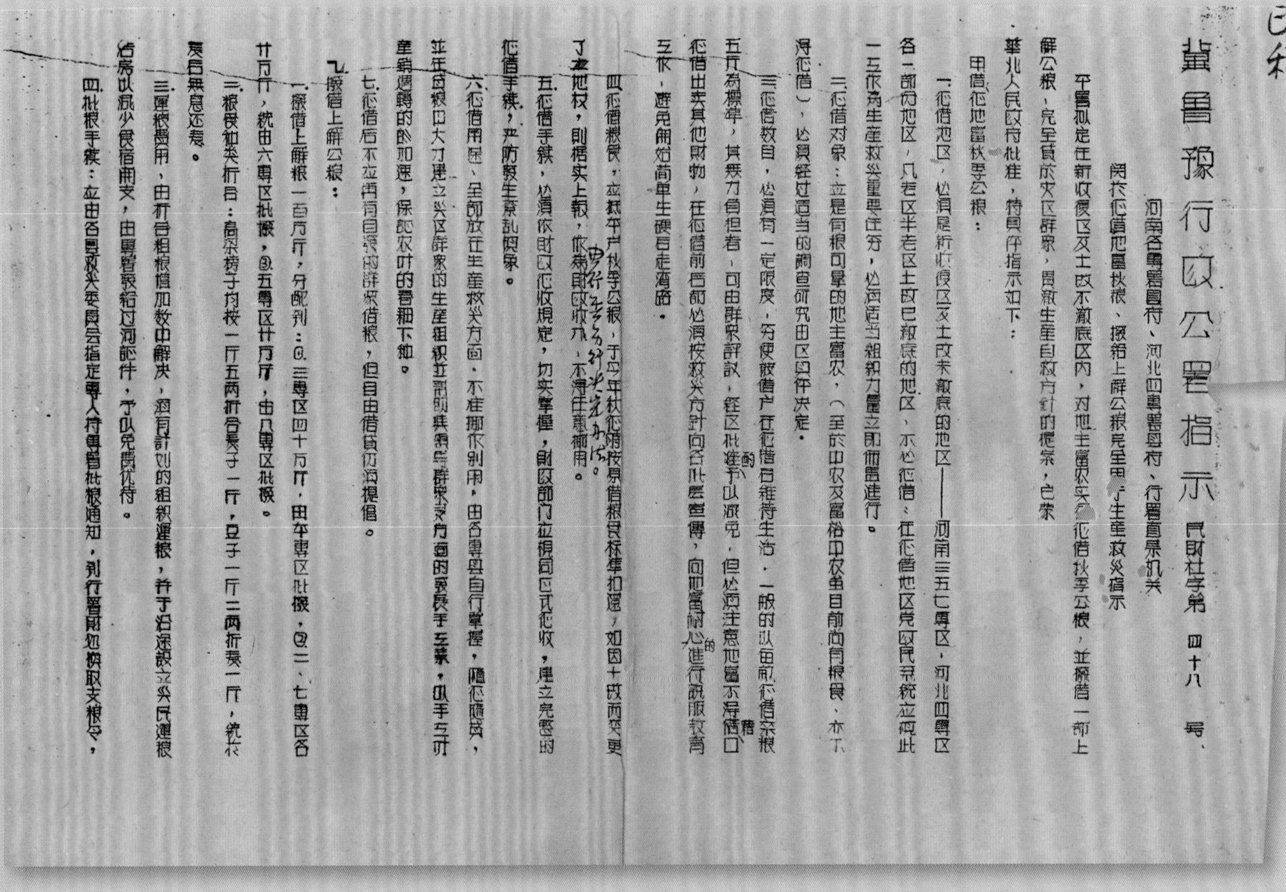

已知

冀魯豫行政公署指示 民財社字第四十八号

河南各專署县府、河北四專署县府、行署直属机关

関於征借地富秋粮、撥借上解公粮充□于生產救災指示

本署拟定在新收復区及土改不澈底区內，对地主富农实行征借秋季公粮，並撥借一部上解公粮，充至貧苦災区群众，開展生產自救方針的提案，已荣華北人民政府批准，特具体指示如下：

甲、借征地富秋季公粮：

一、征借地区，必須是新收復区及土改未澈底的地区——河南三五七專区，河北四專区各一部份地区，凡老区半老区土改已澈底的地区，不必征借，在征借地区党政民系統应把此一工作為生產救災重要任务，必須适当組织力量立即佈置進行。

二、征借对象：应是有粮可拿的地主富农，（至於中农及富裕中农与目前尚有粮食，亦不得征借），必須經过适当的調查研究由区因件决定。

三、征借数目，必須有一定限度，务使被借户在征借后維持生活，一般的以每亩征借杂粮五斤為標準，其無力負担者，可由群众評議，經区批准的予以減免，但必須注意地富不得借口征借出卖其他財物，在征借前后都必須按救災方針向各阶层宣傳，向地富耐心的进行說服教育工作，避免開始简单生硬冒進偏向。

四、征借粮食，应按本户秋季公粮，于本年秋征時按原借粮食标準扣還，如因土改而变更了土地权，則据实上報，依新負担收入，不得任意挪用。

五、征借手续，必須依財政征收規定，切实掌握，財政部门应根同正式征收，建立完整的征借手续，严防發生混乱現象。

六、征借用途，全部放在生產救災方面，不准挪作別用，由各專县自行掌握，隨征隨貸，並在貸粮中大力建立災区群众的生產組织並說明与群众交为畜的发展手工業，以手工業產銷周轉的加速，保証农时的普种下种。

七、征借后不应再有自發的群众借粮，但自由借貸仍須提倡。

乙、撥借上解公粮：

一、撥借上解粮一百万斤，分配列：⑴三專区四十万斤，由本專区批撥，⑵二、七專区各廿万斤，統由六專区批撥，⑶五專区廿万斤，由八專区批撥。

二、粮食如实折合：高粱棒子均按一斤五两折合麦子一斤，豆子一斤二两折麦一斤，統於受災后無息还麦。

三、運粮費用，由折合粗粮增加数中解决，須有計划的組织運粮，并于沿途設立災民運粮站房以減少食宿開支，由專署發給过河証件，予以免費优待。

四、批粮手续：应由各县救災委員会指定專人持專署批粮通知，到行署財政處取支粮令，

博兴县政府颁给王焕孟的奖状

1947年

博兴县博物馆藏

纸质。奖状编号为“奖字一八〇号”。正文为：“兹有柳桥区贾李村王焕孟为人民解放事业艰苦卓绝、埋头苦干、克己奉公……及时完成借粮。功绩经县评功委员会评为三等功，合予发给三等功奖状，以资表扬，并望王焕孟发扬为人民服务之革命英雄主义，为革命为人民立下更大的永垂不朽之功绩！”

其右写“右给王焕孟收执　县长唐鲁夫　中华民国卅六年五月廿一日”。

王焕孟，山东博兴人，生于1922年，1946年加入中国共产党，1948年参军，1954年7月转业，参加作战15次。

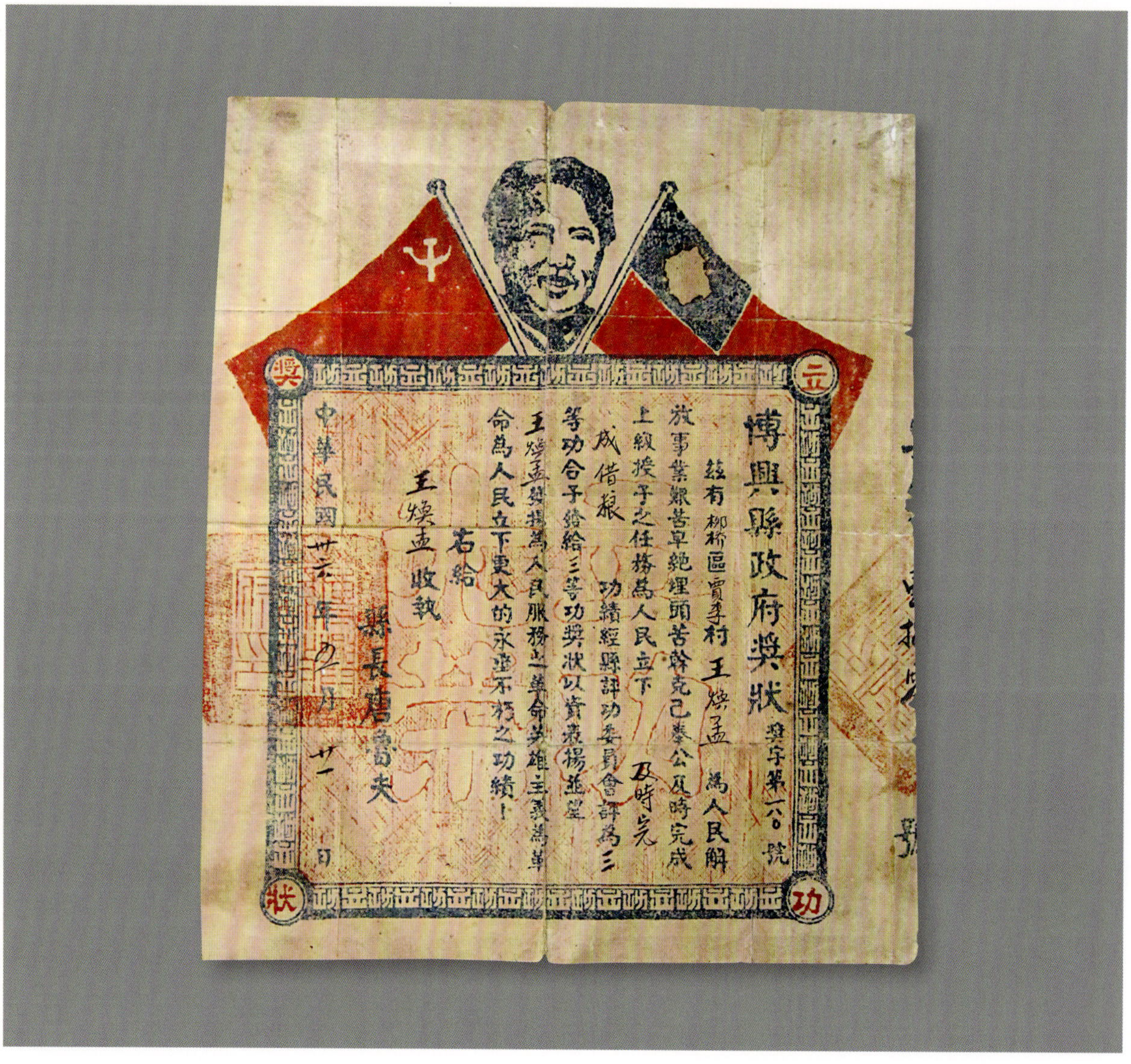

獎 立 狀 功

博興縣政府獎狀 獎字第一八〇號

玆有柳橋區賈李村王煥孟 爲人民解放事業艱苦卓絕埋頭苦幹克己奉公及時完成上級授予之任務爲人民立下 及時完成借粮 功績經縣評功委員會評爲三等功合予發給三等功獎狀以資表揚並望王煥孟發揚爲人民服務之革命英雄主義爲革命爲人民立下更大的永垂不朽之功績！

右給

王煥孟 收執

縣長唐魯夫

中華民國卅六年五月廿一日

胶东新华书店出版
《生产互助支援前线结合办法》

1946年
乳山市文物保护中心藏

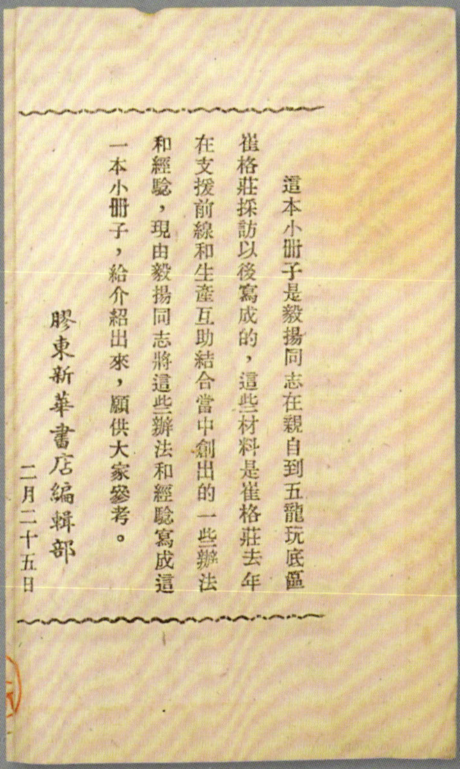
這本小冊子是毅揚同志在親自到五龍玩底區
崔格莊採訪以後寫成的，這些材料是崔格莊去年
在支援前線和生產互助結合當中創出的一些辦法
和經驗，現由毅揚同志將這些辦法和經驗寫成這
一本小冊子，給介紹出來，願供大家參考。

膠東新華書店編輯部
二月二十五日

作者毅扬，胶东新华书店出版发行。封面人物生动形象地表现了胶东人民一面生产、一面支前的场景。1945年崔格庄村（今山东省烟台市莱阳市万第镇南崔格庄村）积极响应党的号召派遣青壮劳动力参加子弟兵团或担架队，在踊跃支援前线的前提下，为保障粮食生产支援前线，就把剩余的党员群众组织起来，成立了生产互助组，通过不断地改进，充分调动群众积极性，有效解决了支援前线和生产的矛盾，使得粮食生产取得了很大成绩。此书将这些好的办法和经验总结起来，编印成册供其他地区参考学习。

农业生产互助合作形式的出现，有效解决了农业生产中缺少畜力、人力的困难，节约了劳动力，提高了劳动效率，促进了副业生产，同时有助于群众之间交流生产经验，从而提高生产技能，而且通过劳动互助，群众之间互助友爱精神得以发扬。生产互助与支援前线的结合，一方面保障了生产稳定，一方面有效地节省出人力踊跃支前，为解放战争的最终胜利作出了重要贡献。

胶东行政公署编《秋征手册》（干部读物）

1948年
烟台市牟平区博物馆藏

胶东行政公署1948年10月20日编，为内部发行的干部读物。

1948年10月，正值中华人民共和国成立前夕，前线急需物资保障。为此，山东省政府适时对当年秋季征收公粮、田赋等工作发出指示。本手册是胶东区行政公署根据山东省政府秋季征收公粮、田赋、村经费指示的原则和办法，根据胶东具体情况制定的实施细则。手册共分六部分，分别是秋征工作的实施决定、征收田赋暨秋季村经费办法、怎样缴秋粮、秋征的宣传要点、关于老区秋季负担计算程序、秋征手续细则。胶东区行政公署将秋征的减免政策、方针步骤、组织领导、计算征收程序、宣传口号等一一落实在册，事无巨细，条款明确，保证了秋粮的征收，不仅为前线的解放战争提供了物资保障，也为当时恢复和发展各项生产建设提供了保障。

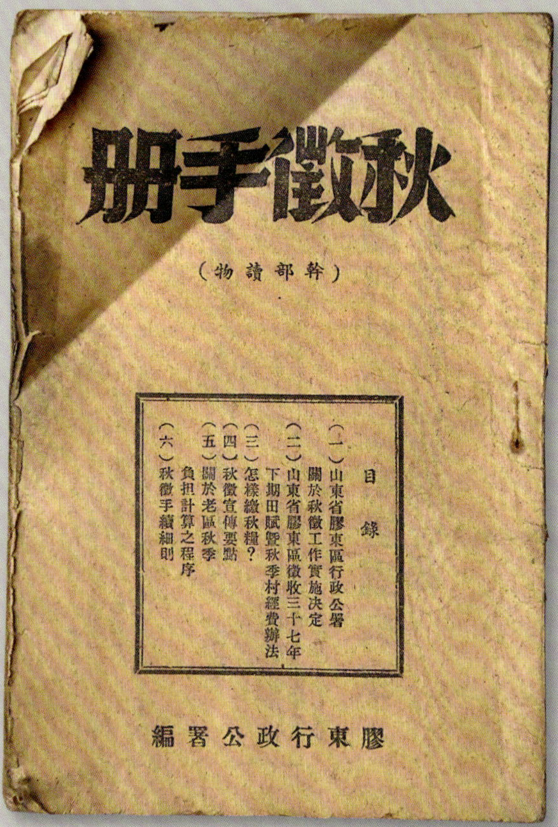
秋徵手册
（幹部讀物）
目錄
（一）山東省膠東區行政公署關於秋徵工作實施決定
（二）山東省膠東區徵收三十七年下期田賦暨秋季村經費辦法
（三）怎樣繳秋糧？
（四）秋徵宣傳要點
（五）關於老區秋季負担計算之程序
（六）秋徵手續細則
膠東行政公署編

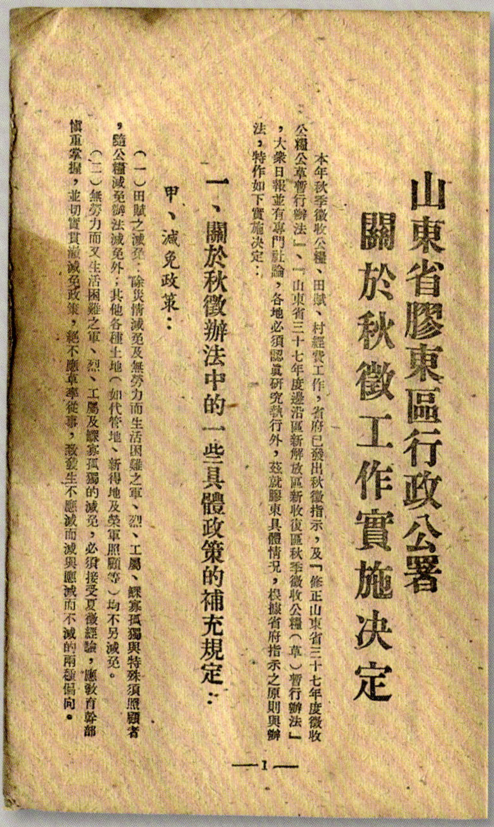
山東省膠東區行政公署關於秋徵工作實施決定

本年秋季徵收公糧、田賦、村經費工作，省府已發出秋徵指示，及「修正山東省三十七年度徵收公糧公草暫行辦法」、「山東省三十七年度邊沿區新解放區新收復區秋季徵收公糧（草）暫行辦法」，大衆日報並有專門社論，各地必須認眞研究執行外，茲就膠東具體情況，根據省府指示之原則與辦法，特作如下實施決定：

一、關於秋徵辦法中的一些具體政策的補充規定：

甲、減免政策：

（一）田賦之減免：除災情減免及無勞力而生活困難之軍、烈、工屬、鰥寡孤獨與特殊須照顧者，隨公糧減免辦法減免外，其他各種土地（如代管地、新得地及榮軍照顧等）均不另減免。

（二）無勞力而又生活困難之軍、烈、工屬及鰥寡孤獨的減免，必須接受夏徵經驗，應教育幹部愼重掌握，並切實貫澈減免政策，絕不應草率從事，致發生不應減而減與應減而不減的兩種偏向。

—1—

淮海战役邹县民工运输团支前用木车轮

1948年
邹城博物馆藏

该车轮为淮海战役中邹县（今邹城市）民工运输团支前所使用的独轮车所有。枣木质，车辋、车辐、木轴保存基本完整，车轮局部残缺。支前车轮是淮海战役中人民群众积极支援前线的真实见证。

淮海战役期间，鲁南人民在“一切为了前线胜利”的口号鼓舞下，动员组织起各方面的力量，以极大的热情全力、全面、全程支援前线。邹县组织2264人的民工运输团，动用独轮木车670辆，行程数千里，给前线运送粮食、弹药、药品等148万余斤。7人荣立一等功，15人荣立二等功，107人荣立三等功。淮海战役是一场真正的人民战争，正是依靠人民群众的伟大力量，我军才有了取得最后胜利的根本保障，才造就了淮海战役以少胜多的奇迹。淮海战役的胜利，使长江中下游以北的广大地区获得解放，为解放军渡江作战奠定了基础。

民工担架队在火线抢救伤员

淮海战役邹县支前担架队的担架杆

1948年
邹城博物馆藏

该担架杆为淮海战役中邹县（今邹城市）民工担架团支前所使用。担架杆通长154厘米，质地为榆木、铁组合，重达2.01千克，中部为木榫，可安装横木。

淮海战役中，有一支被群众称为“不穿军装的解放军”，这就是广大民兵和战地群众。在党的领导下，他们有组织、有纪律、有觉悟，担任着保卫生产、保护交通、护送物资、运送伤员等重要任务，直接支援人民军队对敌作战，为战役胜利作出巨大贡献。为支援淮海战役，邹县组织了常备担架团。干部民工2249人，组成4个营12个连，用406副担架，由团长赵寿亭、副团长陈东才率领开赴前线，历时76天，行程数千里，圆满完成了6次运送伤员1334名的任务和一次挑送棉衣棉被12550斤的任务。工作中涌现出一大批的功臣模范，其中，20人荣立一等功，234人荣立二等功，532人荣立三等功。

马道远

1918—1994

山东博兴人。1939 年马道远组织了自卫队，不断与日、伪展开斗争，使民兵队伍不断发展壮大。后马道远担任联防队长，率领博兴支前民兵参加了孟良崮战役、南麻临朐战役、潍县战役和淮海战役。他先后歼敌 30 名，荣获过“一等模范”“一等功臣”“特等功臣”“锄奸模范”称号，获得了“英勇战胜困难”锦旗。他领导的民兵连在支前中荣获“支前模范连”“钢铁连”“模范小队”等三次集体荣誉奖。他曾当选为渤海军区、山东军区“民兵英雄”。1951 年出席了华东军区英雄代表会议，1958 年出席全国民兵英雄代表大会。

支前民兵马道远制作的木担架

解放战争时期
博兴县博物馆藏

框架为木质，中间用麻绳编制成网格状，通长278.5厘米、通宽72厘米。

鲁中南支委会翻印《华东财经办事处、华东支前委员会关于支前财粮、民工等供给制度与办法的联合决定（草案）》

1948年

山东博物馆藏

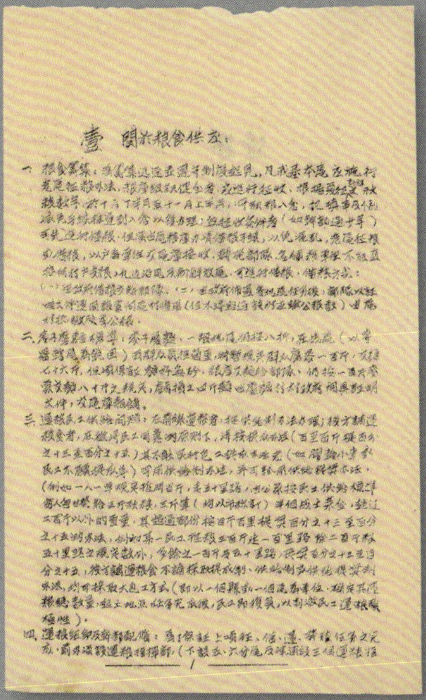

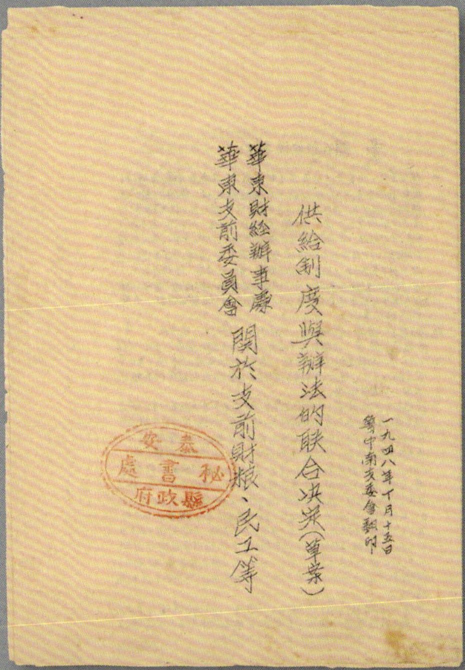

華東財經辦事處
華東支前委員會
關於支前財糧、民工等
供給制度與辦法的聯合决定（草案）

一九四八年十月十五日
魯中南支委會翻印

《华东财经办事处、华东支前委员会关于支前财粮、民工等供给制度与办法的联合决定（草案）》，由鲁中南支委会于1948年10月15日翻印。

解放战争时期，粮食工作以大力支援前线为中心，运输粮草需要大量的民工，山东解放区前后有1000多万人投入了军粮的加工和调运。为做好各项民工的食宿工作，保证军粮的运输，各作战区设立民站。民站的设立有明确而具体的规定。凡作战地区的行署、专署与县，或接近战区的专署及县，或有粮食调剂任务的专署及县，其支前机关必须设立民站部。每隔30里左右设一民站，民站与民站之间设一茶水站。民站供应支前各项民工通往时之食宿；教育民工与居民，利用各种方式（如壁、纸、黑板报等）促进民工与居民之间良好关系；帮助过往民工联络，传递报纸、文件，接近前方的民站，并须准备向导解决联络问题；主动与区政府配合，划分路段，随时检查并动员群众修补道路、桥梁，使道路通行无阻。帮助民工解决疾病、疗养及修理工具等困难，事先定好木匠、医生，防止抬高市价；各运粮民工如遇大雨，民站应在雨阻粮证明单上盖章，并介绍民工队负责人向附近的区库领取雨阻粮（每人每天秋粮三斤）。每一个主要民站须经常保有三万到五万斤加工粮，次要民站须保有一万斤以上之加工粮。每一站须有明显标志，挂民站牌、画指路标等。

山东省胶东区行政公署公布令（财字第贰号）《山东省胶东区卅五年度征粮办法》

1946年5月25日
山东博物馆藏

1946年5月25日，山东省胶东区行政公署公布令，财字第贰号。山东省胶东区根据山东省政府指示及胶东具体情况，制定了《山东省胶东区卅五年度征粮办法》，分为第一、第二两种。此为公布征粮办法的公布令和征粮办法第一办法实施说明。

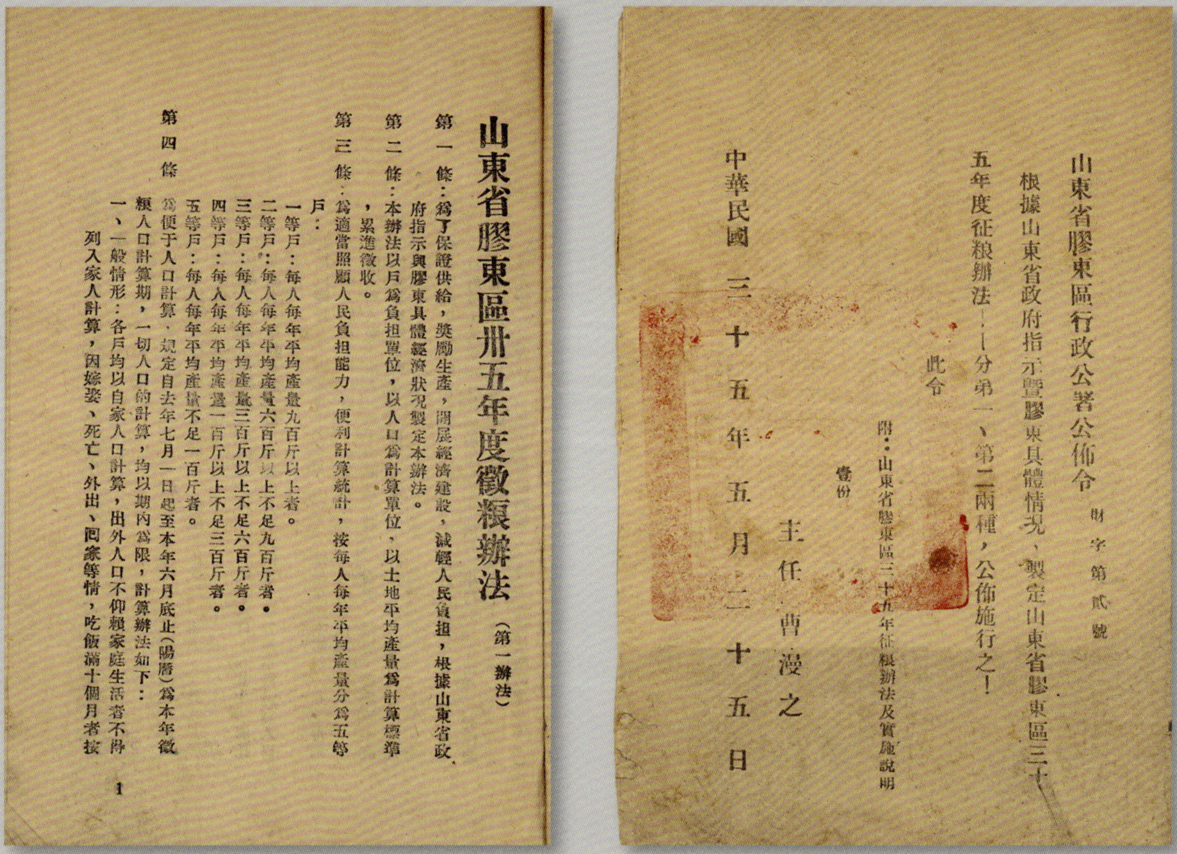

山東省膠東區行政公署公佈令　財字第貳號

根據山東省政府指示暨膠東具體情況、製定山東省膠東區三十五年度征粮辦法——分第一、第二兩種，公佈施行之！

此令

附：山東省膠東區三十五年征粮辦法及實施說明　壹份

主任　曹漫之

中華民國　三十五年五月二十五日

山東省膠東區卅五年度徵糧辦法（第一辦法）

第一條：爲了保證供給，獎勵生產，開展經濟建設，減輕人民負担，根據山東省政府指示與膠東具體經濟狀況製定本辦法。

第二條：本辦法以戶爲負担單位，以人口爲計算單位、以土地平均產量爲計算標準，累進徵收。

第三條：爲適當照顧人民負担能力，便利計算統計，按每人每年平均產量分爲五等戶：

一等戶：每人每年平均產量九百斤以上者。
二等戶：每人每年平均產量六百斤以上不足九百斤者。
三等戶：每人每年平均產量三百斤以上不足六百斤者。
四等戶：每人每年平均產量一百斤以上不足三百斤者。
五等戶：每人每年平均產量不足一百斤者。

第四條：爲便于人口計算，規定自去年七月一日起至本年六月底止（陽曆）爲本年徵糧人口計算期，一切人口的計算，均以期內爲限，計算辦法如下：

一、一般情形：各戶均以自家人口計算，出外人口不仰賴家庭生活者不得列入家人計算，因嫁娶、死亡、外出、回家等情，吃飯滿十個月者按

1

《山东省胶东区三十五年度征粮办法第一办法实施说明》

1946年5月25日
山东博物馆藏

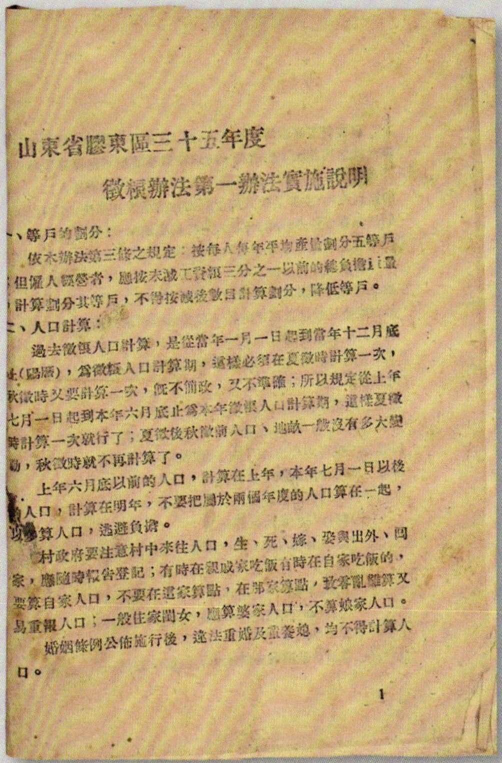
山東省膠東區三十五年度
徵糧辦法第一辦法實施說明

一、等戶的劃分：
依本辦法第三條之規定：按每人每年平均產量劃分五等戶
但僱人經營者，應按未減工資額三分之一以前的總負擔産量
計算劃分其等戶，不得按減後數目計算劃分，降低等戶。
二、人口計算：
過去徵糧人口計算，是從當年一月一日起到當年十二月底
(陽曆)，爲徵糧人口計算期，這樣必須在夏徵時計算一次，
秋徵時又要計算一次，旣不簡政，又不準確；所以規定從上年
七月一日起到本年六月底止爲本年徵糧人口計算期，這樣夏徵
時計算一次就行了；夏徵後秋徵前人口、地畝一般沒有多大變
動，秋徵時就不再計算了。
上年六月底以前的人口，計算在上年，本年七月一日以後
的人口，計算在明年，不要把屬於兩個年度的人口算在一起，
算人口，逃避負擔。
村政府要注意村中來往人口，生、死、嫁、娶與出外、回
家，應隨時報告登記；有時在親戚家吃飯有時在自家吃飯的，
要算自家人口，不要在這家算點，在那家算點，致零亂難算又
易重報人口；一般住家閨女，應算婆家人口，不算娘家人口。
婚姻條例公佈施行後，違法重婚及童養媳，均不得計算人
口。

1

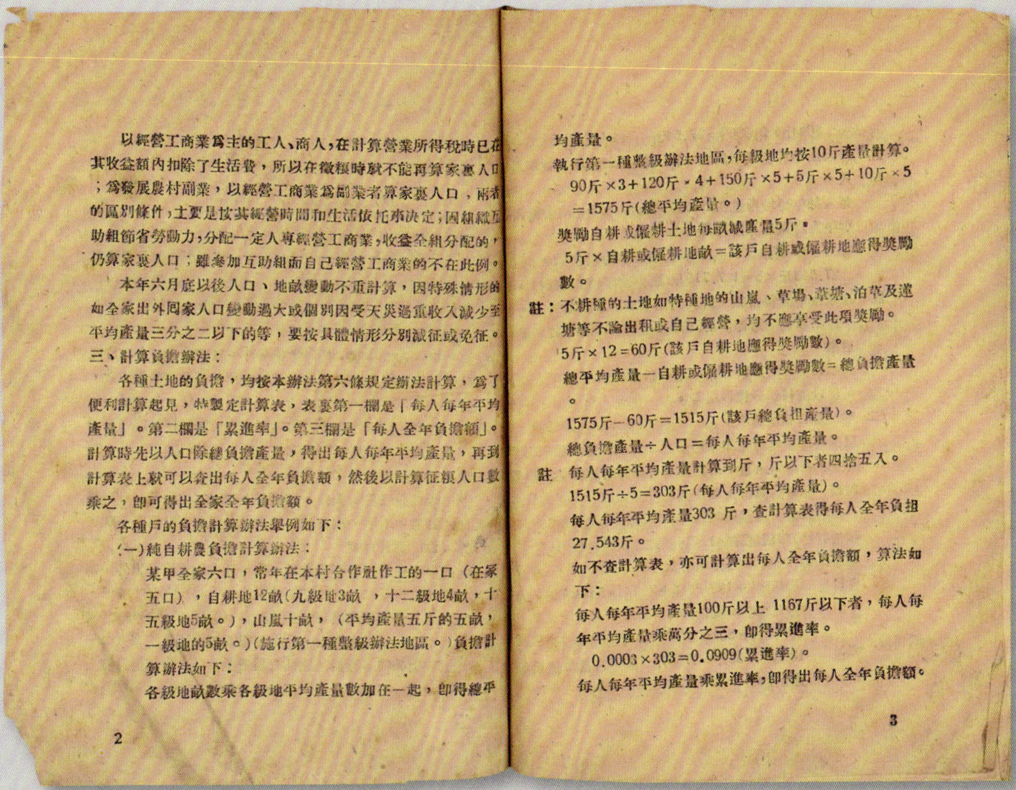
以經營工商業爲主的工人、商人，在計算營業所得稅時已在
其收益額內扣除了生活費，所以在徵糧時就不能再算家裏人口
；爲發展農村副業，以經營工商業爲副業者算家裏人口，兩者
的區別條件，主要是按其經營時間和生活依托來決定；因組織互
助組節省勞動力，分配一定人專經營工商業，收益全組分配的，
仍算家裏人口；雖參加互助組而自己經營工商業的不在此例。
本年六月底以後人口、地畝變動不重計算，因特殊情形的
如全家出外回家人口變動過大或個別因受天災過重收入減少至
平均產量三分之二以下的等，要按具體情形分別減征或免征。
三、計算負擔辦法：
各種土地的負擔，均按本辦法第六條規定辦法計算，爲了
便利計算起見，特製定計算表，表裏第一欄是「每人每年平均
產量」。第二欄是「累進率」。第三欄是「每人全年負擔額」。
計算時先以人口除總負擔產量，得出每人每年平均產量，再到
計算表上就可以查出每人全年負擔額，然後以計算征糧人口數
乘之，即可得出全家全年負擔額。
各種戶的負擔計算辦法舉例如下：
(一)純自耕農負擔計算辦法：
某甲全家六口，常年在本村合作社作工的一口（在家
五口），自耕地12畝(九級地3畝，十二級地4畝，十
五級地5畝。)，山嵐十畝，（平均產量五斤的五畝，
一級地的5畝。)(施行第一種整級辦法地區。)負擔計
算辦法如下：
各級地畝數乘各級地平均產量數加在一起，即得總平

2

均產量。
執行第一種整級辦法地區，每級地均按10斤產量計算。
90斤×3+120斤×4+150斤×5+5斤×5+10斤×5
=1575斤(總平均產量。)
獎勵自耕或僱耕土地每畝減產量5斤。
5斤×自耕或僱耕地畝=該戶自耕或僱耕地應得獎勵
數。
註：不耕種的土地如特種地的山嵐、草場、葦塘、泊草及遂
塘等不論出租或自己經營，均不應享受此項獎勵。
5斤×12=60斤(該戶自耕地應得獎勵數)。
總平均產量—自耕或僱耕地應得獎勵數=總負擔產量
。
1575斤—60斤=1515斤(該戶總負担產量)。
總負擔產量÷人口=每人每年平均產量。
註 每人每年平均產量計算到斤，斤以下者四捨五入。
1515斤÷5=303斤(每人每年平均產量)。
每人每年平均產量303 斤，查計算表得每人全年負担
27.543斤。
如不查計算表，亦可計算出每人全年負擔額，算法如
下：
每人每年平均產量100斤以上 1167斤以下者，每人每
年平均產量乘萬分之三，即得累進率。
0.0003×303=0.0909(累進率)。
每人每年平均產量乘累進率，即得出每人全年負擔額。

3

晋冀鲁豫边区政府、晋察冀边区行政委员会令（民社字第八号）《为通令对革命职员家属之土地严加限制代耕范围由》

1948年

山东博物馆藏

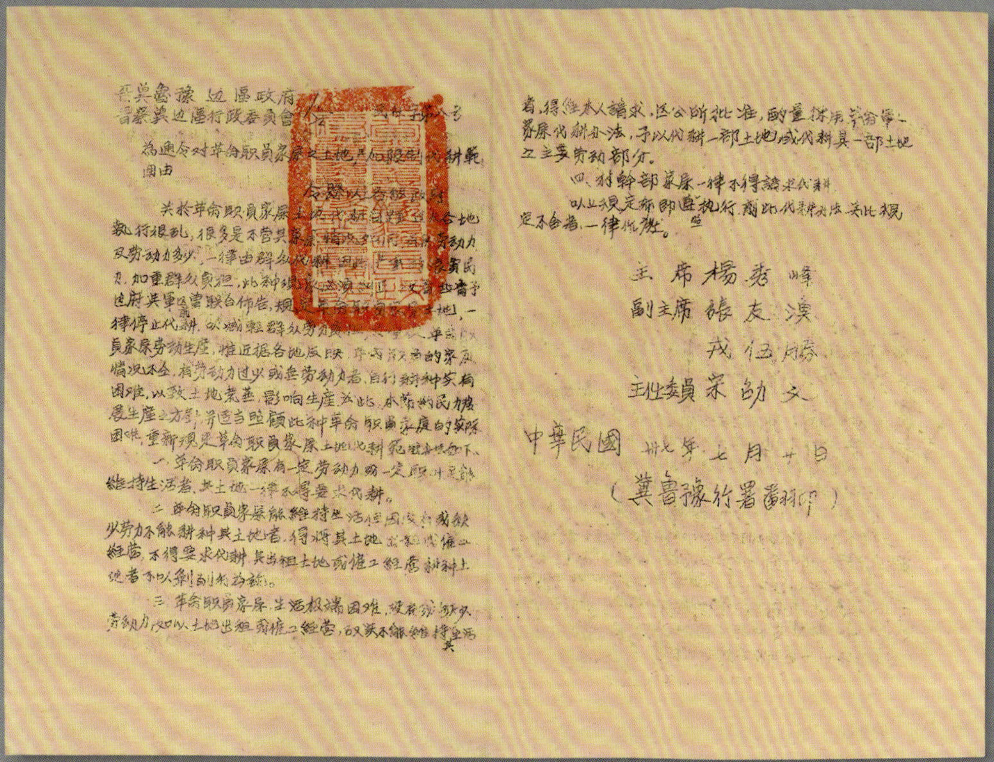

冀鲁豫行政公署1948年7月20日翻印，晋冀鲁豫边区政府、晋察冀边区行政委员会发布，钤“晋冀鲁豫边防政府冀鲁豫行署关防”章。针对革命职员家属土地代耕问题，晋冀鲁豫边区政府、晋察冀边区行政委员会发布联合命令，严格限制革命职员家属土地代耕范围。通令针对四种情况，作出如下规定：①革命职员家属有一定劳动力能维持生活的，其土地一律不得要求代耕；②革命职员家属能维持生活，但没有或缺少劳动力无法耕种土地的，可以将土地出租或雇工耕种；③革命职员家属生活极端困难，没有或缺少劳动力，经本人请求、区公所批准，可以要求代耕；④村干部家属不得要求代耕。

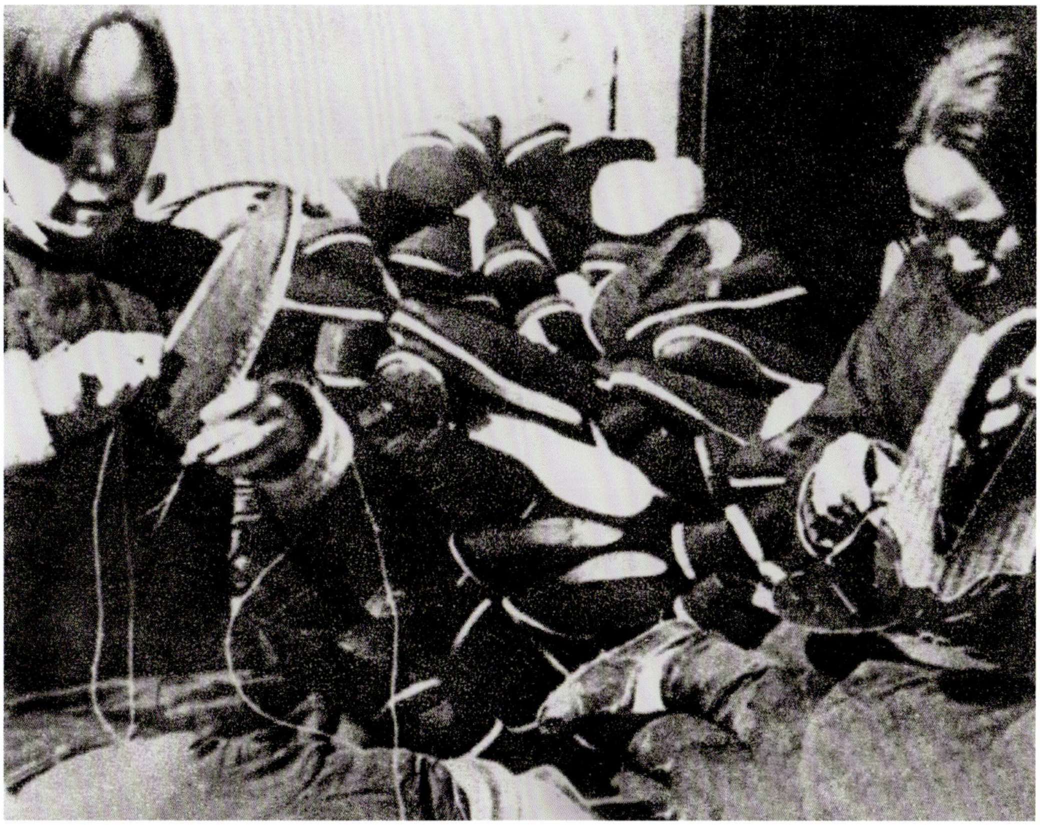

山东妇女做军鞋

解放区人民努力发展生产

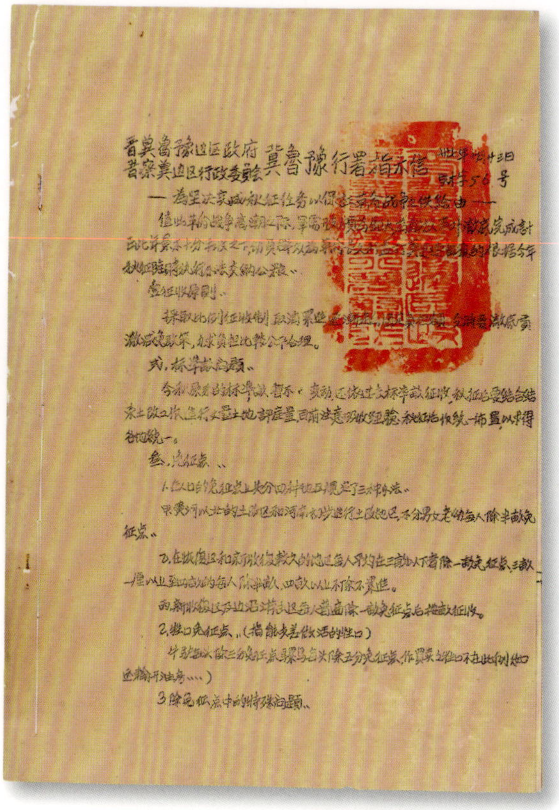
晋冀鲁豫边区政府 晋察冀边区行政委员会 冀鲁豫行署指示信 卅七年十月廿三日 财字56号

——为坚决完成秋征任务以保证革命战争之供给由——

值此革命战争高潮之际，军需[illegible]完成[illegible]
[illegible]秋征临时执行办法交纳公粮。

壹、征收原则。

采取比例征收制，取消累进，[illegible]彻底贯彻减免政策，力求负担比较公平合理。

贰、标准亩问题。

今秋原有的标准亩暂不变动，还依过去标准亩征收，秋征后要结合结束土改工作进行丈量土地评产量，目前注意吸收经验，秋征后做统一布置，以求得各地统一。

叁、免征点。

1.人口的免征点上共分四种地区规定了三种办法。

甲黄河以北的土改区和河南初步进行土改地区，不分男女老幼每人除半亩免征点。

乙在恢复区和新收复较久的地区每人平均在三亩以下者除一亩免征点，三亩一厘以上至四亩的每人除半亩，四亩以上不除不累进。

丙新收复区及边沿游击区每人普遍除一亩免征点后按亩征收。

2.牲口免征点。（指能耕畜做活的牲口）

牛驴每头除三分免征点，骡马每头除五分免征点，作买卖之牲口不在此例（如运输开油房……）

3.除免征点中的特殊问题。

晋冀鲁豫边区政府、晋察冀边区行政委员会、冀鲁豫行署指示信（财字56号）《为坚决完成秋征任务以保证革命战争之供给由》

1948年

山东博物馆藏

随着解放战争的推进和粮食的征收，特别是经过国民党军队进攻中的烧杀破坏，解放区生产力受到严重摧残，加以多种自然灾害，1947年冬季以后，解放区出现严重灾荒。在此背景下，为保证前线部队粮食供给，完成秋征任务，晋冀鲁豫边区政府、晋察冀边区行政委员会、冀鲁豫行署于1948年10月23日发布指示信《为坚决完成秋征任务以保证革命战争之供给由》。

主要内容为动员群众根据1948年的秋征临时执行办法交纳公粮，并规定了征收原则、标准亩问题、免征点问题。①征收原则，采取比例征收制，取消累进，逐渐走向固定负担额，要彻底贯彻减免政策，力求负担比较公平合理。②标准亩问题，原来的标准亩暂不变动，还依过去标准亩征收，秋征后要结合结束土改工作进行丈量土地平产量，目前注意吸收经验，秋征后做统一布置，以求得各地统一。③人口免征点，共分四种地区规定了三种办法：一是黄河以北的土改区和河南初步进行土改地区，不分男女老幼每人除半亩免征点；二是在恢复区和新征收较久的地区每人平均在三亩以下者除一亩免征点；三是三亩一厘以上至四亩的每人除半亩，四亩以上不除不累进，新收复区及边沿游击区每人普遍除一亩免征点后按亩征收。此外，对牲口免征点、免征点中的特殊问题也做了具体规定。

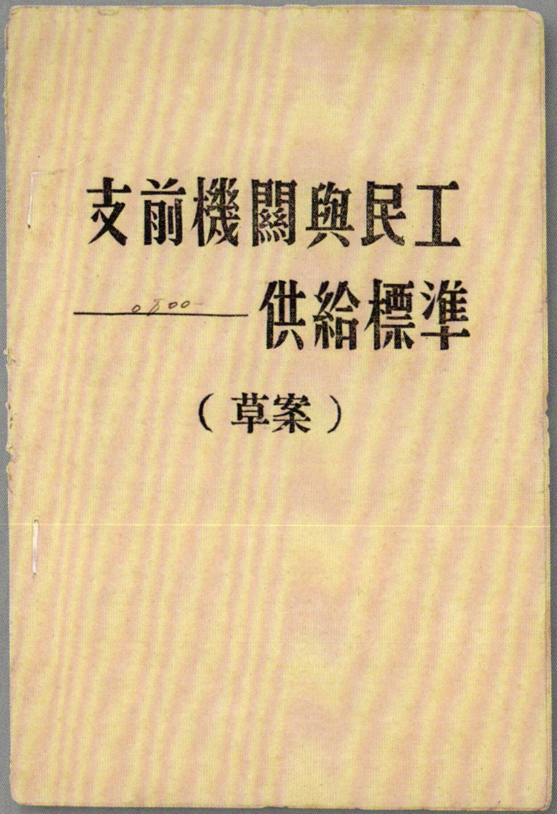

《支前机关与民工供给标准（草案）》

解放战争时期
山东博物馆藏

为了全力完成淮海战役支前任务需要，统一支前经费的会计系统与供给办法，并解决支前供应中的实际困难，华东支前委员会、华东财经办事处于1948年10月26日发布《支前机关与民工供给标准》。对支前机关与民工的供给标准以及支前经费的会计系统与供给办法作出了详细的规定。标准指出："民工应由各县及民管处发给供给证以便接收机关衔接供给。"常备民工采用分段供给，各县动员出发未到支前机关或民管处的由派出县的支前指挥部负责。到达支前机关或民管处后，在其管理期内，不论何种任务均由该支前机关或民管处负责供给。补充到部队的担运民工由部队负责供给。伙食方面，凡支前民工按供给制供给者，每人每日秋粮市秤3斤、烧草3斤半，菜金按野战军标准减半发给，部队随军担运团，不论服务期限长短，均按辎重兵粮草菜金标准，由部队供给；凡住休养所的支前民工病员，一律按原菜金标准加倍发给。黄烟费方面，三个月以上的常备民工，每月发黄烟4两，由各民管处按当地物价，折发代金。杂支费方面，民工所带运输工具（小车、担架），因公损坏的报销修理费，小车每月每辆最多报销车耳一副、车轴一根，每辆每日车油1钱（包工制者不发）；凡常备民工服务2月以上者，发布鞋一双。标准的制定充分调动了支前民工的热情与积极性，在完成支前任务的同时努力做好民工的生活保障工作。

山东省参议会驻会委员会《为动员一切力量支援前线、保卫和平、保卫山东人民的山东告各界同胞书》

1945年
山东博物馆藏

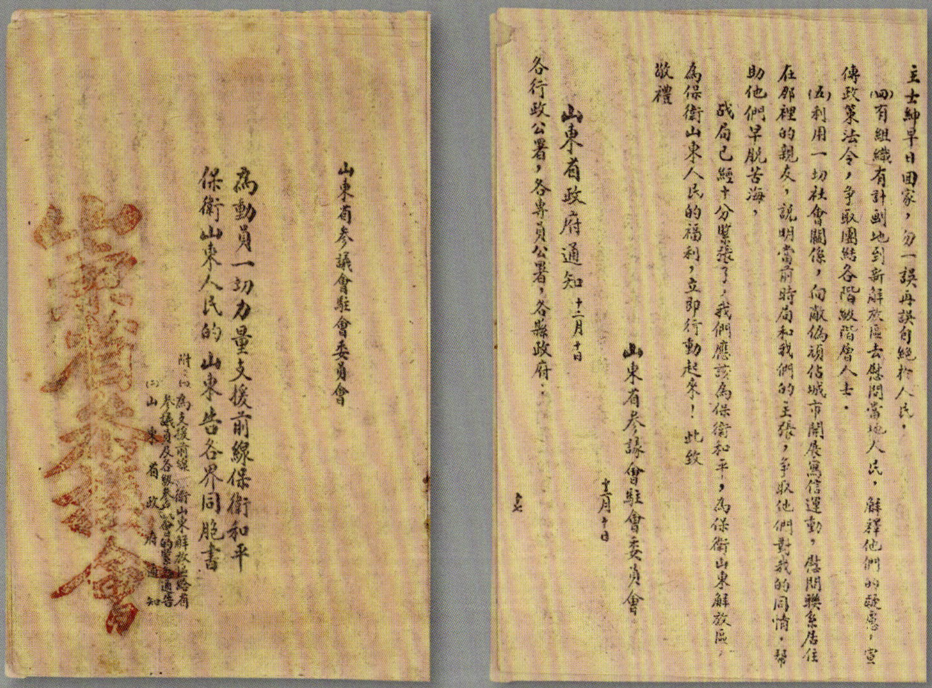
山東省參議會駐會委員會
為動員一切力量支援前線保衛和平
保衛山東人民的山東告各界同胞書
附：(一)為支援前線保衛山東解放區告參議員及各級參議會的緊急通告
(二)山東省政府通知

主士紳早日回家，勿一誤再誤自絕於人民。
(四)有組織有計劃地到新解放區去慰問當地人民，解釋他們的疑慮，宣傳政策法令，爭取團結各階級階層人士。
(五)利用一切社會關係，向敵偽頑佔城市開展寫信運動，慰問聯系居住在那裡的親友，說明當前時局和我們的主張，爭取他們對我的同情，幫助他們早脫苦海，
戰局已經十分緊張了，我們應該為保衛和平，為保衛山東解放區，為保衛山東人民的福利，立即行動起來！此致
敬禮
山東省參議會駐會委員會
十二月十日
山東省政府通知 十二月十日
各行政公署，各專員公署，各縣政府：

抗战胜利后，在国共两党和谈期间，美国与国民党政府沆瀣一气，利用美国强大的海空军体系，抢占山东的重要港口，并把大批军队运到了山东解放区周围，企图围攻我山东解放区，为蒋介石抢夺抗战胜利果实、发动内战提供援助。1945年12月10日，为努力进行民主改革，同时向破坏民主和平的反动势力作严肃的斗争，以保卫和巩固解放区，山东省参议会驻会委员会发表了《为动员一切力量支援前线、保卫和平、保卫山东人民的山东告各界同胞书》，文中指出：国民党反动派正公开向我山东解放区大举进攻，津浦、胶济两前线的战争已经十分紧张了，我解放区内外，现发现特务制造谣言，愚弄群众，当此战争动员的要紧时机……号召山东各界参军参战，动员一切力量支援前线把反动派的军队打出山东去。

1945年8月13日，山东省临时参议会驻会委员会、山东省战时行政委员会在莒南大店镇召开联席会议，一致通过将山东省战时行政委员会改为山东省政府，省临时参议会改称省参议会。

山东省政府秘书处编印《支前手册》

1947年
山东博物馆藏

解放区支前民工把粮食运往前线

山东省政府秘书处1947年3月5日编印。

全面内战爆发后，山东是国共双方激烈争夺的战略要地和解放战争的主要战场。1946年12月宿北战役后，华东主战场转移到山东境内，数十万国民党军队沿陇海、津浦、胶济三线进攻我军。为保证主力作战需要，动员全省党政军民支前工作，1947年2月8日，中共中央华东局发出指示，动员全体军民以全力粉碎国民党军队对山东的大举进攻，提出“一切为了战争，一切为了胜利”的口号。1947年2月14日中共中央华东局发出《关于加强支前工作的指示》，1947年3月5日山东省政府秘书处编印《支前手册》，这是山东省动员群众支援前线的指导性文件，也是山东省动员群众支前的历史见证。

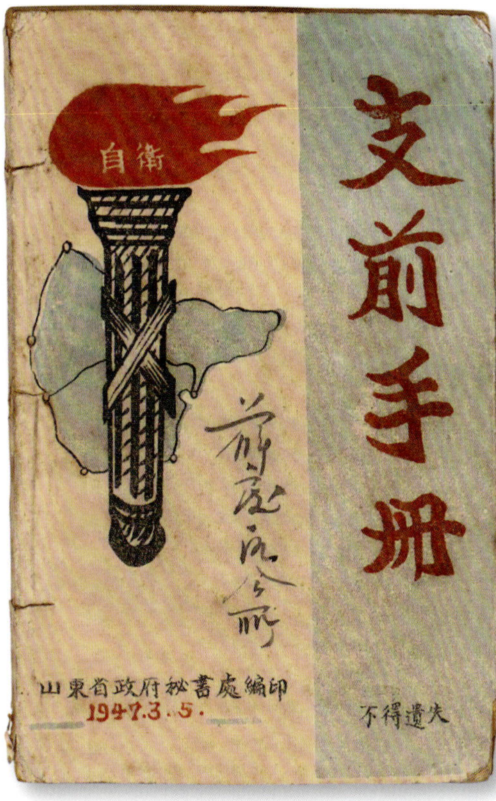

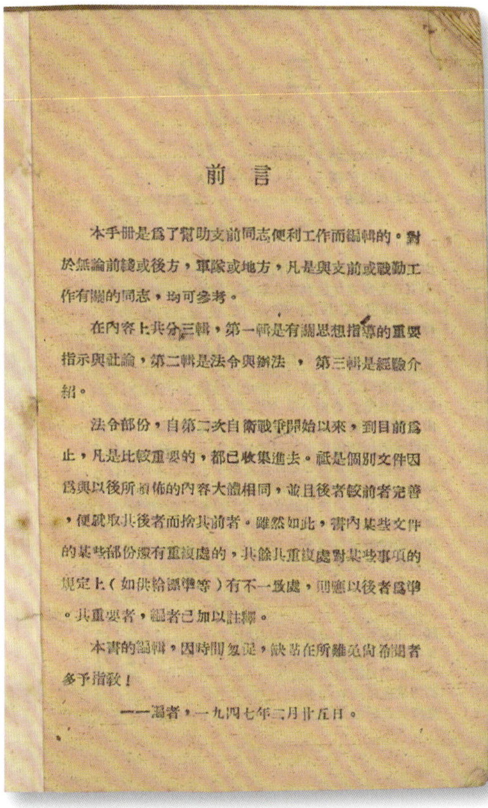
前　言

本手册是爲了幫助支前同志便利工作而編輯的。對於無論前綫或後方，軍隊或地方，凡是與支前或戰勤工作有關的同志，均可參考。

在內容上共分三輯，第一輯是有關思想指導的重要指示與社論，第二輯是法令與辦法　，　第三輯是經驗介紹。

法令部份，自第二次自衛戰爭開始以來，到目前爲止，凡是比較重要的，都已收集進去。祗是個別文件因爲與以後所頒佈的內容大體相同，並且後者較前者完善，便就取其後者而捨其前者。雖然如此，書內某些文件的某些部份還有重複處的，其餘其重複處對某些事項的規定上（如供給標準等）有不一致處，則應以後者爲準。其重要者，編者已加以註釋。

本書的編輯，因時間匆促，缺點在所難免尚希讀者多予指教！

——編者，一九四七年二月廿五日。

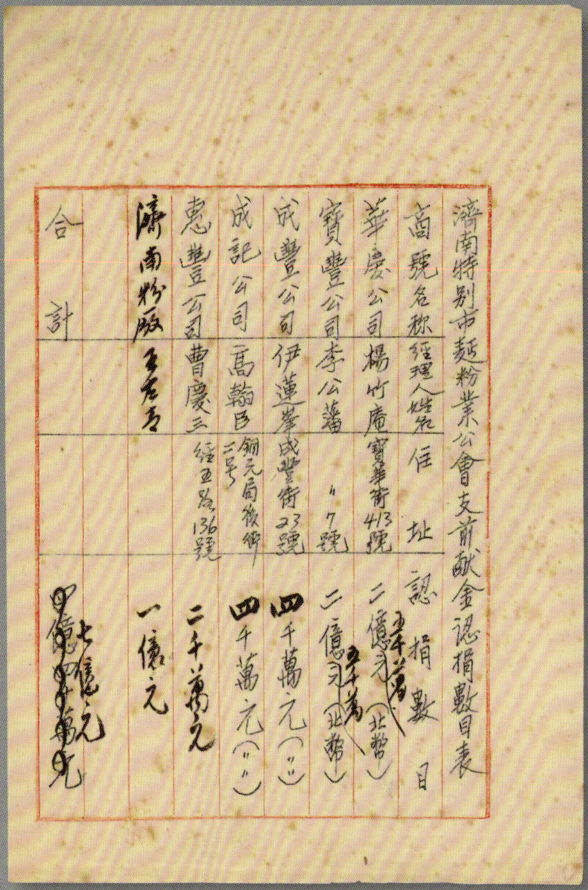

濟南特別市麪粉業公會支前獻金認捐數目表

商號名稱	經理人姓名	住址	認捐數目
華慶公司	楊竹庵	寶華街413號	二億元（北幣）
寶豐公司	李公藩	〃 7號	二億元（北幣）
成豐公司	伊蓮峯	成豐街23號	四千萬元（〃）
成記公司	高翰臣	銅元局後街二号	四千萬元（〃）
惠豐公司	曹慶三	經五路136號	二千萬元
濟南粉廠	[illegible]		一億元
合計			七億元

《济南特别市面粉业公会支前献金认捐数目表》

1949年
山东博物馆藏

根据中共中央、中央军委、华东局的指示，诞生不久的济南特别市于1948年11月22日成立了支前委员会，济南人民怀着激动的心情从人力、物力、财力上支援前线。面粉业公会积极发动各面粉厂及磨坊开展支前献金认捐活动。华庆公司、宝丰公司、成丰公司、济南面粉厂等公司合计共认捐北海币7亿元。济南市支前委员会对各面粉加工厂家进行了充分的动员教育和紧张的组织工作，实行了统一领导和科学分工，并成立了军粮加工委员会，负责市内各面粉厂家的军粮加工和转运。支前委员会积极组织宝丰公司、华庆公司、济南面粉厂及170家磨坊赶磨军粮，至1949年2月共加工小麦、玉米近2500万公斤（小米在农村加工），其中3家面粉厂共生产支前面粉1565万公斤。工人们加紧生产，积极赶磨军粮，为防止敌机轰炸，他们用棉被把制粉机楼的窗户全部遮挡严密，昼夜加班，突击生产，产量大大超过济南解放前。其中仅宝丰公司就为前方生产面粉600万公斤。为表彰他们的成绩，济南特别市支前委员会特奖给宝丰公司一面“突击生产　支前模范”的锦旗。

1921年，苗氏实业家苗杏林与苗星垣创办了成丰面粉厂，从美国引进当时世界上最先进的钢磨等设备，开创了济南生产机制面粉的先河。1922年，成丰面粉厂正式投产，日产面粉2000包，注册商标为“双鹿牌”。1929年再次投资扩建了制粉楼。成丰面粉厂建成后，苗家曾出资铺设了一条东西走向的街道，这就是成丰街。1937年，日军侵入济南，次年将成丰面粉厂改为“东亚面粉厂”。中华人民共和国成立后，成丰面粉厂先是公私合营，而后成了国有企业。图为建于20世纪30年代的成丰面粉厂制粉楼。

胶东军区司令部、胶东区行政公署《关于战时支差、俘虏供给标准的规定》

解放战争时期
山东博物馆藏

解放战争时期，胶东军区司令部、胶东区行政公署为节约民力、财力，减轻民负担，向全区公布《关于战时支差、俘虏供给标准的规定》，对战时前方后勤部与政府因公支差的人员、牲畜以及俘虏的供给标准、发放手续作出具体规定。标准规定：“民夫、担架夫、大小车夫每日每人发给粗粮二斤半，烧柴二斤半，菜金七元五角；牲畜、骡子每头每日发给草十五斤，料（辅助饲料）五斤；俘虏每日每人发粗粮二斤四两，烧柴二斤半，菜金五元。”从供给上可以看出对俘虏的待遇基本与民工待遇相当，体现出了优待俘虏的政策，从而达到瓦解敌军的目的。在粮秣款项发放方面，标准要求：“民夫、车辆及俘虏的所用粮秣先由各用差机关部队垫借，用后详作统计，由机关首长盖章并附具筹拨民伕机关之送达条证明，再依系统，逐级向前方战动科拎销。”签发人为许世友、林浩、王彬、金明、曹漫之。解放区对于民力、运力的管理是不断在优化和加强的，通过规定出夫义务、登记劳力、提高待遇等方式增强征集的工作效率和群众的支差意愿，以不断适应战争发展的需求。

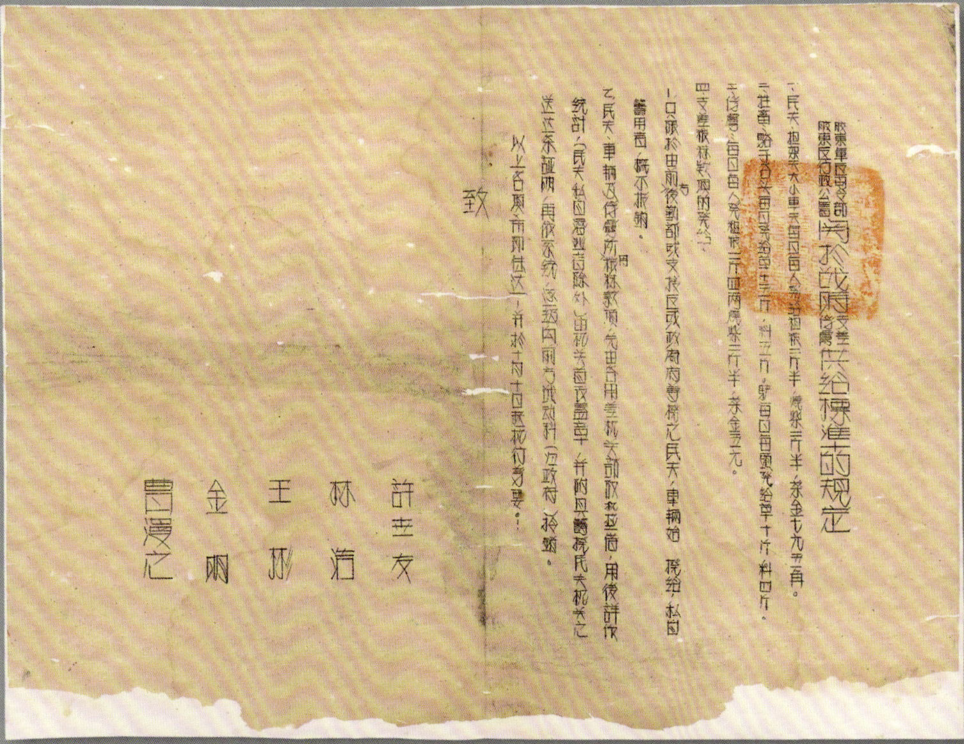
膠東軍區司令部 膠東區行政公署 關於戰時支差俘虜供給標準的規定

一、民夫、担架夫、大小車夫每日每人發給粗糧二斤半，燒柴二斤半，菜金七元五角。

二、牲畜、騾子每頭每日發給草十五斤，料五斤。驢每日每頭發給草十斤，料四斤。

三、俘虜：每日每人發粗糧二斤四兩，燒柴二斤半，菜金五元。

四、支差糧秣款項的發放：

1、只限於由前後勤部或支援區或政府有關部門之民夫、車輛始能發給，私自僱用者，概不發給。

2、民夫、車輛及俘虜所用糧秣款項，先由各用差機關部隊墊借，用後詳作統計，由機關首長蓋章，並附具籌撥民夫機關之送達條證明，再依系統，逐級向前方戰動科拎銷。

以上各項希即知照，並於十月十四日起執行為要。

致

許世友 林浩 王彬 金明 曹漫之

华东支前总结委员会编《济南·淮海·渡江京沪三大战役支援工作总结（草稿）》

1949年11月20日

中共山东省委党校（山东行政学院）图书和文化馆藏

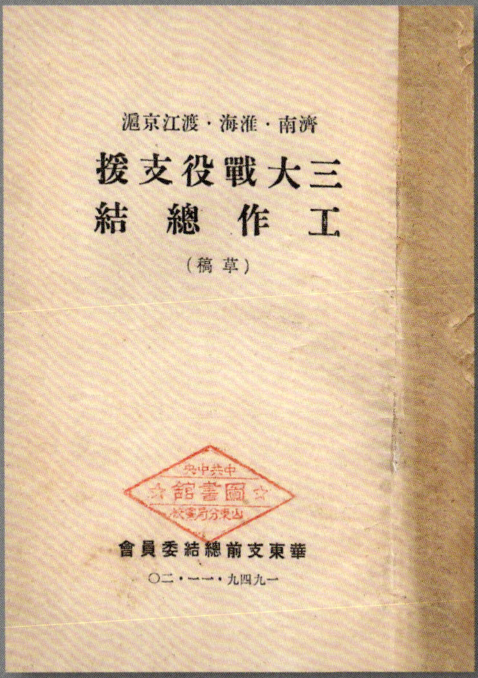

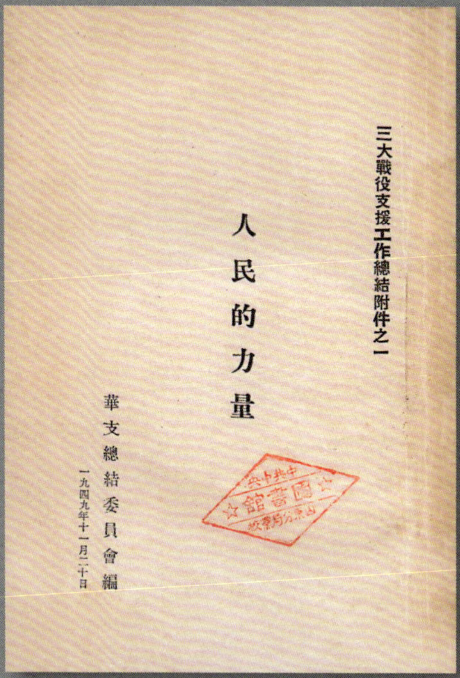

《济南·淮海·渡江京沪三大战役支援工作总结（草稿）》，铅印本，正文253页，内附图表7幅，由华东支前总结委员会编印。《人民的力量》为其附件之一，单独成册，铅印本，正文132页。济南、淮海、渡江京沪三次大规模的战役，在中国人民解放史上有着极其重要的地位，山东人民为保障这三次战役的胜利，作出了突出贡献。渡江战役结束后，华东支前总结委员会组织大批人员进行编写，前后历时半年时间，于1949年11月20日完成。

全书共分为六部分，分别为三大战役支援工作基本总结，民力工作，行政工作，财粮供应，交通建设、城市支前与煤炭供应工作，支前基地建设工作、子弟兵团工作与渡江战役的船舶工作。书中还附有《济南淮海两大战役民站分布图》《支援济南淮海渡江三战役电话架设线路图》《支援济南淮海渡江战役修筑公路要图》朱墨双色图3幅，以及支前组织机构图4幅。此外，本书还对动员工作、民站工作、政治教育、立功运动、拥军爱民运动、民爱民运动、文化娱乐运动等都有详细介绍，是研究山东支前工作的重要文献，也是研究沂蒙精神的重要历史资料。

华东支前委员会政治部编
《支前画报》

1949年3月12日
中共山东省委党校（山东行政学院）图书和
文化馆藏

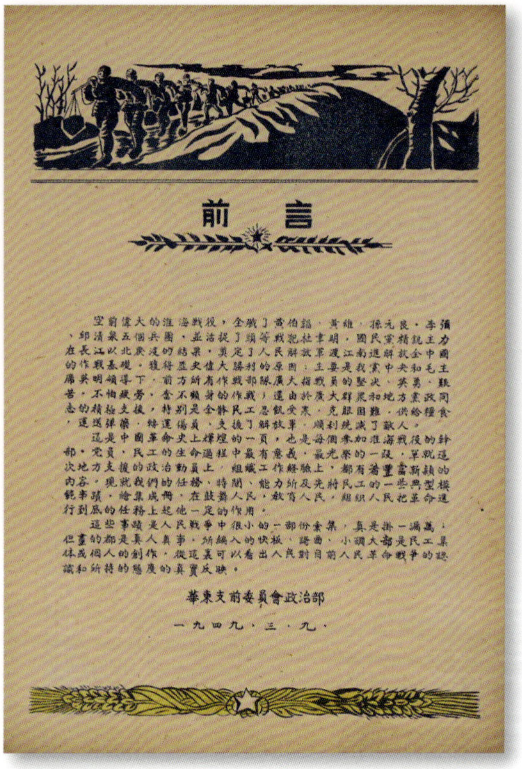
前　言

空前偉大的淮海戰役，全殲了黃伯韜、黃維、孫元良、李彌、邱清泉五個兵團，並活捉了頭等戰犯杜聿明，國民黨精銳主力在長江以北覆沒的結果，奠定了人民解放軍渡江南進解放全中國的作戰基礎。獲得歷史偉大勝利的原因：主要是我黨中央和毛主席英明領導下，前方所有作戰部隊廣大指戰員的堅決、英勇、艱苦、不怕疲勞、奮不顧身的作戰；還由於廣大群衆和地方黨政同志的積極支援，特別是全體民工忍飢受寒，克服困難，供給糧食，運送彈藥，轉運傷員，支援了解放軍，順利殲滅了敵人。

這是中國革命史上輝煌的一頁，也是每個參加淮海戰役的幹部、黨員、民工的生命過程中最有意義、最光榮的一段，單就這次地方支援的政治動員上，組織工作經驗上，都有着豐富新穎的內容，現就我們的任務、時間、能力所及先將民工的一些典型模範事蹟，繪集成冊，在鼓舞人民，教育人民，組織人民把革命進行到底的任務上起他一定的作用。

這些事蹟是人民戰爭中很小的一部份素材，真是掛一漏萬；但畫的都是真人真事，所編入的快板、歌曲、小調大部是民工集体或個人的創作，從這裏可以看出人民對目前人民革命戰爭的認識和所持的態度的真實反映。

華東支前委員會政治部

一九四九・三・九・

套色印刷本，华东支前委员会政治部编，1949年3月12日华东新华书店印。封面有“渤海日报社：赠画报十册，供参考，并欢迎批评”赠言。本册为《支前画报》创刊号，是研究支前宣传工作的重要文献资料。

《支前画报》由华东支前委员会政治部创办，共出4期，不定期出刊。该画报通过宣传民工的典型模范事迹来鼓舞人民、教育人民、组织人民支持人民革命战争。画报运用歌曲、剪影、连环画等形式，反映的内容是淮海战役中人民支援前线，军民互助的情形。画报前言部分指出取得胜利的原因不仅因为党中央正确的作战指挥，也有广大民众的功劳，他们供给粮食、运送弹药、支援解放军。本画报推动了支前民工、民兵的教育，鼓舞了前线民工的斗志。

晋冀鲁豫边区政府、晋察冀边区行政委员会令（联财审字第四十五号）《为颁发华北区公粮票行使暂行办法由》

1948年
山东博物馆藏

1948年5月，根据解放战争发展的形势，中共中央决定将晋察冀和晋冀鲁豫两个解放区及其领导机构合并；9月华北人民政府正式成立。华北人民政府成立后，为了减少财政浪费，方便部队行动作战，杜绝红白条情况的出现，严格执行粮秣的支付手续，要求10月1日起，“凡华北区野战军、地方军、边区各直属机关学校”，一律使用华北区公粮票，同时“原各行署粮票即行停使”，并随令颁发《华北区公粮票行使暂行办法》。

华北人民政府正式成立于1948年9月26日，它是根据中共中央的指示精神在原晋察冀边区行政委员会和原晋冀鲁豫边区政府的基础上建立起来的。华北人民政府成立初期管辖北岳、冀中、冀鲁豫、冀南、太岳、太行和晋中7个行署及石家庄、阳泉2市。1949年8月建省以后，管辖河北、山西、察哈尔、绥远、平原5个省和北平、天津2市。全区共有人口5600万人。

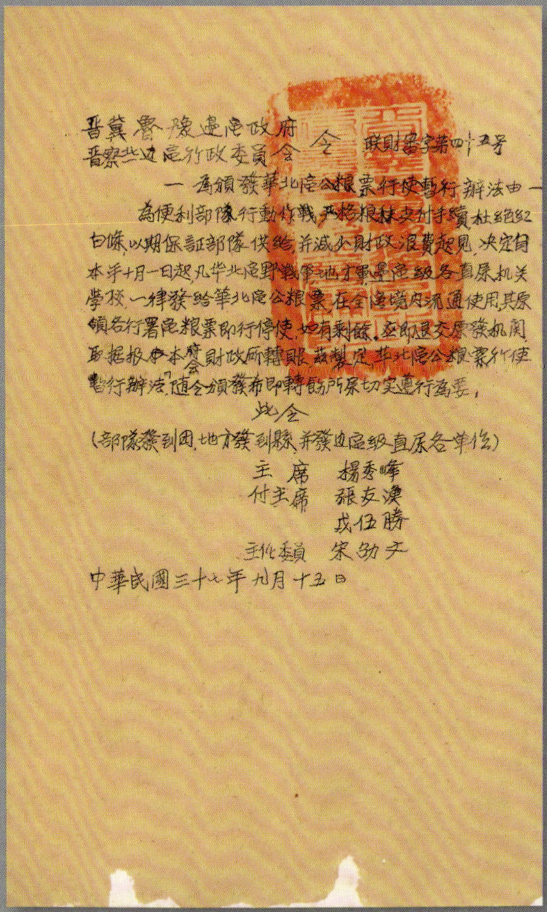
晉冀魯豫邊區政府
晉察冀邊區行政委員會 令 联財審字第四十五号
一 為頒發華北區公糧票行使暫行辦法由 一
為便利部隊行動作戰，严格糧秣支付手續，杜絕紅白條，以期保証部隊供給，并減少財政浪費起見，決定自本年十月一日起，凡华北區野戰軍、地方軍、邊區級各直屬机关學校，一律發給華北區公糧票，在全區境內流通使用，其原領各行署區糧票即行停使，如有剩餘，應即退交原發機関。茲根據本府會財政所轄限，茲製定“華北區公糧票行使暫行辦法”，隨令頒發，希即轉飭所屬切实遵行為要。
此令
（部隊發到團，地方發到縣，并發边區級直屬各單位）
主席 楊秀峰
付主席 張友漁
戎伍勝
主任委員 宋劭文
中華民國三十七年九月十五日

晋冀鲁豫边区政府、晋察冀边区行政委员会、冀鲁豫行署通知（财字四十六号）《为暂行规定八月份米价标准由》

1948年

山东博物馆藏

从全面抗战开始，由于各根据地发行的币值不同以及物价波动等原因，各根据地的财政预决算和供给标准均以小米作为计量单位进行计算，称为小米制。因此调控米价在一定程度上是稳定经济的重要手段。1948年9月5日，冀鲁豫行署向河北、河南地区的各专署、办事处、直属单位等规定每斤小米标准价格。其中河北地区每斤小米标准价格为220元，河南第一、二、三、五、七专署的价格在240—260元不等。

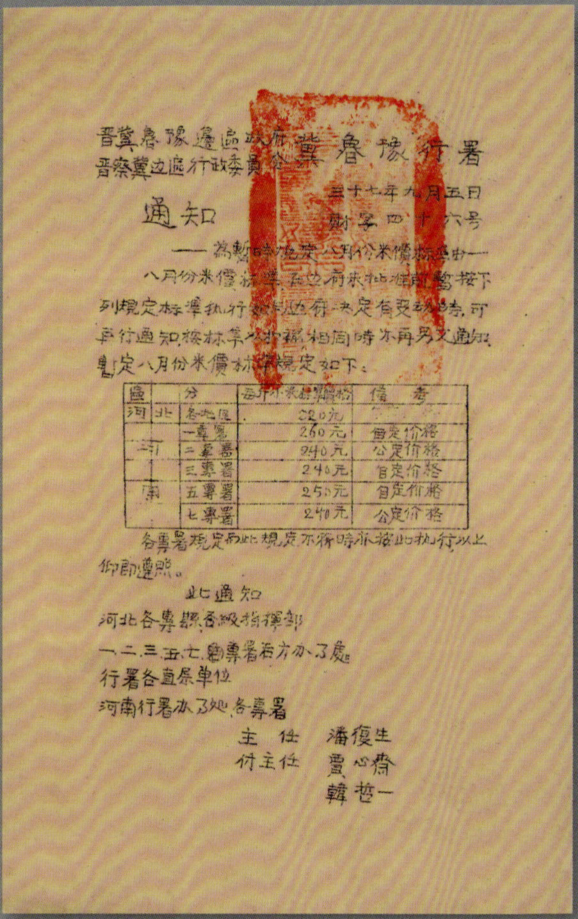

晋冀鲁豫边区政府
晋察冀边区行政委员会　冀鲁豫行署

三十七年九月五日
財字四十六号

通知

——為暫時規定八月份米價標準由——

八月份米價標準[illegible]按下列規定標準執行[illegible]決定有變動時，可[illegible]行通知[illegible]相同時不再另文通知。[illegible]定八月份米價標準規定如下：

區	分		每斤小米標準價格	備考
河	北	各地區	220元	
河南		一專署	260元	自定价格
		二專署	240元	公定价格
		三專署	240元	自定价格
		五專署	250元	自定价格
		七專署	240元	公定价格

各專署規定與此規定不符時亦按此執行，以上仰即遵照。

此通知

河北各專縣各級指揮部

一、二、三、五、七、專署各方办事處

行署各直屬單位

河南行署办事處、各專署

主任　潘復生

付主任　賈心齋

韓哲一

山东省渤海区粮食分局编印《粮票工作会议决议》

1948年
山东博物馆藏

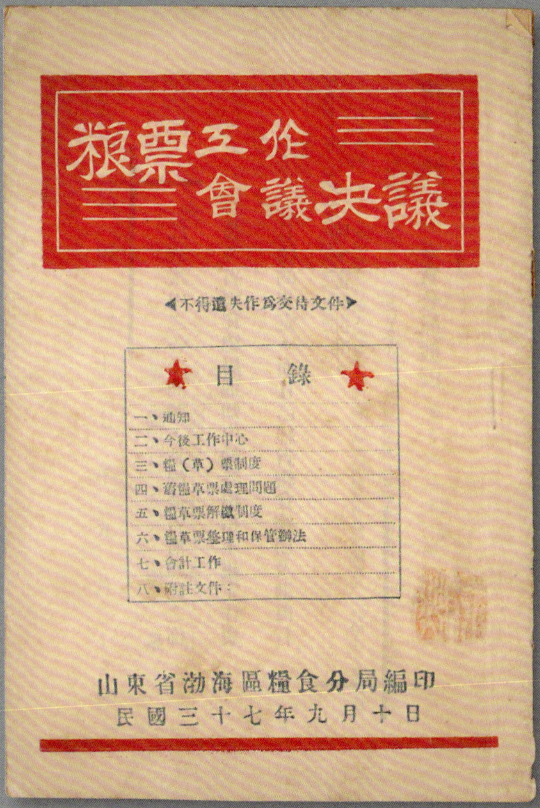
粮票工作
會議決議
〈不得遺失作爲交待文件〉
目錄
一、通知
二、今後工作中心
三、糧（草）票制度
四、舊糧草票處理問題
五、糧草票解繳制度
六、糧草票整理和保管辦法
七、會計工作
八、附註文件：
山東省渤海區糧食分局編印
民國三十七年九月十日

随着解放战争规模的扩大，山东地区粮（草）票的需求数目空前增加，而粮票制度在实际实施过程中仍存在制度松懈和非法滥发的现象。外区部分粮（草）票也进入山东地区，更使其种类复杂、真假难辨。1948年初，为了严格制度、杜绝漏洞，山东省政府决定此前山东省粮食总局所发行的粮（草）票以及各地自印的粮草票，一律停用作废，另发行统一的新粮（草）票使用。粮票分为麦粮票、秋粮票、马料票、柴草票、马草票五种。“麦粮票为蓝色，秋粮票为红色，票面额均为一餐、两餐、10斤、50斤、100斤、300斤六种；马料票为紫色，分1斤、10斤、50斤、100斤、300斤票五种；柴草票为黑色，马草票为草绿色，两票票面额均为10斤、50斤、100斤、300斤票四种”。新印的“山东省粮食总局粮草票”正面上盖有字母或汉字“胶东”字样的，一律通用。新粮（草）票正面盖有“B”，颜色较轻淡，花纹较模糊粗糙。盖有字母或汉字字样的新粮（草）票发行后，旧粮票即于1948年2月1日废止。

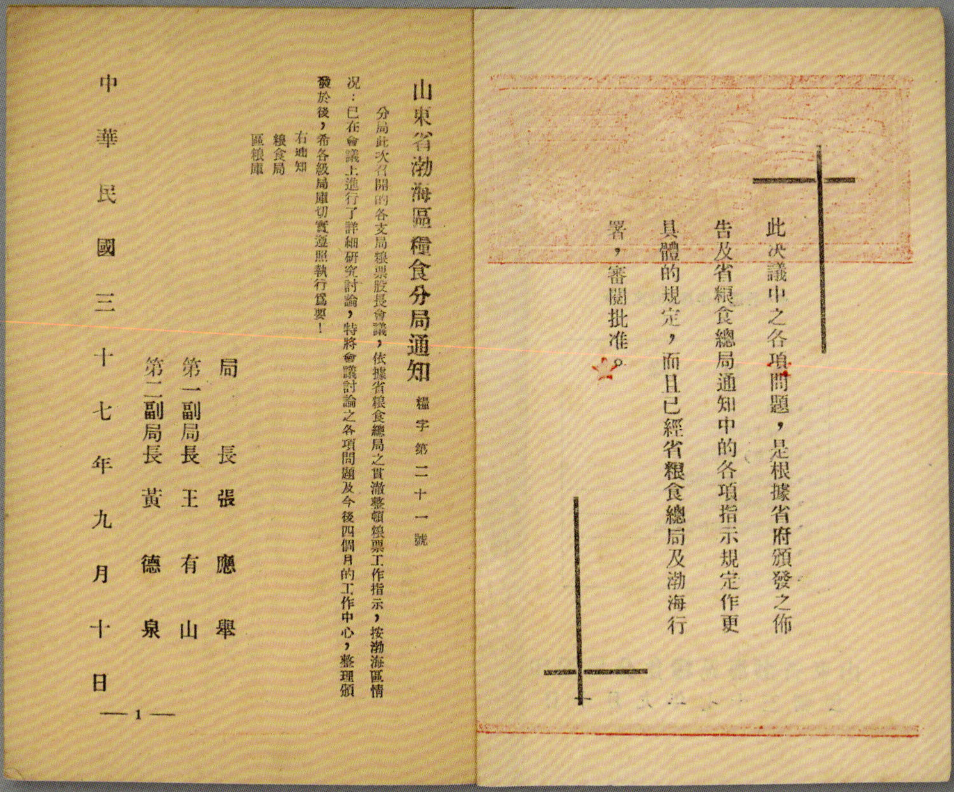

山東省渤海區糧食分局通知　糧字第二十一號

分局此次召開的各支局糧票股長會議，依據省糧食總局之貫徹整頓糧票工作指示，按渤海區情況：已在會議上進行了詳細研究討論，特將會議討論之各項問題及今後四個月的工作中心，整理頒發於後，希各級局庫切實遵照執行爲要！

右通知
糧食局
區糧庫

局長 張應舉
第一副局長 王有山
第二副局長 黃德泉

中華民國三十七年九月十日

—1—

此決議中之各項問題，是根據省府頒發之佈告及省糧食總局通知中的各項指示規定作更具體的規定，而且已經省糧食總局及渤海行署，審閱批准。

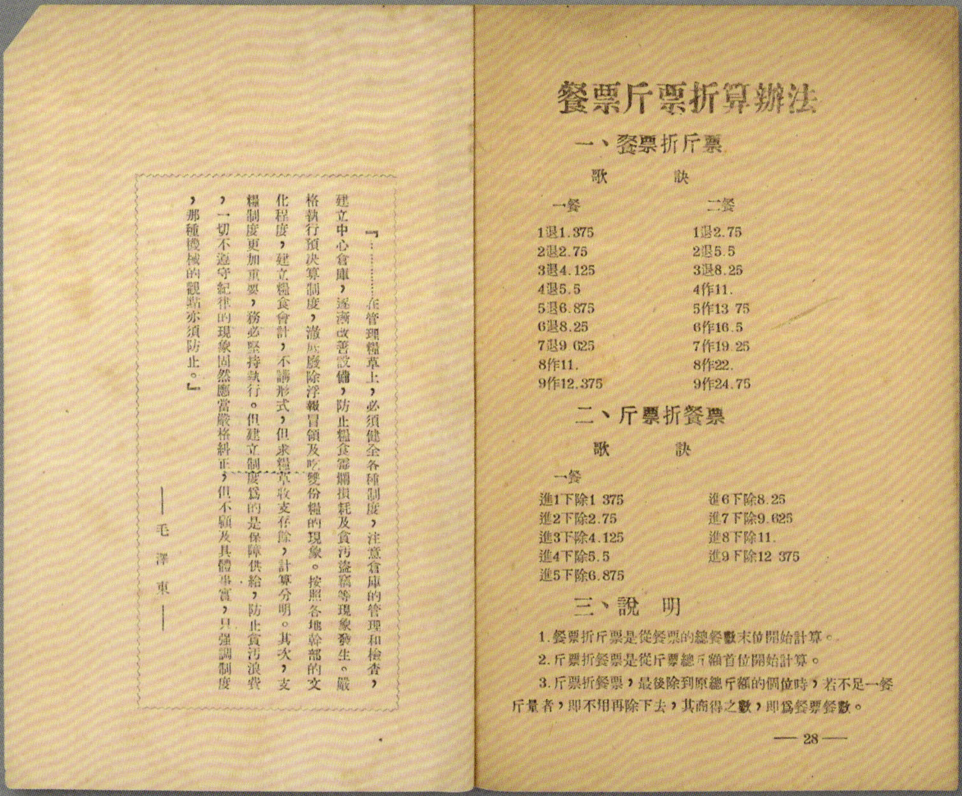

「……在管理糧草上，必須健全各種制度，注意倉庫的管理和檢查，建立中心倉庫，逐漸改善設備，防止糧食霉爛損耗及貪汚盜竊等現象發生。嚴格執行預決算制度，澈底廢除浮報冒領及吃雙份糧的現象。按照各地幹部的文化程度，建立糧食會計，不講形式，但求糧草收支存除，計算分明。其次，支糧制度更加重要，務必堅持執行。但建立制度爲的是保障供給，防止貪汚浪費，一切不遵守紀律的現象固然應當嚴格糾正，但不顧及具體事實，只強調制度，那種機械的觀點亦須防止。」

——毛澤東——

餐票斤票折算辦法

一、餐票折斤票

歌　訣

一餐	二餐
1退1.375	1退2.75
2退2.75	2退5.5
3退4.125	3退8.25
4退5.5	4作11.
5退6.875	5作13 75
6退8.25	6作16.5
7退9 625	7作19 25
8作11.	8作22.
9作12.375	9作24.75

二、斤票折餐票

歌　訣

一餐

進1下除1 375	進6下除8.25
進2下除2.75	進7下除9.625
進3下除4.125	進8下除11.
進4下除5.5	進9下除12 375
進5下除6.875	

三、說　明

1.餐票折斤票是從餐票的總餐數末位開始計算。

2.斤票折餐票是從斤票總斤額首位開始計算。

3.斤票折餐票，最後除到原總斤額的個位時，若不足一餐斤量者，即不用再除下去，其商得之數，即爲餐票餐數。

—28—

华北人民政府冀鲁豫行政公署命令（财行字第三十一号）《为颁发关于地村粮之管理掌握规定由》

1949年
成武县档案馆藏

草纸手写，共3页。1949年1月14日，华北人民政府冀鲁豫行政公署命令《为颁发关于地村粮之管理掌握规定由》，署主任潘复生、副主任贾心斋、韩哲一名。主要内容为：查地村粮柴在不超过边区粮10%的原则下，业已随边区粮一并征起，并转入仓库代为保管，今后为了对此地村粮的掌握，求得适当分配，特规定开支科目标准以便各专县统一掌握、适当调剂。其要求，县级应成立审核委员会；各县凡有关地村粮开支部门，根据实际需要，提出全年开支概算，经县审委会统一审核确定后，报专署复核；各县未经专署批准，不准任意动支或挪用地村粮柴；地村粮的保存按仓库条例执行；地村粮柴缺失不足开支的，应请示行署解决。

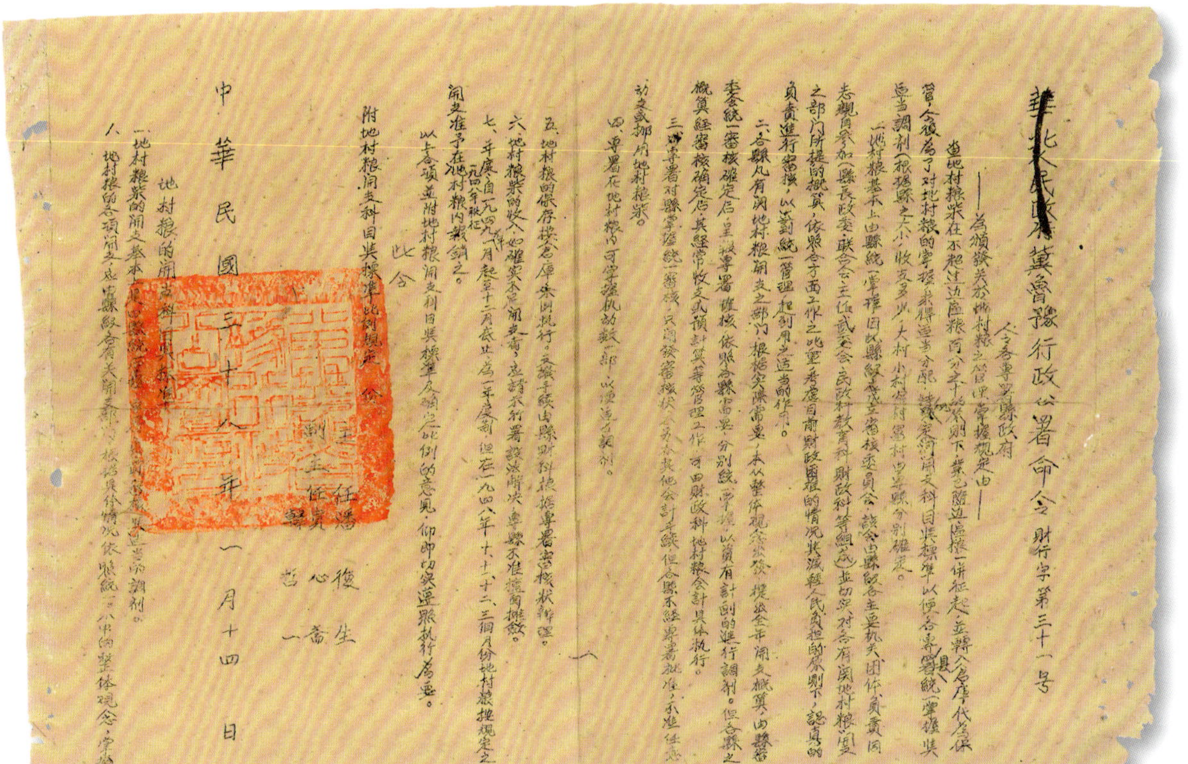

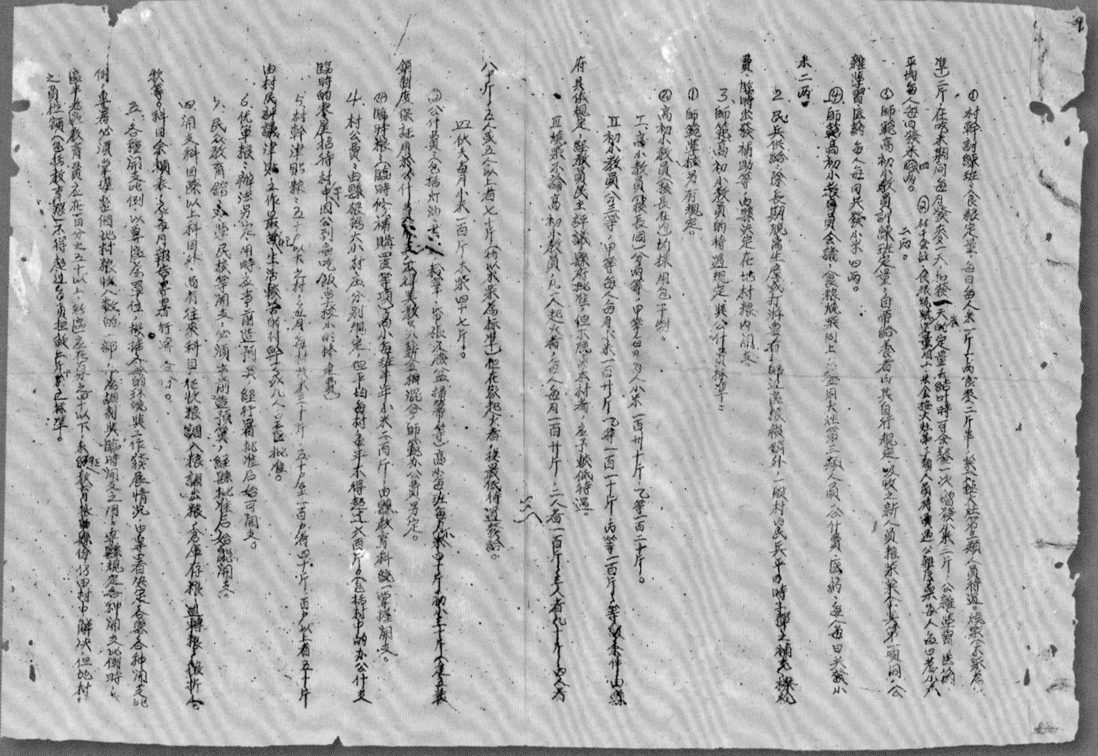

①村干训练班：食粮定量，每日每人米一斤十两，食麦二斤半，柴火按大灶第三类人员待遇。烧柴（不发者[illegible]准）二斤，在吃米期间每月发麦一天，[illegible]定量有[illegible]时可会餐一次，增发米一斤，公杂[illegible]平均每人每日发米四两。②村干会议：食粮烧柴定量同上，[illegible]按大灶第三类人员待遇，公杂每人每日发小米二两。

③师范高初小教员训练班定量，自带给养者由其自行规定，吸收之新人员粮米柴[illegible]同，公杂[illegible]底纳，每人每日共发小米四两。

④师范高初小教员会议，食粮烧柴同上，公杂同大灶第三类人员，公什费、医药，每人每日共发小米二两。

2. 民兵供给：除长期脱离生产或打游击者[illegible]外，一般村内民兵平日时[illegible]之补充[illegible]费、临时出发补助等，由县决定在地村粮内开支。

3. 师范高初小教员的待遇规定，其公什费标准：

①师范学校另有规定。

②高初小教员（校长在内）均采用包干制。

I. 高小教员（校长同）分两等，甲等每人每月小米一百廿十斤，乙等一百二十斤。

II. 初小教员分三等，甲等每人每月小米一百廿十斤，乙等一百一十斤，丙等一百斤，[illegible]府具体规定，经教员民主评议，县府批准，但不脱离本村者，应予缺俸待遇。

III. 烧柴不论高初小教员凡一人起火者，每人每月一百廿斤，二人者一百[illegible]斤，三人者九十斤，四人者八十斤，五人或五人以上者七十斤（均以采柴为标准），但在家起火者，发最低待遇数给。

IV. 伙夫每月小米一百斤，柴四十七斤。

③公什费：（包括灯油、[illegible]、粉笔、[illegible]张及脸盆、扫帚等）高小每班每月小米四十斤，初小二十斤（[illegible]销制度保证用于公什费[illegible]开支，[illegible]混合，师范办公费另定。

④临时粮：（临时修补购置等项）高小每班半年小米二百斤，由县教育科统一掌握开支。

4. 村公费：由县根据大小村庄分别规定，但半年由每村至多不得超过六百斤（包括村中的办公什支、临时的零星招待，村中因公到开会吃饭或接待的修建费）。

5. 村干津贴粮：五十户以下之村，每月每村发米三十斤，五十户至一百户者四十斤，百户以上者五十斤，由村民评议津贴工作最积极生活最困难村干二或几人，区批准。

6. 优军粮：办法另定，用时应事前造预算，经行署批准后始可开支。

7. 民众教育馆、[illegible]学、民校等开支，必须事前造预算，经县批准后始能开支。

四、开支科目除以上科目外，尚有往来科目，如征收粮、调入粮、调出粮、仓库存粮、运转粮、损折、[illegible]等。科目余额表，每季月报告表另行[illegible]之。

五、各种开支比例，以专区为单位，根据各县的环境与工作发展情况，由专署决定各县各种开支比例，专署必须掌握整个地村粮收入数的一部，为调剂与临时开支之用，专县规定各种开支比例时，[illegible]边区教育费应在百分之五十以上，新区应在百分之四十以下，[illegible]教育粮由县[illegible]或由村中解决，但地村之负担额（包括教育粮）不得超过每人一斤半之标准。

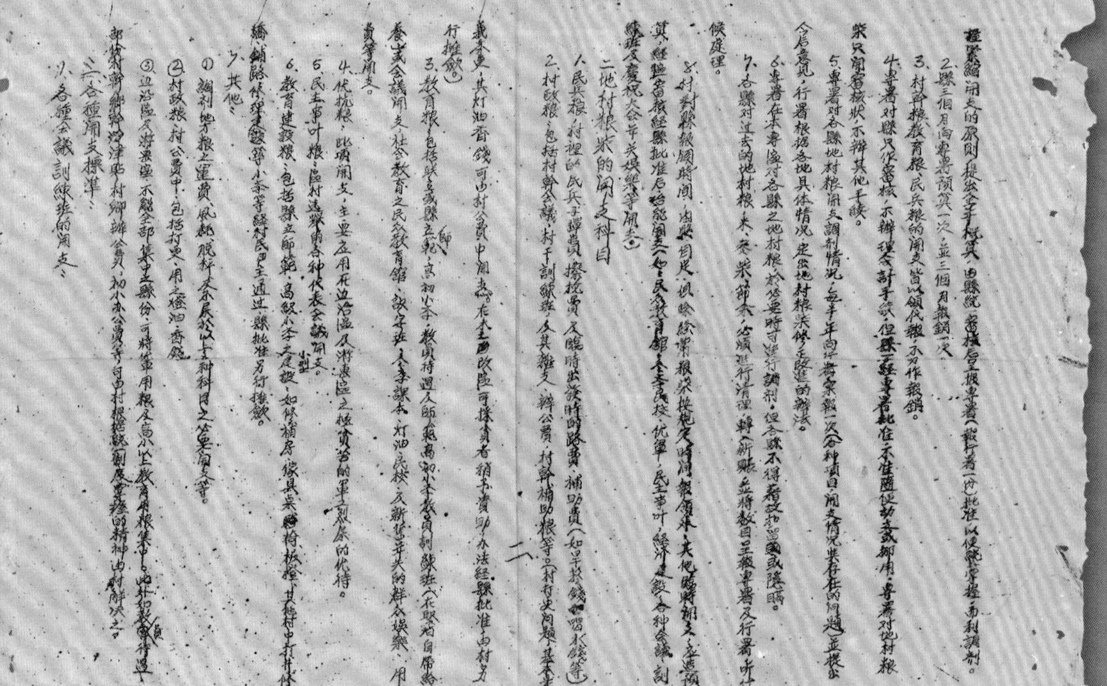

[illegible]紧缩开支的原则提出全年预算，由县统一审核后呈报专署（报行署一份）批准，以便统一掌握，而利调剂。

2. 县三个月向专署预算一次，并三个月报销一次。

3. 村干粮、教育粮、民兵粮的开支，皆以领代报，不另作报销。

4. 专署对县只作审核，不办理会计手续，但县一经专署批准，不准随便动支或挪用，专署对地村粮柴只审核状，不办其他手续。

5. 专署对各县地村粮开支调剂情况，每半年向行署汇报一次（各种项目开支情况与存在的问题）并提出今后意见，行署根据各地具体情况，定出地村粮柴修正改进的办法。

6. 专署在本专区对各县之地村粮，于必要时可进行调剂，但各县不得着故扣留或隐瞒。

7. 各县对过去的地村粮米、麦、柴等，必须进行清理，转入新账，并将数目呈报专署及行署听候处理。

8. 村对县级领时间，由县自定，但除经常粮柴按规定时间报领外，其他临时开支应通预算，经县审核，经县批准后始能开支（如：民教馆、各学民校、优军、民主事叶、经济建设、各种会议、[illegible]及庆祝大会，[illegible]娱乐等开支）。

二、地村粮柴的开支科目

1. 民兵粮：村里的民兵干部费、[illegible]费及临时出发时的路费、补助费（如早起钱、[illegible]水钱等）。

2. 村政粮：包括村干会议、村干训练班，及其杂支、办公费、村干补助粮等。（村打更问题，基本上是义务，其灯油香钱可由村公费中开支，[illegible]可采[illegible]者稍予资助，办法经县批准由村另行摊款。）

3. 教育粮：包括联立或县立师范、高初小学，教员待遇及师范、高初小学教员训练班（在职者自带给养）、会议开支，社会教育之民众教育馆、识字班、冬学课本、灯油、民校，及新旧年关的群众娱乐、用费等开支。

4. 优抗粮：此项开支，主要应用在边沿区及游击区之极贫苦的军烈属的优待。

5. 民主事叶粮：临村选举的各种代表会议开支。

6. 教育建设粮：包括县立师范、高级小学之建设，如修补房、家具桌椅板凳、其他村中打井修桥、铺路、修理水渠等小型等经村民民主通过，县批准另行摊款。

7. 其他：

①调剂地村粮之运费、风耗、脱耗及其以上各种科目之外的开支等。

②村政粮：村公费中，包括打更、用之灯油、香钱。

③边沿区及游击区不能全部集中之县份，可将专用粮及高小以上教育用粮集中，此外如教员待遇部份、村干部津贴、村乡办公费及初小办公费等，可由村根据统一制度[illegible]的精神由村解决之。

三、各种开支标准

1. 各种会议训练班的开支：

鲁中区行政公署翻印《山东省三十五年度征收公粮办法》

1946年
山东博物馆藏

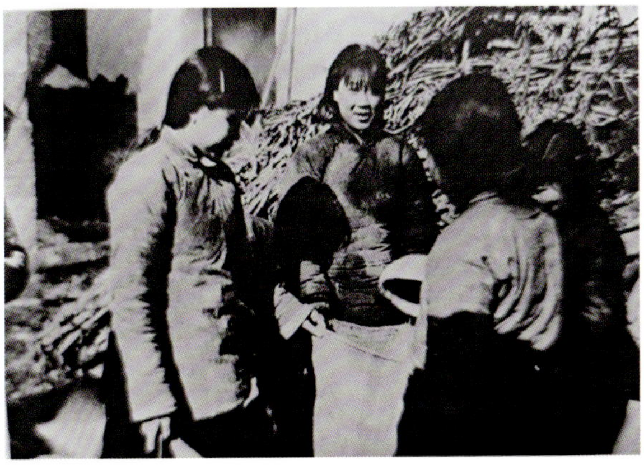

解放区人民踊跃交纳公粮

1946年鲁中区行政公署翻印。抗日战争结束后，全省各根据地联结成一片，改变了过去那种因敌人分割而使各行政区分别采取不同办法征收公粮的局面。1946年5月山东省政府决定，1946年度公粮征收统一实行累进制，将土地划分等级折合标准亩，按标准亩收入累进征收。每一标准亩产量定为150斤，分5个等级确定征收率，即一等户每人标准亩为5.81—10亩以上，产量为871—1500斤以上，征收26%—35%；二等户每人标准亩4.01—5.8亩，产量为601—870斤，征收20%—25%；三等户每人标准亩2.21—4亩，产量为331—600斤，征收11%—19%；四等户每人标准亩0.61—2.2亩，产量为91—330斤，征收2%—10%；五等户每人标准亩6分以下者免征。按征收公粮数带征柴草20%。全年一次计算，分夏秋两次征收，原则规定夏粮三分之一，秋粮三分之二（具体多少由各行署自定）。此办法公布后，首先在鲁中、鲁南、滨海地区实行，后普及于胶东、渤海。自此，全省范围的统一征收公粮步入正轨。

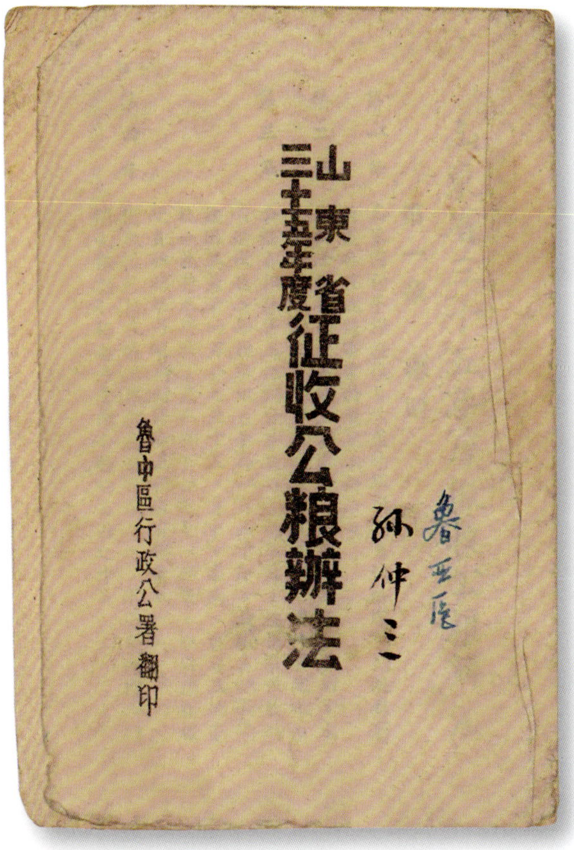
山東省三十五年度征收公粮辦法
魯中區行政公署翻印

第三章

战略决胜
捷报频传

1948年9月16日至24日，华东野战军以14万人组成攻城集团，以18万人组成阻援、打援集团，举行济南战役，歼敌10.4万人（含争取吴化文部2万人起义），俘获国民党第二绥靖区司令长官兼山东省政府主席王耀武。济南战役是人民解放军攻克敌人重点设防的大城市的开始，同时也是蒋介石以大城市为主的“重点防御”体系总崩溃的开始，揭开了解放战争战略决战的序幕。济南攻克后，菏泽、临沂、烟台等地的国民党军队纷纷弃城逃窜。1949年5—6月间，山东军区举行青（岛）即（墨）战役，解放青岛；8月，随着长山岛战役的胜利，山东全境解放。

1949 年 6 月，青岛解放。山东境内陆地陆续全部获得解放，长山列岛成为国民党军盘踞华北唯一的公开基地。1949 年 8 月 11 日，中国人民解放军在长山岛打响了解放山东全境的最后一战——长山岛战役。

战船载着山东军区战士直奔长山列岛

聂凤智

1914—1992

原名聂敏，1913年9月7日出生，湖北大悟人。1929年参加中国工农红军。1933年由共青团转入中国共产党。曾任华东野战军第九纵队司令员、南京军区司令员等职。聂凤智戎马一生，被誉为“常胜将军”。

聂凤智在全纵营以上干部会议上作的周潍战役总结报告

1948年
青岛市博物馆藏

报告共75页。聂凤智在全纵营以上干部会议上作的周潍战役总结报告。1948年3月至7月，华东野战军山东兵团对国民党发起周潍战役，先后攻克周村、昌乐、潍县。聂凤智司令员在总结报告分析提到攻坚战多于野战，且灵活总结经验，指出采取“稳打稳扎”方针，要认识到稳是为了达到打的目的，重视对官兵的理论教育和提升等。

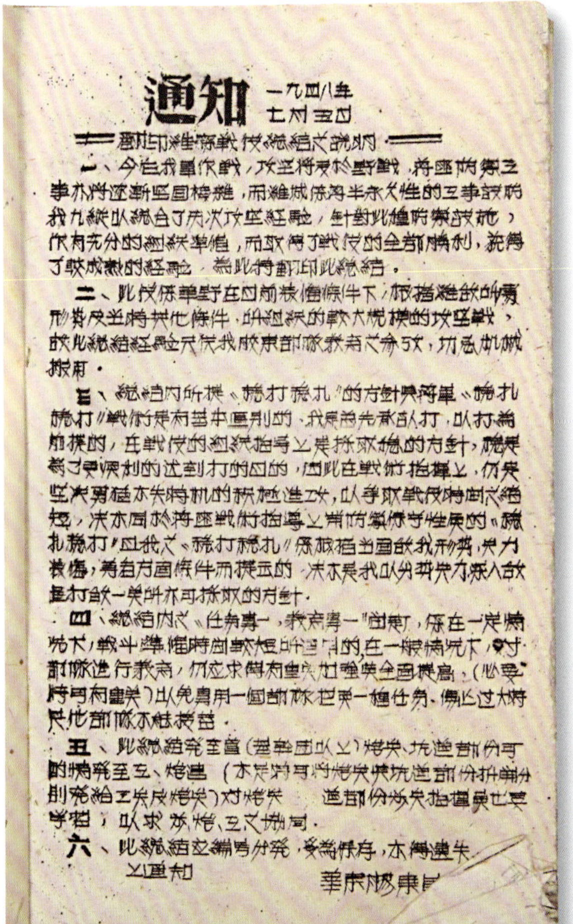
通知 一九四八年 七月五日

[illegible]

六、此總結按編號分發，妥為保存，不得遺失。

此通知

華東野戰軍

胶东军区政治部编印套红绘图《捷报》

1947年

烟台市牟平区博物馆藏

捷报，本指胜利的消息，又指作战胜利后即时编印散发的宣传单，以起到报告战果、鼓舞斗志、振奋人心的作用。这张《捷报》为1947年2月胶东军区政治部编印，绘图套红，左上绘面带微笑、背抢挥手的解放军战士；中部为正文，自右向左竖排，正标题为《决战开始北线我军四天歼敌七个师》，副标题为《配合鲁南决战胶东我军收复城镇四十余处》，均为单行；正文下未套红部分，绘我军战士押解敌军俘虏的场面；框外底部左向右横排印红色字体“只许胜不许败继续大量歼灭蒋军争取决战彻底胜利！”框外左下角为落款“胶东军区政治部印”，无出版时间。

《捷报》共报道两条胜利消息，第一条是莱芜战役的胜利消息，1947年2月20日至23日，我军第八、第九纵队主力在莱芜一带设伏，歼灭国民党军第七十三、第四十六军，取得莱芜战役全面胜利；第二条是沙河战役的胜利消息，沙河战役是在莱芜战役期间，胶东、渤海、鲁南军区部队积极开展攻势，牵制胶济铁路沿线和鲁南的国民党军，策应了莱芜战役的进行，战役持续4天，全歼国民党军一六六师四九八团、击溃一〇三师一部，取得了沙河战役的胜利。1979年原牟平县文化馆征集入藏。

华东野战军第十纵队改为第三野战军第十兵团二十八军的命令

解放战争时期
渤海革命老区纪念园藏

1949年2月，全军实行统一编制，华东野战军第十纵队在江苏如皋曲塘改称第三野战军第十兵团二十八军。第十纵队组建于1947年春，司令员宋时轮，政委景晓村。这支英雄的部队先后参加了莱芜战役、泰蒙战役、孟良崮战役、沙土集战役、挺进豫皖苏、宛西战役、宛东战役、济南战役、淮海战役、渡江战役、淞沪战役、福州战役和金门战斗。解放战争中，华野十纵善打阻击，梁山阻击战、郓南阻击战、上蔡阻击战和桃林岗阻击战使这支部队被国民党兵团司令邱清泉誉为“排炮不动，必是十纵”。

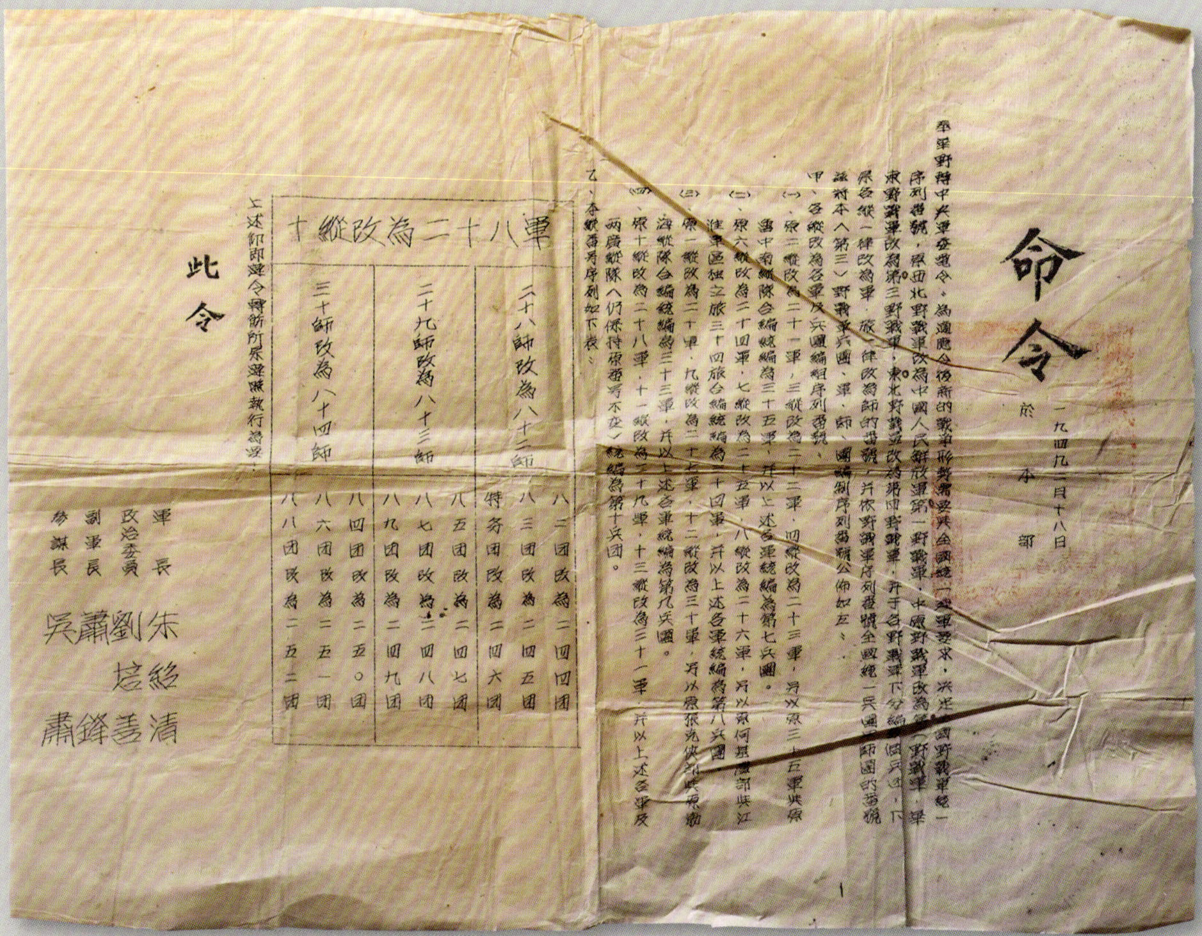

命令

一九四九年二月十八日 於本部

華東野戰軍奉中央軍委電令，為適應今後新的戰爭形勢需要與全國統一[illegible]軍要求，決定全國野戰軍統一序列番號，將西北野戰軍改為中國人民解放軍第一野戰軍，中原野戰軍改為第[illegible]野戰軍，華東野戰軍改為第三野戰軍，東北野戰軍改為第四野戰軍，并于各野戰軍下分編[illegible]兵團，下屬各縱一律改為軍，旅一律改為師的番號，并依野戰軍序列番號全國統一兵團[illegible]師團的番號，茲將本（第三）野戰軍兵團、軍、師、團編制序列番號公佈如左：

甲、各縱改為各軍及兵團編組序列番號：

（一）、原二縱改為二十一軍，三縱改為二十二軍，四縱改為二十三軍，另以原三十五軍與原魯中南縱隊合編統編為三十五軍，并以上述各軍統編為第七兵團。

（二）、原六縱改為二十四軍，七縱改為二十五軍，八縱改為二十六軍，另以原何基灃部與江淮軍區獨立旅三十四旅合編統編為三十四軍，并以上述各軍統編為第八兵團。

（三）、原一縱改為二十軍，九縱改為二十七軍，十二縱改為三十軍，另以原張克俠部與原渤海縱隊合編統編為三十三軍，并以上述各軍統編為第九兵團。

（四）、原十縱改為二十八軍，十一縱改為二十九軍，十三縱改為三十一軍，并以上述各軍及兩廣縱隊（仍保持原番號不變）統編為第十兵團。

乙、本縱番號序列如下表：

十縱改為二十八軍		
二十八師改為八十二師	二十九師改為八十三師	三十師改為八十四師
八二团改為二四四团	八五团改為二四七团	八四团改為二五〇团
八三团改為二四五团	八七团改為二四八团	八六团改為二五一团
特务团改為二四六团	八九团改為二四九团	八八团改為二五二团

上述仰即遵令轉飭所屬遵照執行為要！

此令

軍長 朱紹清
政治委員 劉培善
副軍長 蕭鋒
參謀長 吳肅

渤海军区第二十三团团长刘殿九任职命令

解放战争时期
渤海革命老区纪念园藏

1947年12月31日渤海军区第四军分区警备第二十三团团长刘殿九的任职命令。1948年1月1日，渤海军区第四军分区警备第二十三团在沾化县马姑庄正式组建，团长刘殿九、参谋长吴则忠、政治处主任由子真，下辖3个营和1个特务连。8月，基干第二十三团改称华东野战军第十纵队二十九师八十九团，后来发展为第三野战军第十兵团二十八军八十三师二四九团。该团组建后先后参加宛西战役、宛东战役、济南战役、淮海战役、渡江战役、淞沪战役、福州战役和金门战斗。

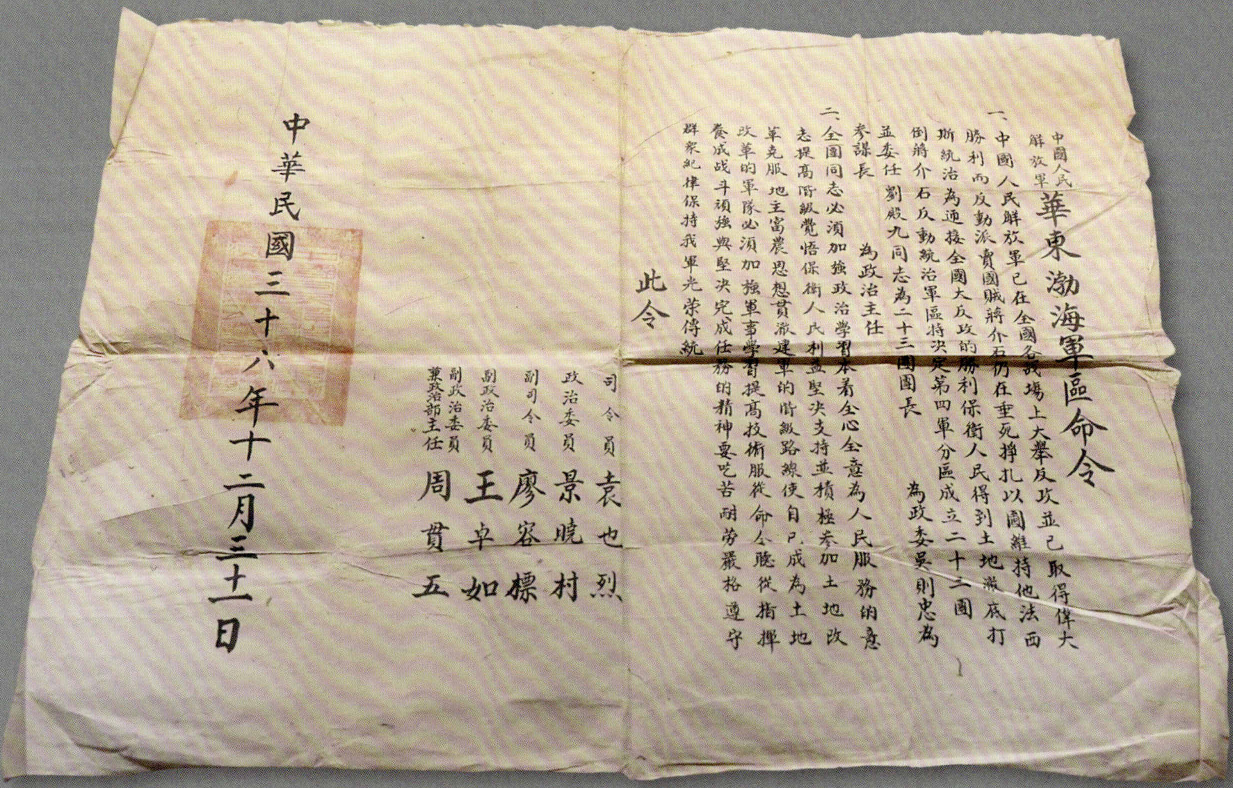
中國人民解放軍華東渤海軍區命令

一、中國人民解放軍已在全國各戰場上大舉反攻並已取得偉大勝利而反動派賣國賊蔣介石仍在垂死掙扎以圖維持他法西斯統治為迎接全國大反攻的勝利保衛人民得到土地徹底打倒蔣介石反動統治軍區特決定第四軍分區成立二十三團並委任劉殿九同志為二十三團團長　為政委吳則忠為參謀長　為政治主任

二、全國同志必須加強政治學習本着全心全意為人民服務的意志提高階級覺悟保衛人民利益堅決支持並積極參加土地改革克服地主富農思想貫徹建軍的階級路線使自己成為土地改革的軍隊必須加強軍事學習提高技術服從命令聽從指揮養成战斗頑強與堅決完成任務的精神要吃苦耐勞嚴格遵守群衆紀律保持我軍光榮傳統

此令

司令員 袁也烈
政治委員 景曉村
副司令員 廖容標
副政治委員 王卓如
副政治委員兼政治部主任 周貫五

中華民國三十六年十二月三十一日

解放西南胜利纪念章

1949年
临沂市博物馆藏

圆形纪念章，上印制有四面“八一”军旗，中间有中国版图，版图下印有“解放西南胜利纪念”字样，左右两侧分别有齿轮和麦穗，寓意工农团结。背面下方有“中国人民解放军西南军区颁发1949-11-1—12-27”字样。

1949年11月1日，解放大西南战役打响。第二野战军一部从湖南进入贵州，11月15日解放贵阳。第二、四野战军各一部由湖南常德、湖北宜昌西进，从重庆的东南面发起进攻，11月30日，重庆宣告解放。12月9日，云南、西康的国民党军先后宣布起义，两省和平解放。12月27日，成都解放，战役胜利结束。“西南战役”历时57天，解放了四川、贵州、云南、西康四省的广大地区。为纪念战役胜利，1950年西南军区为参加作战的第二野战军全体指战员，参加解放西南的第四野战军三十八军、四十二军、四十七军、五十军指战员，支前民工，随军参战的工作人员及地方工作人员等颁发解放西南胜利纪念章。

青即战役，自 1949 年 5 月开始发动围攻，至 6 月青岛解放，历时一个月，共歼国民党军队 5745 人，解放国土 7012.5 平方华里。此役彻底摧毁了国民党在山东及华北地区的统治，使山东大陆全部解放。这对开辟海上交通运输，发展生产，支援向全国大进军夺取更大胜利都具有极其重要的意义。

青岛各界欢庆青岛解放

傅正友使用的德国制造POX相机

解放战争时期
潍坊市博物馆藏

该相机是战地记者傅正友随身使用的德国制造POX相机，是中国人民解放军陆军华东警备第四旅的战利品（带皮套）。1949年5月，傅正友被派往华东警备第四旅任战地记者，随军采访解放青岛战役。上级领导把相机交给了他，那时，他是个刚上任的战地记者。虽然这台相机每次只能拍12张相片，但它成了傅正友在战场上“干新闻”的宝贝，在傅正友心中比自己的生命还重要。相机真实记录了解放青岛的战况及背后鲜为人知的故事，为中华人民共和国的诞生留下了历史的见证。

傅正友，山东威海人，1928年出生，1946年入伍，历任文化干事、记者、编辑、军党史办副政委等职。傅正友曾参加威海保卫战、解放青岛战役和解放长山列岛战役等，牢记战地记者职责，一直随部队行军作战，写出百余篇战地稿件，受到各级领导的表彰和奖励。

《人民解放战争两周年的总结和第三年的任务》

1948年
单县档案馆藏

本书主要分为《人民解放战争两周年的总结和第三年的任务》《全年战绩》《解放区面积、人口、城市发展统计》《敌我兵力损失比较》《俘毙敌将级军官及旅级上校军官名单》五部分。

1946年6月，国民党撕毁停战协定，大举围攻中原解放区，全面内战爆发。本书首先详细总结了人民解放军在战争的第二年里军事上和政治上发生的新的变化以及取得胜利的原因。一是军事上由防御转入进攻。二是政治上，中国共产党提出了彻底消灭封建半封建土地制度的《土地法大纲》。解放军进入新区作战，并解放许多城市。广大的中间阶层寄希望于中国人民解放战争的彻底胜利和中国共产党的领导。其次介绍了为在战争的第三年取得更伟大的和对全局有决定意义的胜利，我们的党、军队、政府应该着重完成的任务。最后介绍了解放战争第二年全年战绩，解放区面积、人口、城市发展统计，敌我兵力损失比较，俘毙敌将级军官及旅级上校军官名单。

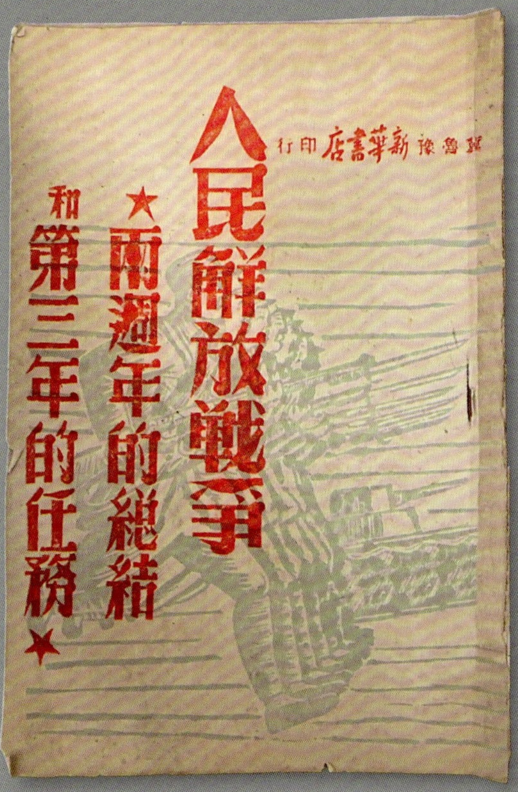

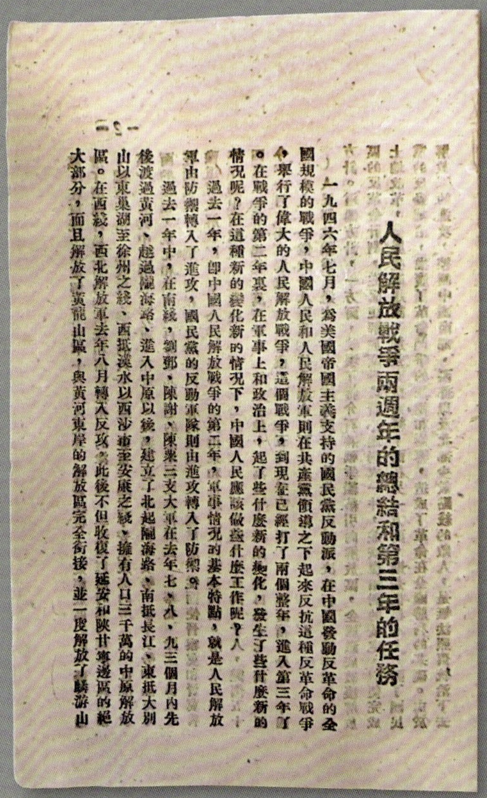

人民解放戰爭兩週年的總結和第三年的任務

一九四六年七月，爲美國帝國主義支持的國民黨反動派，在中國發動反革命的全國規模的戰爭，中國人民和人民解放軍則在共產黨領導之下起來反抗這種反革命戰爭，舉行了偉大的人民解放戰爭，這個戰爭，到現在已經打了兩個整年，進入第三年了。在戰爭的第二年裏，在軍事上和政治上，起了些什麽新的變化，發生了些什麽新的情况呢？在這種新的變化新的情况下，中國人民應該做些什麽工作呢？人民過去一年，即中國人民解放戰爭的第二年，軍事情况的基本特點，就是人民解放軍由防禦轉入了進攻，國民黨的反動軍隊則由進攻轉入了防禦。

過去一年中，在南綫，劉鄧、陳謝、陳粟三支大軍在去年七、八、九三個月內先後渡過黃河，越過隴海路，進入中原以後，建立了北起隴海路，南抵長江，東抵大別山以東巢湖至徐州之綫，西抵漢水以西沙市至安康之綫，擁有人口三千萬的中原解放區。在西綫，西北解放軍去年八月轉入反攻，此後不但收復了延安和陝甘寧邊區的絕大部分，而且解放了黃龍山區，與黃河東岸的解放區完全銜接，並一度解放了麟游山

-2-

解放战争时期“向全国进军”大会场照片

解放战争时期
淄博市博物馆藏

1984年由广州军区张宪章捐献给淄博市博物馆。

1949年4月21日，在国民党反动政府拒绝签订国内和平协定以后，党中央发布全体人民解放军向全国进军的命令，向尚未解放的广大地区举行规模空前的全面大进军。

《鲁中南区党委关于战争动员提纲》

1948年9月18日
山东博物馆藏

1948年9月18日，针对当时战争形势，鲁中南区党委发布《鲁中南区党委关于战争动员提纲》对全区进行支前动员，要求干部党员提高战争观念，克服消极应付倾向；阐明了战争的目的是为全体人民利益而战，以及组织人力、物力投入战争的意义。鲁中南军民在鲁中南区党委的领导下，以饱满的热情，忘我的精神，全力、全面、全程投入到支援主力部队进行战略大决战的战勤工作中。

鲁中南区是由中共中央华东局于1948年7月将鲁中、鲁南两行政区和滨海专区、冀鲁豫边区之泰西专区合并成立，其目的是加强对大鲁南地区的领导，集中力量支援即将到来的战略决战。

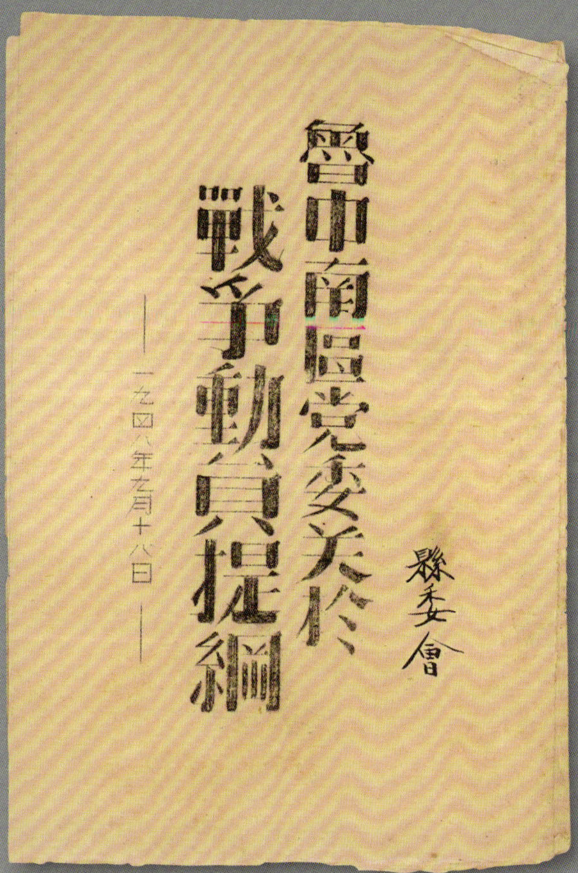
魯中南區黨委關於
戰爭動員提綱
—— 一九四八年九月十八日 ——
縣委會

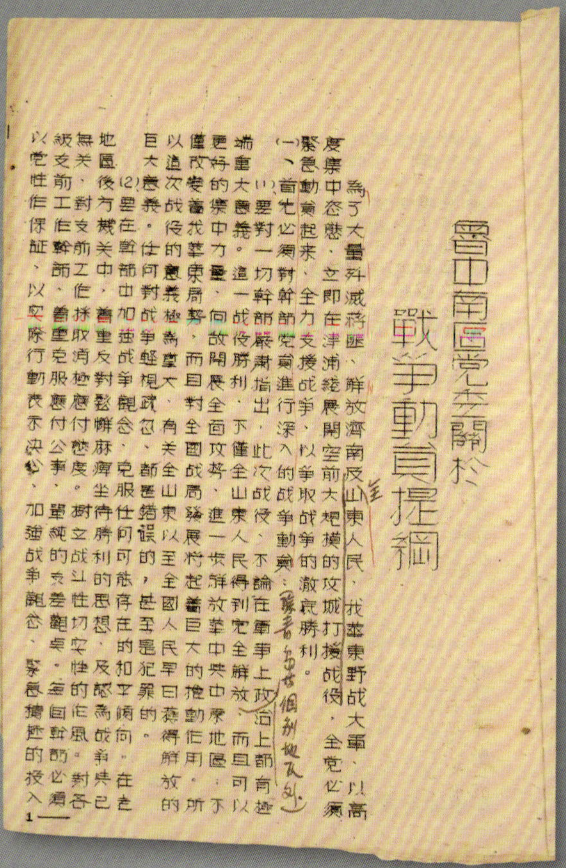
魯中南區黨委關於
戰爭動員提綱

1949 年 4 月 22 日，人民解放军一举越过长江天堑，势如破竹，向国民党统治中心南京及长江以南发起攻击。4 月 23 日，南京宣告解放。人民解放军第八兵团一部攻占国民党“总统府”。解放军战士迅速登上“总统府”楼顶，将一面鲜艳的红旗高高升起。至此，延续 22 年之久的国民党反动统治宣告覆灭。

人民解放军解放南京后占领南京“总统府”

胶东大众报社编印《大众报号外——统一指挥山东解放军迅速光复全省国土　山东我军编成五路强大野战军　共辖八个师、十一个警卫旅、四个独立旅》

1948年
山东博物馆藏

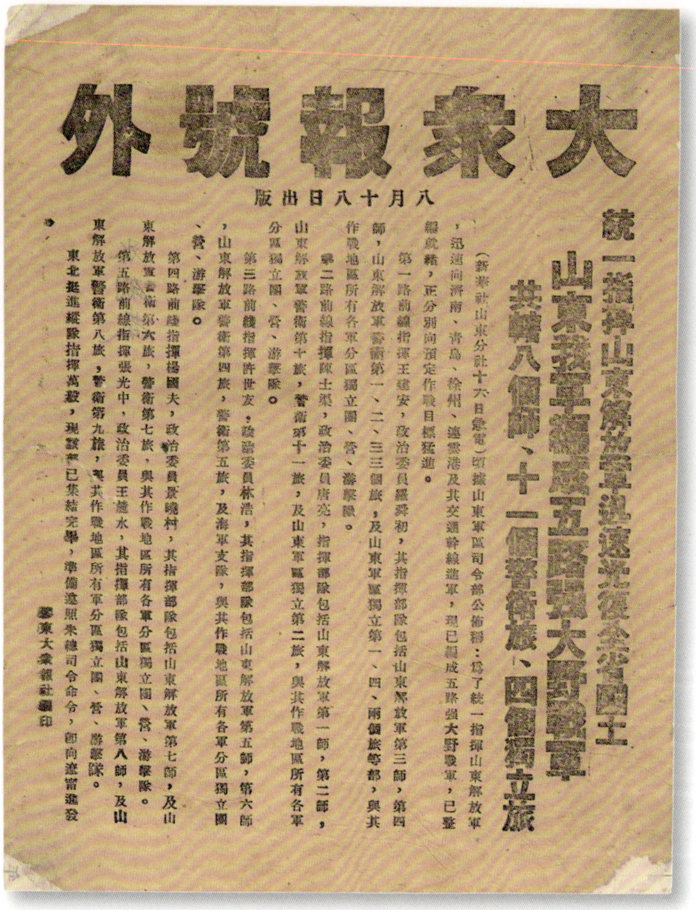
大衆報號外

八月十八日出版

統一指揮山東解放軍迅速光復全省國土

山東我軍編成五路強大野戰軍

共轄八個師、十一個警衛旅、四個獨立旅

（新華社山東分社十六日急電）頃據山東軍區司令部公佈稱：爲了統一指揮山東解放軍，迅速向濟南、青島、徐州、連雲港及其交通幹線進軍，現已編成五路强大野戰軍，已整編就緒，正分別向預定作戰目標猛進。

第一路前線指揮王建安，政治委員羅舜初，其指揮部隊包括山東解放軍第三師，第四師，山東解放軍警衛第一、二、三三個旅，及山東軍區獨立第一、四、兩個旅等部，與其作戰地區所有各軍分區獨立團、營、游擊隊。

第二路前線指揮陳士榘，政治委員唐亮，指揮部隊包括山東解放軍第一師，第二師，山東解放軍警衛第十旅，警衛第十一旅，及山東軍區獨立第二旅，與其作戰地區所有各軍分區獨立團、營、游擊隊。

第三路前綫指揮許世友，政治委員林浩，其指揮部隊包括山東解放軍第五師，第六師，山東解放軍警衛第四旅，警衛第五旅，及海軍支隊，與其作戰地區所有各軍分區獨立團、營、游擊隊。

第四路前綫指揮楊國夫，政治委員景曉村，其指揮部隊包括山東解放軍第七師，及山東解放軍警衛第六旅，警衛第七旅，與其作戰地區所有各軍分區獨立團、營、游擊隊。

第五路前線指揮張光中，政治委員王麓水，其指揮部隊包括山東解放軍第八師，及山東解放軍警衛第八旅，警衛第九旅，與其作戰地區所有軍分區獨立團、營、游擊隊。

東北挺進縱隊指揮萬毅，現該部已集結完畢，準備遵照朱總司令命令，即向遼寧進發。

膠東大衆報社編印

《大众报号外——统一指挥山东解放军迅速光复全省国土　山东我军编成五路强大野战军　共辖八个师、十一个警卫旅、四个独立旅》由胶东大众报社于1948年8月18日编印。

日本宣布投降后，山东的日、伪军根据蒋介石的命令，拒绝向八路军投降，出现了“蒋、日、伪合流”的复杂局面。山东各抗日武装坚决歼灭拒降之敌。8月16日，山东军区将所属部队编成山东野战兵团，27万正规军分成五路野战军实行大反攻。另外，有17万民兵和10万民工随军配合行动。至9月底，山东军区共计解放县城46座和烟台、威海等海口、商埠6处，火车站35处，歼灭日、伪军6万余人，并将胶济路、津浦路、陇海路切断，使敌占济南、青岛、徐州、连云港等城市均处于解放区的包围之中。

淮北前线分社印《朝阳集、泗城、保卫两淮（淮阴淮安）三个阶段报导工作总结》

解放战争时期
山东博物馆藏

《朝阳集、泗城、保卫两淮（淮阴淮安）三个阶段报导工作总结》由新华社淮北前线分社印行。

自1946年7月中旬，华中、山东野战部队在当地群众及民兵支援配合下，在苏中、淮南、淮北、鲁南等各个战场迎歼敌军，进行了苏中“七战七捷”、朝阳集歼灭战、泗城战斗等一系列战斗。在战场上，舆论的斗争丝毫不亚于军事实力的较量，新华社淮北前线分社的记者紧紧围绕各个战场进行了有效的宣传和报道。在对朝阳集歼灭战的报道中，自7月底开始至9月底的两个月的时间里，共发稿22篇，其中新闻10篇、通讯12篇。通过对战果、敌人作战命令、俘获军官士兵的反战谈话、战斗英雄等方面的综合报道，及时、全面地反映了战役的进程和影响，充分展现了人民解放军的英勇善战，有效鼓舞了士气民心。

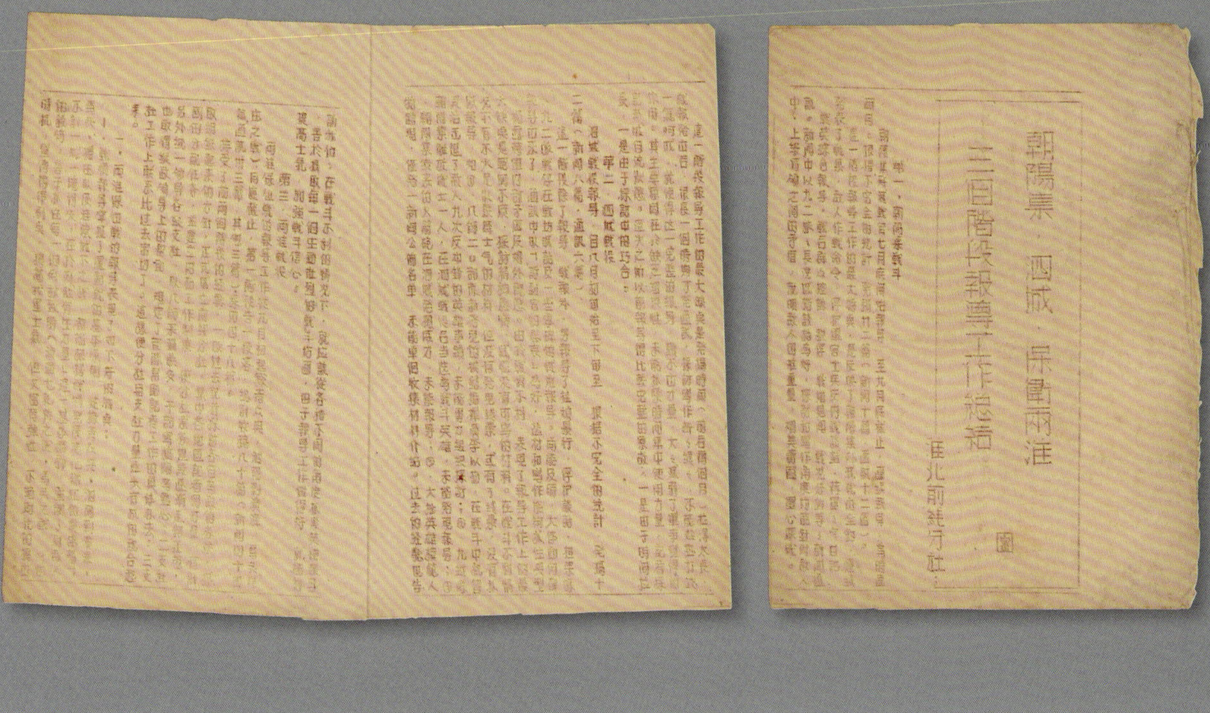
朝陽集、泗城、保衛兩淮
三個階段報導工作總結
淮北前線分社

《解放日报》头版“德州解放”报道

1946年
德州市博物馆藏

德州是山东北大门、冀鲁边地区中心城市，是重要交通枢纽和工商业重镇，是兵家必争的战略要地，也是1949年前日本在华北地区重要的军事基地。1946年，八路军渤海军区顺应德州人民的要求，司令员袁也烈、政委景晓村发起德州战役，经过5天的浴血奋战，将德州人民从水深火热的反动统治中解救出来，1946年6月11日，德州解放，德州回到人民的怀抱。

1946年6月14日《解放日报》第一版刊登了《解放德州泰安等地》的报道。报道称：“八路军、新四军山东与晋冀鲁豫部队，应山东广大人民之请，于本月八日至十日先后解放胶济路上之张店、周村、胶县与津浦铁路上之德州、泰安、枣庄，将盘踞各地伪军大部击溃或解除武装。”德州战役把五万多人民从水深火热之中解放出来，德州成为全国解放较早的地区之一，成为中国人民解放军逐鹿中原的后方基地，有力地配合了华东及全国战局，为全国人民的解放事业作出了积极贡献。

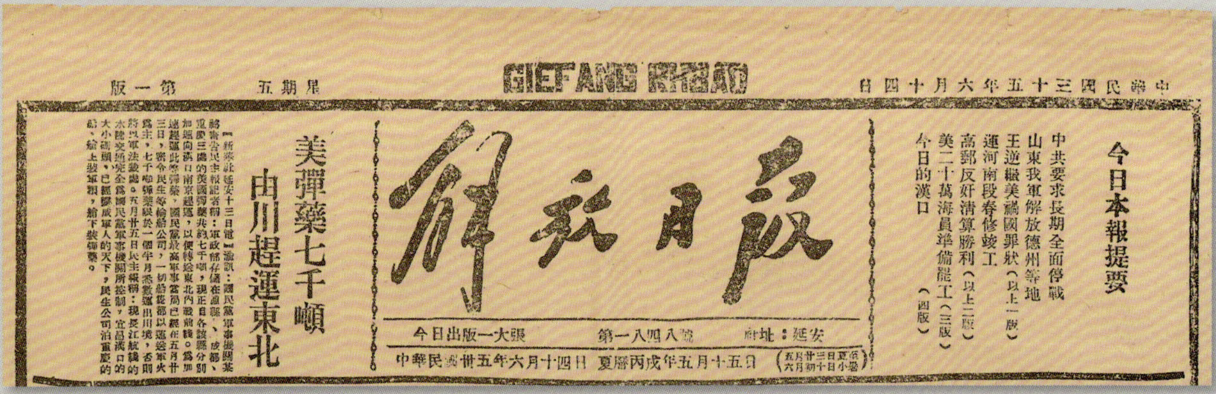
中華民國三十五年六月十四日　GIEFANG RHBAO　星期五　第一版

解放日報

社址：延安　第一八四號　今日出版一大張
中華民國卅五年六月十四日　夏曆丙戌年五月十五日

今日本報提要
中共要求長期全面停戰
山東我軍解放德州等地
王逆概美禍國罪狀（以上一版）
運河南段春修竣工
高郵反奸清算勝利（以上二版）
美二十萬海員準備罷工（三版）
今日的漢口（四版）

美彈藥七千噸
由川趕運東北

【新華社延安十三日電】渝訊：國民黨軍事機關某將著告民主報記者稱：軍政部存儲在瀘縣、成都、重慶三處的美國彈藥共約七千噸，現正自各該縣分別加緊向漢口南京趕運，以便轉送東北內戰前綫。爲加速趕運此等彈藥，國民黨最高軍事當局已經在五月廿三日，密令民生等輪船公司，一切船隻都以運送軍火爲主，七千噸彈藥限於一個半月悉數運出川境，否則將以軍法懲處。五月廿五日民主報稱：現長江航綫的水陸交通完全爲國民黨軍事機關所控制，宜昌漢口的大小碼頭，已經變成軍人的天下，民生公司泊重慶的船，給上裝軍糧，輸下裝彈藥。

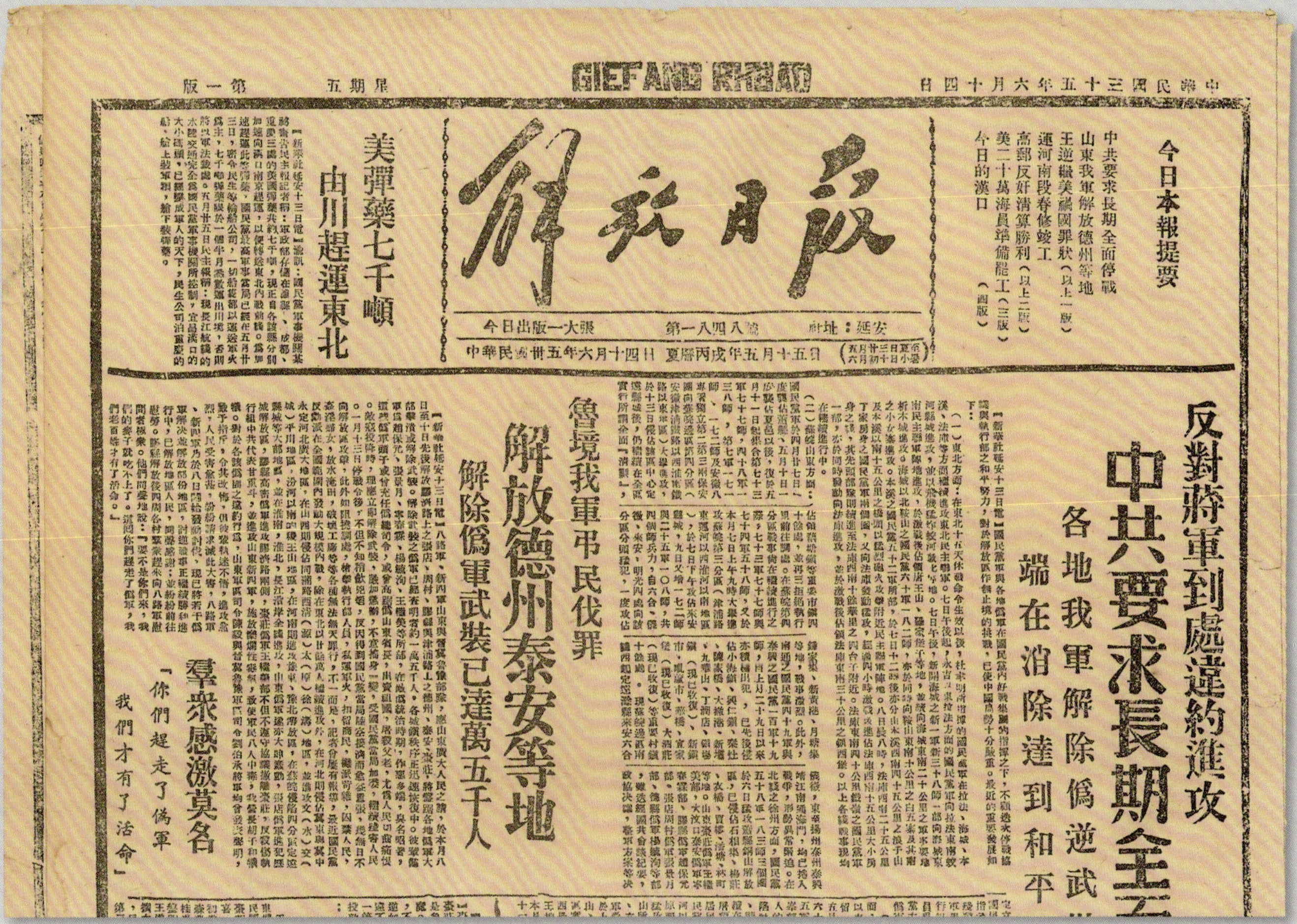
中華民國三十五年六月十四日
GIEFANG RHBAO
星期五
第一版
解放日報
今日本報提要
中共要求長期全面停戰
山東我軍解放德州等地
王逆揖美禍國罪狀（以上一版）
運河南段春修竣工
高郵反奸清算勝利（以上二版）
美二十萬海員準備罷工（三版）
今日的漢口（四版）
美彈藥七千噸
由川趕運東北
反對蔣軍到處違約進攻
中共要求長期全
各地我軍解除偽逆武
端在消除達到和平
魯境我軍弔民伐罪
解放德州泰安等地
解除偽軍武裝已達萬五千人
羣衆感激莫名
「你們趕走了偽軍
我們才有了活命」

《庆祝北平解放淮海全胜大会通知》

1949年
山东博物馆藏

1949年1月22日，傅作义在《北平和平解决协议书》上签字并发表广播讲话。1月31日，国民党军队全部开出城外听候改编，北平宣告和平解放。为了庆祝淮海战役胜利以及北平的和平解放，济南市计划在1949年2月12日，农历的正月十五，举行庆祝北平解放淮海全胜大会。

为使庆祝活动顺利有序进行，2月11日对参加活动各单位下发通知，规定：参加庆祝活动的人员必须佩戴符号方能入场，“各梯队长及纠察员必须提前听取游行及防空事宜”。大会定于“2月12日下午四时半正式开会，六时开始游行”。“大会会场：商埠在七大马路纬八路之教育学院，城内在皇亭”。商埠庆祝活动队伍的第一路由警备政治部军乐队、机关梯队、学生梯队、市区梯队、部队组成，队伍沿纬八路向北到普利门解散。第二路由工人梯队以及军大梯队组成，队伍经七大马路向东，沿经三路向西至中山公园解散。

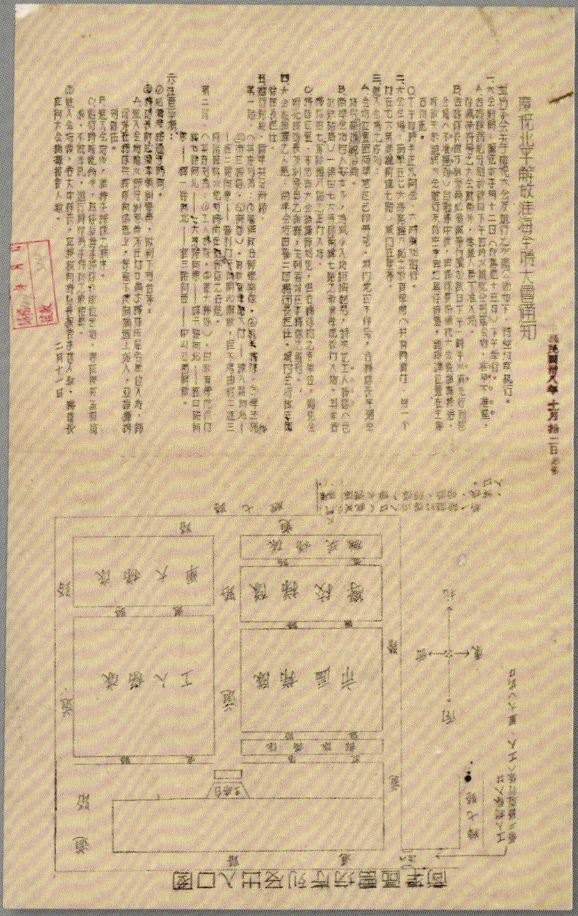
庆祝北平解放淮海全胜大会通知

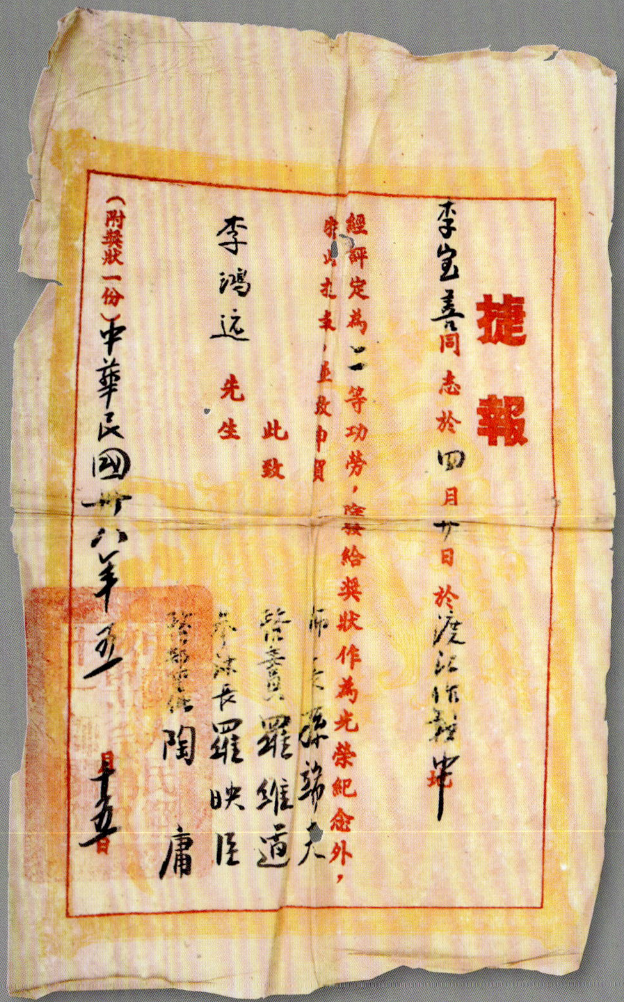

李宝善获得的二等功捷报

1949年

冀鲁豫边区革命纪念馆藏

第三野战军二十七军八十一师颁发给李宝善的二等功捷报，表彰其在渡江战役中作出的贡献。立功喜报是向立功者家庭报喜的书面材料。中国人民解放军纪律条令规定，对荣获三等功以上奖励的个人，均应向其家庭报喜。

送喜报工作发源于革命战争年代，曾极大激发我军指战员奋勇杀敌的高昂士气。战争时期立功喜报也称“功劳状”“捷报”“报功书”等。具体来讲，立功喜报源于解放战争初期。1947年6月，新四军兼山东军区颁发的《部队立功概则》对捷报（立功喜报）做出专门规定：报功捷报是寄回家的，三等功、四等功不发捷报，二等功以上均发。捷报统由团政治处或县地武装领导机关填发寄出，并应经该受奖家属之区乡政府转交，以便与地方庆功工作结合。

齐景民的渡江日记

解放战争时期
淄博市博物馆藏

由临淄区梧台公社东齐大队齐秀三捐献给淄博市博物馆。日记是齐景民在解放战争时期参加渡江战役时开始写的，从1945年4月19日记录到1950年8月，主要记录了他参加渡江战役的始末和中华人民共和国成立后自己的工作学习情况。

在日记开篇的“开头语”中写道“我以万分愉快的心情接受了这次光荣的随军南征的任务。这次过江将要全部彻底地消灭蒋介石，解放全中国。将要摧垮中国的五千年来的封建社会和近百年来的半殖民地半封建的社会，而建立一个崭新的人民民主共和国。它将是空前绝后的伟大的大进军，所以它在历史上将会占有光荣的一页。我们这一队是随廿五军七十五师作征粮工作……景民四月廿一日于安徽省”。

“四月廿一日晴拂晓，敌人飞机便来扫射了，枪炮声仍然不断……一切都准备好了，师部来命令要我们渡江，同志们都眼巴巴地盼着天快黑，渡江的命令快来。晚，开始渡江了，同志们都捏把汗，情绪是那样的紧张。……江南的枪炮声响成一片，从前边传来了口令（这就要渡江），我们四分队马上赶到了一只刚从江南驶来的盛八十个人的大船，上去后，马上便开船了……真好，只有廿分钟便渡到对岸了，部队集合了一下，没少一个人，我们胜利地渡过了长江。拥挤的人群，在向江南挺进、挺进，我们在向炮声的方向走去。”

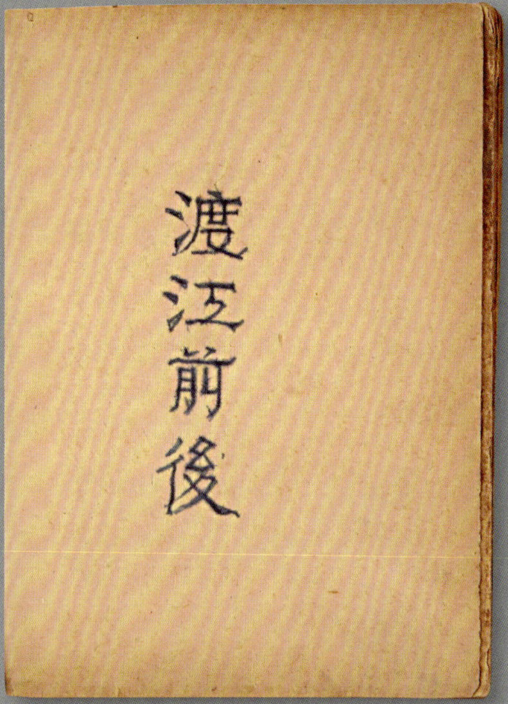
渡江前後

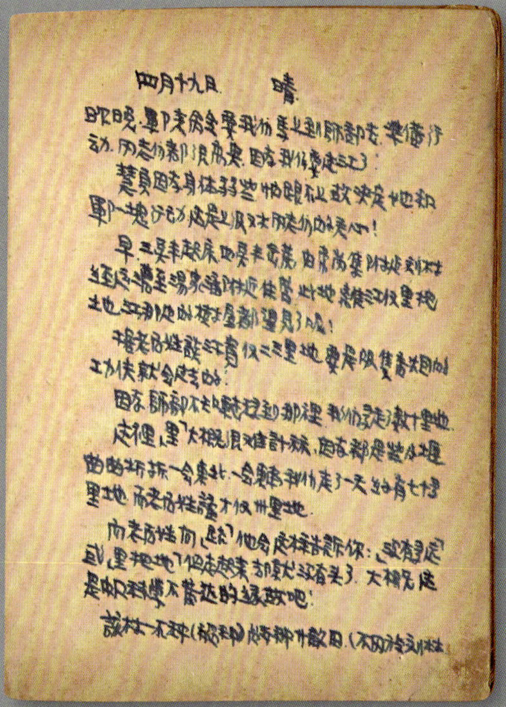
四月十九日　晴

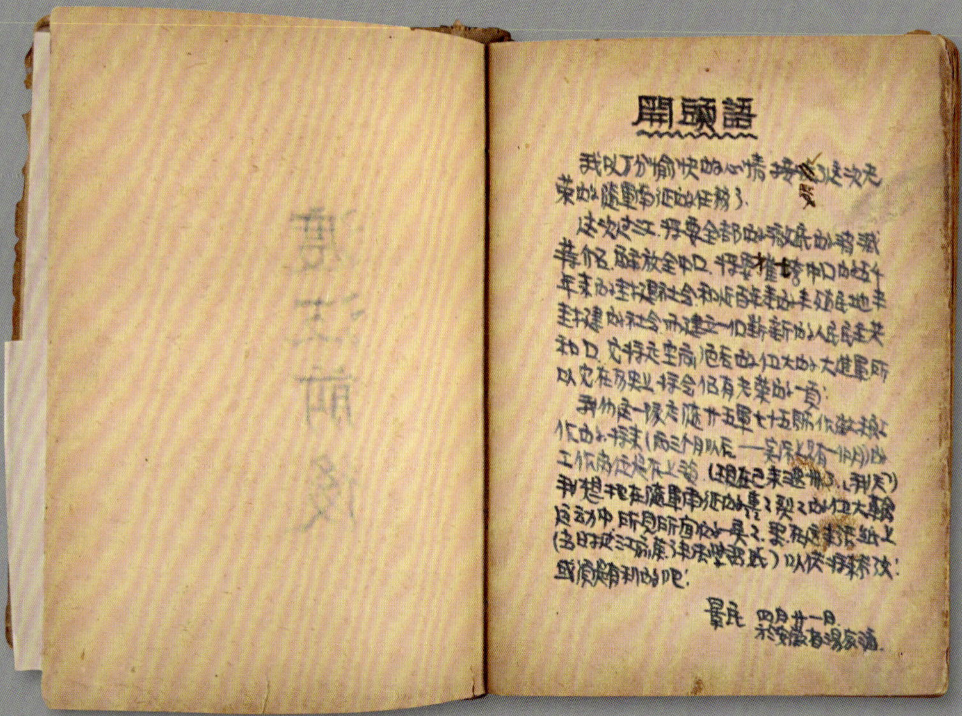
開頭語

景晓村

1917—1994

原名景慕达，山东章丘人。1935 年加入中国共产主义青年团，同年 10 月加入中国共产党。积极投入党的地下斗争，后在济南积极参加学生爱国运动。1936 年春任中共济南乡师支部书记。8 月受中共山东省委的委派，以省委组织员的身份到博兴、潍县、广饶、寿光、益都、临朐等地检查工作，帮助恢复、建立党组织。七七事变后，调任中共山东省委巡视员、秘书长。1938 年 1 月，参加省委领导的徂徕山抗日武装起义，历任八路军山东人民抗日游击第四支队政治部副主任，第一团政委，中共山东省委青年部部长，中共鲁东南特委书记兼第二支队政委，中共清河特委书记兼八路军山东纵队第六军分区政委，中共清河区委书记兼八路军清河军区政委，中共渤海区委书记兼渤海军区政委等职。中华人民共和国成立之后任农业机械部副部长、全国政协委员等职。

景晓村使用过的军毯

解放战争时期

渤海革命老区纪念园藏

景晓村使用过的军毯。解放战争时期，景晓村领导渤海军民开展减租减息、剿匪反特、护村自卫、土地改革、治黄生产等群众运动，为最广大人民谋取实实在在的利益，尤其是掀起了规模空前的生产、支前和参军热潮，以大量财力、物力、人力支援了解放战争，使渤海区光荣地承担起了华东战场可靠后方和重要物资供应基地的历史重任。

王卓如

1911—1991

河南内黄人。1927 年加入共产主义青年团，同年转入共产党。曾任第十八集团军野战政治部民运部部长，鲁西区党委、冀鲁豫区党委委员兼行署秘书长。1937 年入中央党校学习。1942 年 7 月调任冀鲁边区党委书记兼组织部部长，同年 11 月兼冀鲁边军区政委。1944 年渤海区成立后，任渤海区党委副书记兼组织部部长、渤海军区副政委。1945 年 10 月任渤海区党委副书记兼军区副政治委员。1948 年 2 月兼区党委党校校长。1949 年 2 月任区党委第一副书记。11 月任区党委书记。

王卓如使用过的军毯和绑腿

解放战争时期

渤海革命老区纪念园藏

王卓如使用过的军旅物品。

何郝炬的学习笔记

解放战争时期
渤海革命老区纪念园藏

1946年何郝炬在山东分局党校学习时的笔记。1940年秋，何郝炬调中共中央北方局巡视团，赴冀鲁边区巡视检查工作。1941年初，任冀鲁边第三地委组织部部长。1941年秋，任冀鲁边区党委第二地委书记兼冀鲁边军区第二军分区政委。1942年8月，何郝炬改任第二地委副书记兼第二军分区副政委。1944年2月，何郝炬任渤海区第二地委副书记兼渤海军区第二军分区副政委。后任渤海区支前司令部前办主任、中共豫皖苏边区党委民运部副部长、豫皖苏后勤（支前）司令部前办主任。1949年，任第二野战军后勤运输部部长。

滨海地委宣传部编印《迎接大反攻准备当大家》

1947年

山东博物馆藏

解放战争时期，山东是国共双方激烈争夺的战略要地和解放战争的主要战场。鲁西南战役后，解放军各路大军相继由战略防御转入战略进攻，国民党军队则被迫由战略进攻转为全面防御，标志着战争形势开始发生根本性转变。1947年7月1日编印的《迎接大反攻准备当大家》是区村干部时事学习材料，对进攻作战以来的对敌作战形势进行简明解说。全面战争爆发已经过去一年的时间，全国大进攻已经开始了，呼吁各区村干部需要做好当大家的准备并宣传、发动群众准备迎接大反攻。

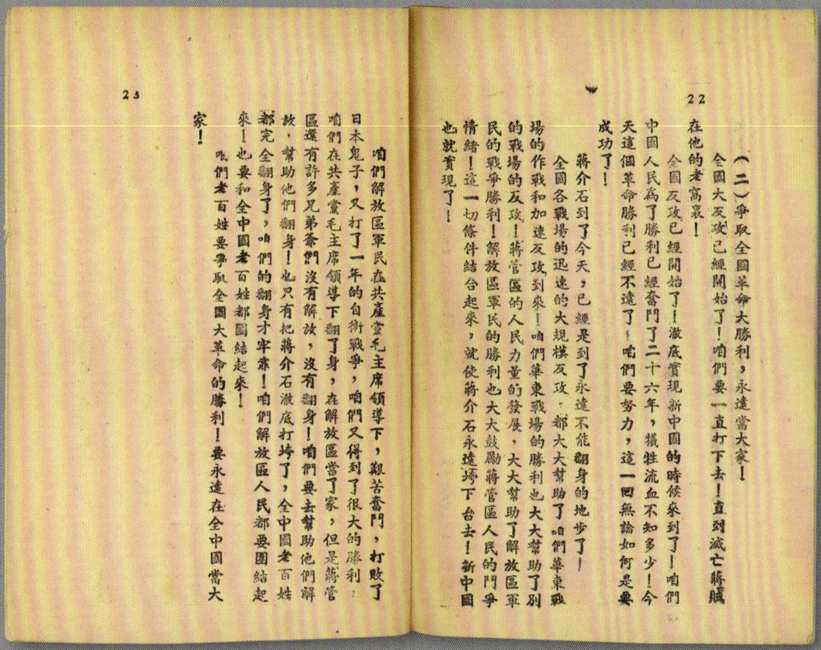

22

（二）爭取全國革命大勝利，永遠當大家！

全國大反攻已經開始了！咱們要一直打下去！直到滅亡蔣賊在他的老窩裏！

全國反攻已經開始了！澈底實現新中國的時候來到了！咱們中國人民爲了勝利已經奮鬥了二十六年，犧牲流血不知多少！今天這個革命勝利已經不遠了，咱們要努力，這一回無論如何是要成功了！

蔣介石到了今天，已經是到了永遠不能翻身的地步了！

全國各戰場的迅速的大規模反攻，都大大幫助了咱們華東戰場的作戰和加速反攻到來！咱們華東戰場的勝利也大大幫助了別的戰場的反攻！蔣管區的人民力量的發展，大大幫助了解放區軍民的戰爭勝利！解放區軍民的勝利也大大鼓勵蔣管區人民的鬥爭情緒！這一切條件結合起來，就使蔣介石永遠垮下台去！新中國也就實現了！

23

咱們解放區軍民在共產黨毛主席領導下，艱苦奮鬥，打敗了日本鬼子，又打了一年的自衛戰爭，咱們又得到了很大的勝利！咱們在共產黨毛主席領導下翻了身，在解放區當了家，但是蔣管區還有許多兄弟爺們沒有解放，沒有翻身！咱們要去幫助他們解放，幫助他們翻身！也只有把蔣介石澈底打垮了，全中國老百姓都完全翻身了，咱們的翻身才牢靠！咱們解放區人民都要團結起來！也要和全中國老百姓都團結起來！

咱們老百姓要爭取全國大革命的勝利！要永遠在全中國當大家！

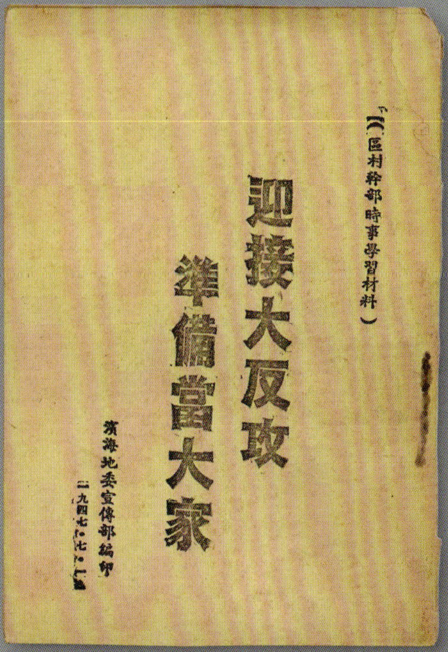

（區村幹部時事學習材料）

迎接大反攻
準備當大家

濱海地委宣傳部編印

一九四七.七.一.

第四章

铜墙铁壁 人民功勋

“真正的铜墙铁壁是什么？是群众，是千百万真心实意地拥护革命的群众。”“群众是共产党的母亲，党是群众的儿子。所以，我们的党无论在任何时间、任何地方都要与劳动群众结合起来，依靠自己的群众，依靠自己的阶级。”解放战争时期，齐鲁儿女1106万人次踊跃支前，近百万人参军，南征北战，支援全国，用牺牲、奉献、实干、担当诠释山东人的厚德大义。由山东党政军民共同铸就的“党群同心、军民情深、水乳交融、生死与共”的沂蒙精神是党和国家宝贵的精神财富，是中国共产党人精神谱系的重要组成部分。“最后一碗米送去做军粮，最后一尺布送去做军装，最后一件老棉袄盖在担架上，最后一个亲骨肉送去上战场”就是对这种军民情谊的生动写照。

菏泽某县妇救会会长朱玉梅支援淮海战役做的军鞋

1948年
山东博物馆藏

朱玉梅，山东菏泽某县妇救会会长。为支援淮海战役，朱玉梅领导全村妇女做了1300双军鞋，军鞋结实耐穿且比较美观。

淮海战役是中国人民解放战争史上规模最大、歼敌最多的一次战役，它的胜利大大推进了中国革命的进程。淮海战役的巨大胜利离不开解放区广大人民的大力支援。战役期间，江苏、山东、安徽、河北、河南等地的人民用极大的物力和人力支援了战争，正是解放区的广大人民群众全力以赴地支援，人民解放军才能在敌强我弱的情况下依然取得淮海战役的辉煌胜利。

滕县桑村设茶水站招待过往部队

济南战役时群众支前运粮用过的小车的轮子

解放战争时期
济南市博物馆藏

1948年，根据战局发展，中央军委命令华东野战军集中全力发起济南战役。华东野战军前委在曲阜召开作战会议，研究部署济南战役，制定出“攻济打援”的作战计划，约14万人组成攻城兵团，由山东兵团司令员许世友、华野副政委兼山东兵团政委谭震林和山东兵团副司令员王建安指挥；约18万人组成打援兵团，由华野代司令员粟裕直接指挥。

战争伟力之最深厚的根源，存在于民众之中。为保障济南战役胜利进行，在华东局直接领导下，冀鲁豫、胶东、渤海、鲁中等解放区都成立了支前委员会，开展了山东解放区前所未有的大规模支前工作：济南战役共动员前方随军民工、二线转运伤员和粮食的民工总计51.4万多人，准备粮食1.4亿斤，动员了1.8万辆小车和1.4万副担架，准备了大量弹药、柴草、蔬菜、麻袋等物资。各级政府沿路设置运输站，将各地运到的物资有计划地分配到部队并组织管理民工的生活；各地民兵广泛出击，为战役胜利起到了积极的配合作用。

济南战役时支前民工用架子车把粮食送到济南前线

支前民工唐和恩的刻字竹竿（复制品）

解放战争时期
济南市博物馆藏

唐和恩（1911—1992），山东莱阳人。1947年加入中国共产党，先后参加了济南战役、徐东战役和淮海战役支前工作。为完成部队粮食、弹药等物资的运送任务，他和队员们战胜种种艰难险阻，千方百计地节省粮食，风餐露宿，昼夜兼程。遇上阴雨天气，就把自己的蓑衣、棉衣脱下来，盖在车上，宁愿自己受淋挨冻，也不让军需物资受半点损失。为躲避敌机空袭，想方设法隐蔽粮车，带头下河破冰涉水，及时把粮食、弹药送到战士身边。唐和恩从家乡启程时，随身携带了一根3尺多长的小竹竿，以备路上休息支车和夜间行走使用，为了将支前行动留作纪念，他利用中途休息间隙，把走过的城镇乡村地名，用小刀密密麻麻地刻到小竹竿上，打算以后把它传给自己的儿孙，让后代牢记老一辈艰辛的革命历程。淮海战役胜利后，这根小竹竿刻满了山东、河南、江苏、安徽4省88个村镇的名字，行程2500多公里。唐和恩立特等功，被授予“华东支前英雄”称号。他带领的运输队也人人立功，被评为“华东支前模范队”，同时荣获“华东支前先锋”锦旗一面。

华东军区司令部、政治部赠给藏马县子弟兵团的“陈毅子弟兵团”奖旗

1947年
山东博物馆藏

1947年3月，为了应对国民党对山东地区的重点进攻，山东省支前委员会和滨北支前司令部命令藏马县快速组织一个支前子弟兵团。藏马县只用了3天时间，就从8000多名踊跃报名的青年民兵中精选出953人，组建了一支既能随军参加战斗，又能抢救运送伤病员的精干子弟兵团。藏马县子弟兵团在执行支前任务的101天中，曾先后进军胶东、鲁中、鲁西、鲁南、渤海等战场，参加过泰蒙战役，担负过官庄抢运、乔店抢救、泰西转运等数次艰巨任务，为华东解放军粉碎国民党的重点进攻立下了功劳。全团有19人立一等功，100人立二等功，576人立三等功。1947年6月，华东军区特授予该团“陈毅子弟兵团”光荣称号，给全团记大功一次，并赠送“陈毅子弟兵团”奖旗一面。

“青年先锋”匾

1947年
东营市垦利区博物馆（含渤海垦区革命纪念馆）藏

木质，上刻“青年先锋”字样，得匾人是永安乡五村共产党员徐明来，他于1980年将此匾捐给县文化馆收藏。

1947年初，19岁的徐明来响应政府号召积极报名支前，被编在垦利营一连，于同年3月开赴泰安一带。在攻打泰安的战斗中，徐明来机智勇敢，抬担架，背伤员，出生入死，出色地完成了所承担的任务。5月，华东野战军第十纵队二十八师八十二团在齐东台子（今高青县）召开庆功大会，对泰安战斗做了总结。在大会上，给徐明来记大功一次并颁发了功章。垦利支前营部及时把徐明来的事迹报告给了县政府。1947年徐明来支前归来，垦利县政府在永安区召开了庆功大会，并将“青年先锋”匾抬到会场，宣布授予徐明来。

渤海军区颁发给刘顺成的奖状

解放战争时期

东营市垦利区博物馆（含渤海垦区革命纪念馆）藏

1948年，渤海军区颁发给刘顺成的一等功支前民工奖状。奖状内容：渤海区垦利县河滨区西张村民工刘顺成同志在淮海战役中胜利完成任务，经评委会评议为一等功，特发奖状。落款为华东支前委员会主任委员傅秋涛，中华民国卅七年十二月廿七日。

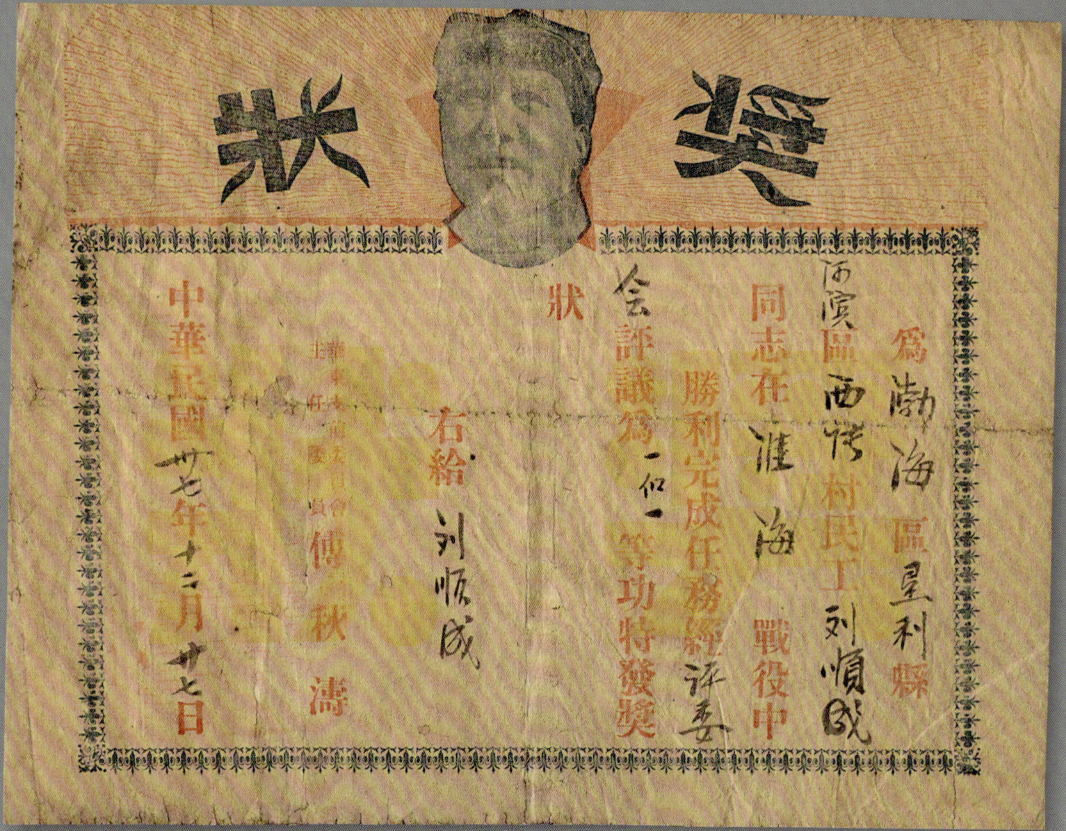

垦利县轮战营（担架团）荣获的“主力抗属光荣”旗

解放战争时期
东营市垦利区博物馆（含渤海垦区革命纪念馆）藏

垦利县政府为表彰支援前线的垦利县轮战营（担架团）的突出贡献，颁发的“主力抗属光荣”旗。渤海垦区在渤海区党委的统一领导下，在做好动员参军工作的同时，多次组织轮战营奔赴前线，跟随我军主力部队转战青城、高苑、桓台、博兴、张店、周村、蒲台等地，昼夜不停地运送着伤员、粮秣和弹药，全力支援人民解放战争。

郓城战斗赵道法荣获的功劳证

1947年
冀鲁豫边区革命纪念馆藏

棉麻材质，为赵道法在郓城攻坚战之后，于1947年7月11日获得的功劳证。内容为：“兹有赵道法同志在爱国自卫战争中，忠勇坚毅，于三十六年七月九日在攻克郓城战斗中，功绩卓著，对人民有重要贡献，特记大功一次，以示奖励并希勉进。此证赵道法同志主要功绩。”落款为：“旅长杨俊生、齐丁根，政委陈云开，主任郑思群。中华民国三十六年七月十一日。”

郓城攻坚战是鲁西南战役的开局之战。1947年6月30日至7月8日，晋冀鲁豫野战军第一纵队一举强渡黄河，采取多路攻击、重点突破、多向卷击、分割围歼、前攻后阻等战法一举攻克了郓城，实现了鲁西南战役首捷。此役开创了中国人民解放军一个纵队单独攻坚和歼敌两个旅的先例，取得了战略进攻中第一个光荣和重大的胜利，为鲁西南战役的全胜创造了有利条件。

曹县民主政府奖给李集村的“扩军模范村”锦旗

1946年
冀鲁豫边区革命纪念馆藏

李集村的扩军模范村锦旗。冀鲁豫边区广大人民在参军保田的号召下，大批青壮年农民加入人民军队，为解放战争的胜利提供了有力保障。

华东野战军第十一纵队司令部、政治部发给支前民工侗希江的完工证

1948年

冀鲁豫边区革命纪念馆藏

1948年由华东野战军第十一纵队司令部、政治部发给支前民工侗希江。冀鲁豫边区广大人民在参军保田的号召下，大力支援战争前线，有力保证了战略决战的胜利，充分显示了人民战争的伟大力量。

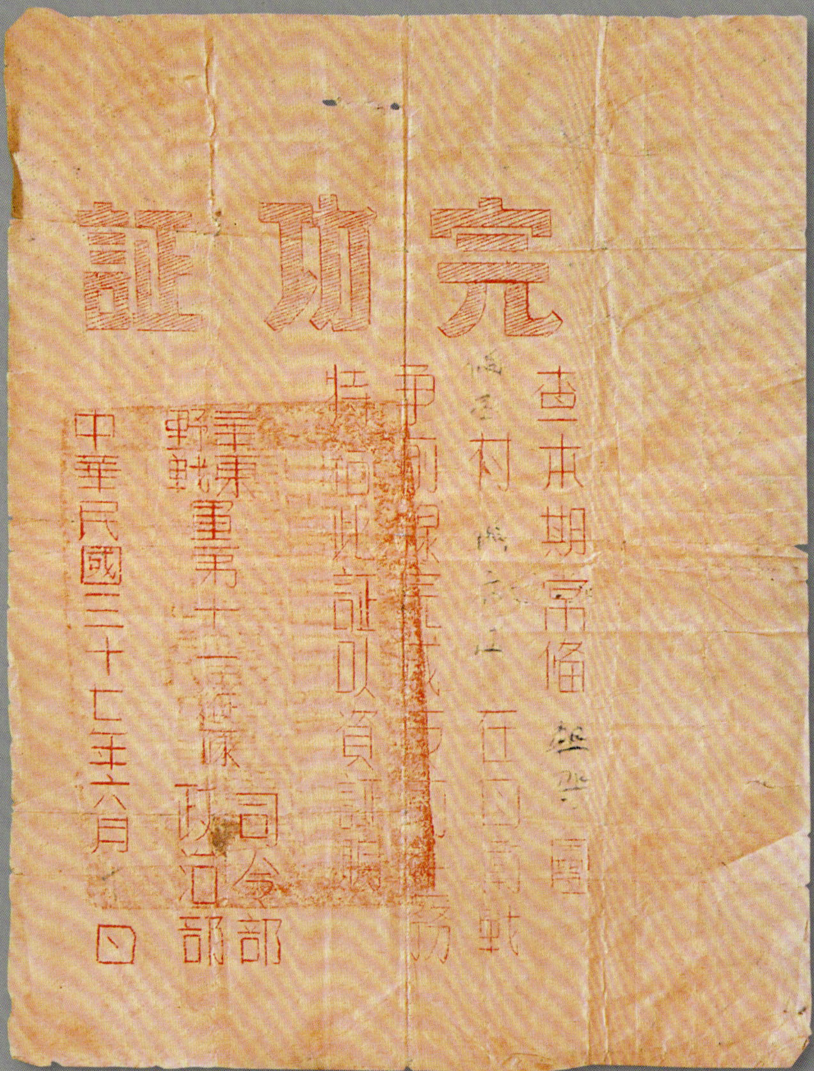

完功証

查本期常備　　區

村　　在自衛戰

爭前線完成支前任務

特給此証以資証明

華東野戰軍第十一縱隊 司令部 政治部

中華民國三十七年六月　日

中国人民解放军十一军三十一师颁发给南下战士黄志德的立功喜报

1949年

冀鲁豫边区革命纪念馆藏

该立功喜报是中国人民解放军十一军三十一师于1948年6月25日颁发给南下战士黄志德的，对其在工作中帮助别人、发扬团结友爱精神立下二等功予以褒扬。

冀鲁豫区位于太行山以东、泰山以西，是河北、山东、河南三省及苏北、皖北的结合部，是著名的革命老区，冀鲁豫区党委驻扎菏泽。随着解放战争的顺利进展，急需从革命老区抽调大批干部南下，接管南方各省新解放区的地方政权。1948年12月，中共中央华北局在石家庄唐家花园召开会议，决定从冀鲁豫区抽调人员，组成一个省的干部队伍，包括6个地委、30个县委、210个区委共3362名干部随军南下。1949年1月，冀鲁豫区党委召开由各地委组织部部长参加的扩大会议，布置抽调南下干部的任务。3月31日，由3960名干部、2027名战士共5987人组成的南下支队，从菏泽晁八寨一带整队出发。此立功喜报展现了当时基层解放军的南下历程。

山东省广饶县稻庄区南下干部在参加县委欢送会后合影

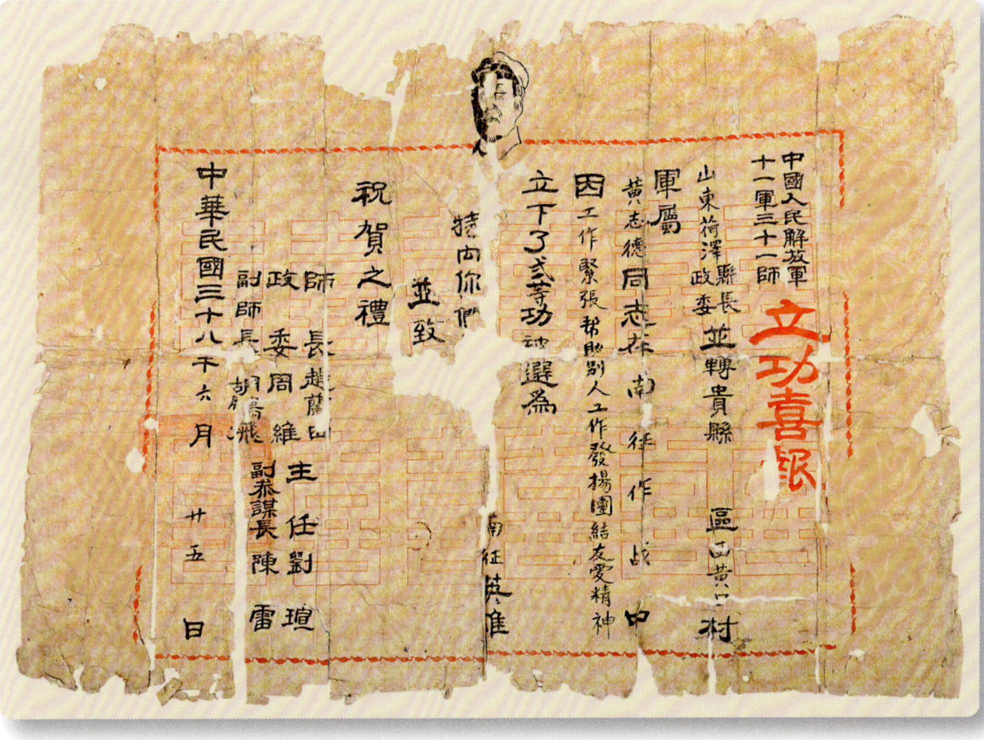
中國人民解放軍十一軍三十一師

立功喜報

山東荷澤縣長、政委 並轉貴縣 區 村

軍屬

黃志德同志在南征作戰中

因工作緊張幫助別人工作發揚團結友愛精神

立下了貳等功 被選為 南征英雄

特向你們 並致

祝賀之禮

師長 趙 政委 周維 主任 劉瑄

副師長 胡鶴飛 副參謀長 陳雷

中華民國三十八年六月廿五日

田海镜的革命牺牲军人家属光荣纪念证存根

1946年

菏泽市烈士陵园（菏泽市抗日纪念馆）藏

田海镜的革命牺牲军人家属光荣纪念证存根，填发日期为1950年1月10日。田海镜（1914—1946），山东菏泽人。1937年参加革命，1938年9月加入中国共产党，1939年3月参加八路军，先后任营教导员和团政委。1946年11月在鄄南战斗中牺牲。多年戎马生涯，田海镜转战太行山，驰骋冀鲁豫，成为一名优秀的指挥员。纪念证存根详细记录了烈士牺牲和安葬的地点、革命功绩、光荣证号等信息。

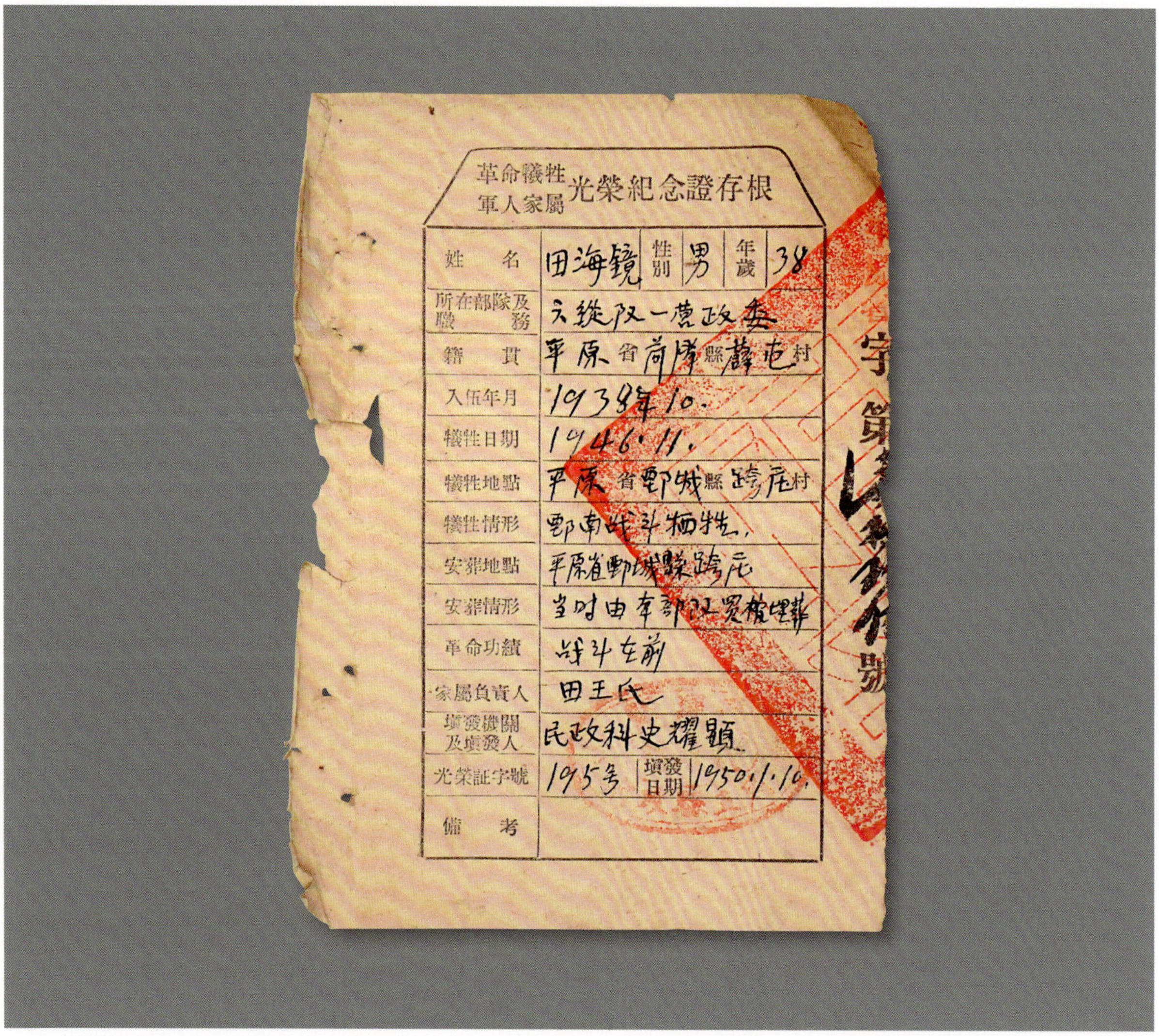

革命犧牲軍人家屬光榮紀念證存根

姓名	田海鏡	性別	男	年歲	38
所在部隊及職務	六縱队一營政委				
籍貫	平原省菏澤縣薛屯村				
入伍年月	1938年10.				
犧牲日期	1946.11.				
犧牲地點	平原省鄄城縣跨庄村				
犧牲情形	鄄南战斗牺牲.				
安葬地點	平原省鄄城縣跨庄				
安葬情形	当时由本部队买棺埋葬				
革命功績	战斗在前				
家屬負責人	田王氏				
填發機關及填發人	民政科史耀題.				
光榮証字號	195号	填發日期	1950.1.10.		
備考					

牟宜之使用过的皮箱

解放战争时期
冀鲁边区革命纪念馆藏

牟宜之（1909—1975），山东日照人，中国近代诗人、革命家。全面抗战时期，牟宜之曾任乐陵县县长、八路军山东军区独立一旅政治部主任等职，解放战争时期任辽东军区司令部秘书长等职，中华人民共和国成立后曾在北京市、山东省、林业部和建设部任职。此为牟宜之使用过的皮箱。

滨海区莒南县人民武装部奖状

1946年
莒南县博物馆藏

奖状由滨海区莒南县武装部于1946年颁发给筵宾区尹家钓鱼台村尹胜堂，“因在抗战中战斗历次积极勇敢并获显著战绩”，授予“战斗模范”称号。尹胜堂属于莒南县民兵组织的一员。

全面抗战时期莒南县民兵在配合野战部队和地方部队运送弹药粮草、救护伤员、侦察敌情，承担后方治安、巡逻放哨、监视敌人等各项任务的同时，还拿起武器，积极开展敌后游击战争。在8年全面抗战中，莒南县民兵开展反“扫荡”作战1360余次（配合主力部队打据点除外），参战民兵达7040人，毙伤敌伪354人，俘敌130人，缴获大宗枪支弹药，涌现出县级以上民兵英雄单位45个，民兵英雄22人，614人壮烈捐躯。

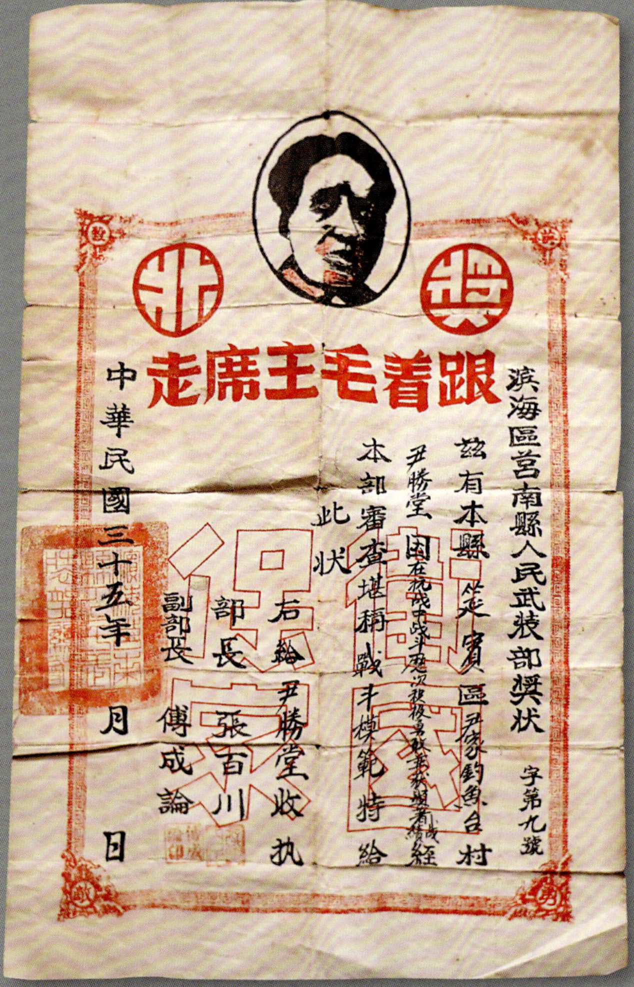
奖状

跟着毛主席走

濱海區莒南縣人民武裝部獎狀 字第九號

茲有本縣筵賓區尹家釣魚台村尹勝堂因在抗戰中戰斗歷次積極勇敢并獲顯著成績經本部審查堪稱戰斗模範特給此狀

右給尹勝堂收执

部長 張百川

副部長 傅成論

中華民國三十五年 月 日

刘学昇在青即战役中的功劳证

1947年
青岛市博物馆藏

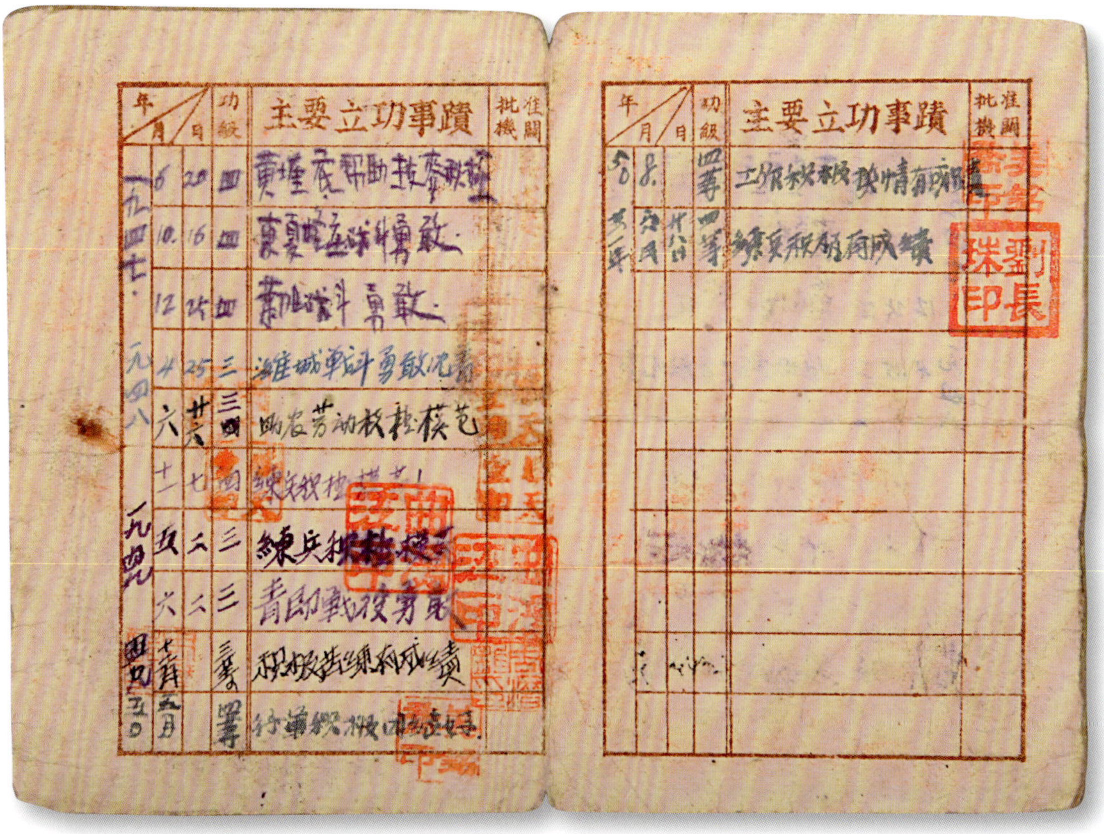

三十二军炮兵团一炮手刘学昇在青即战役中的功劳证，由人民解放军华东胶东军区颁发。1947—1950年，共计立三等功和四等功12次，其中颇具有代表性的是青即战役。

青即战役，是1949年5月至1949年6月，中国人民解放军山东军区第三十二军在中央军委和华东野战军的指挥下，在青岛、即墨一带进行的一次重大战役。战役共歼灭国民党军队5745人，解放国土7012.5平方华里，彻底摧毁了国民党在山东及华北地区的统治，使山东大陆全部解放。刘学昇作为炮手，练兵积极模范，战斗中勇敢杀敌，成绩突出，后来任徐州坦克二师政治处主任。

赵洪奎的三等功劳证

1949年
青岛市博物馆藏

1949年7月1日，赵洪奎由于在解放青岛时遵守政策纪律、完成卫戍任务，荣获三等功劳证，由人民解放军山东胶东军区颁发。赵洪奎时任胶东警卫团二营四连连长，后任平度县门村公社东涌泉村党支部委员、民兵连连长。

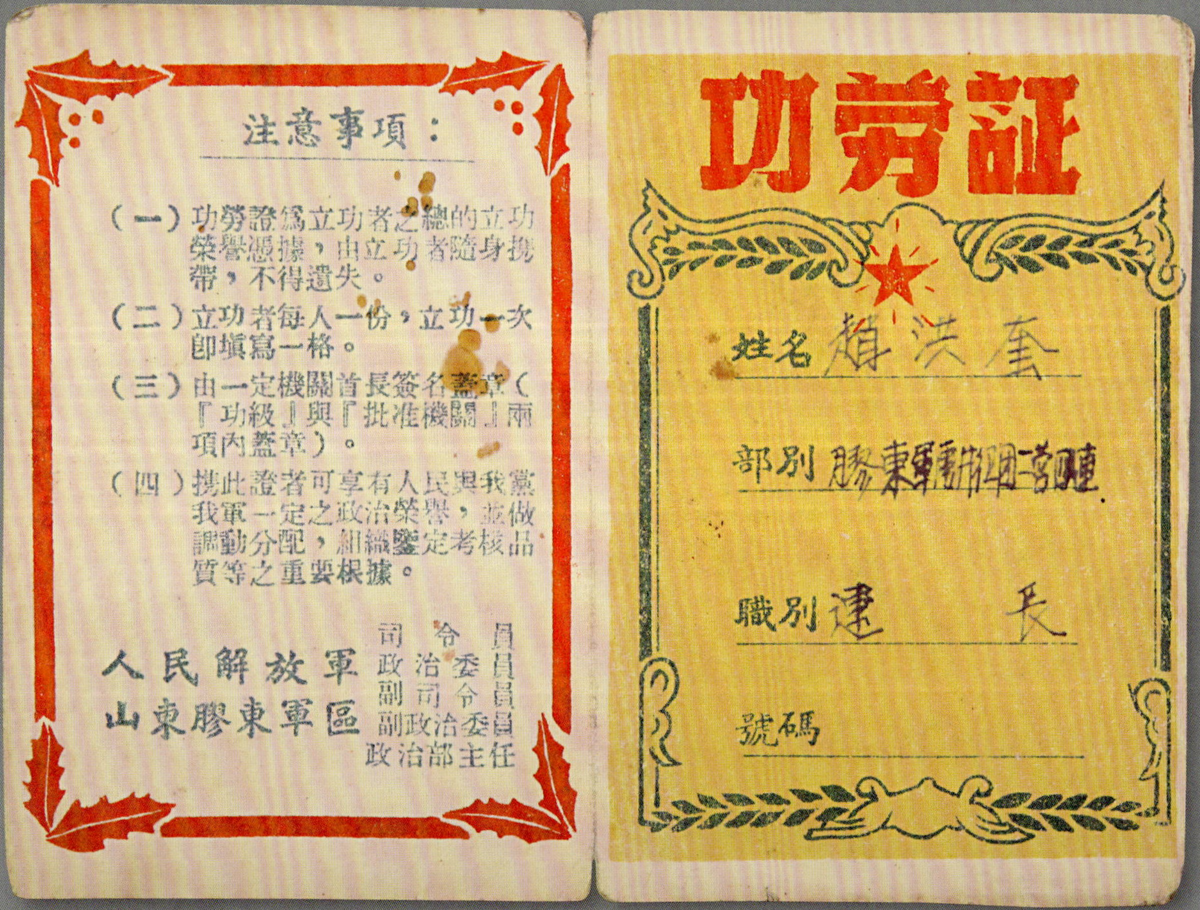

注意事項：

（一）功勞證爲立功者之總的立功榮譽憑據，由立功者隨身攜帶，不得遺失。

（二）立功者每人一份，立功一次卽填寫一格。

（三）由一定機關首長簽名蓋章（『功級』與『批准機關』兩項內蓋章）。

（四）携此證者可享有人民與我黨我軍一定之政治榮譽，並做調動分配，組織鑒定考核品質等之重要根據。

人民解放軍
山東膠東軍區

司令員
政治委員
副司令員
副政治委員
政治部主任

功勞証

姓名 趙洪奎

部别

職别 連長

號碼

刘旭东

1899—1941

名晓亭，字旭东，山东益都（今青州市）人。农民出身，毕业于益都师范，在益都北部农村教学7年，并兼中医。他以优异的教学成绩和良好的医道、医德，在群众中赢得很高的威信。1937年抗日战争全面爆发后，他积极投入抗日救亡活动。当年冬，加入中国共产党，任段村第一任支部书记；1938年8月，任中共益都县第七区区委书记；1940年4月，任中共益寿县委委员兼组织部部长。他在日、伪、土、顽疯狂屠杀抗日群众的恶劣环境中，四处奔走，发展党组织和“抗日救亡团”。至1940年，段村周围已有18个村建起党支部，有数十名青年参加抗日部队。1940年秋，国民党顽固分子徐振中部公开与日军和汉奸勾结，疯狂地对抗日军民进行反扑。1941年1月4日，刘旭东与中共清东地委组织部部长李寿龄、中共益寿县委宣传部部长张鲁等到东朱鹿村组织发动群众时，被徐振中残部和日、伪军共300余人包围，为了引开敌人，保住同志，刘旭东毅然走向敌人，在屠刀下英勇就义。在他言传身教的影响下，他的弟弟、儿子、侄子、儿媳等纷纷参加革命，先后有九人为了人民解放事业壮烈捐躯。1948年，益寿县人民政府授予他家“一门九烈”的锦旗。

“群英齐荣”旗

解放战争时期
青州市博物馆藏

抗日战争和解放战争时期，益都县南段村（今属青州市高柳镇）刘旭东烈士一家——刘旭东、刘旭东三弟刘芝亭、刘旭东四弟刘观亭、刘旭东独子刘汉鼐、刘旭东儿媳王秀英、刘旭东堂侄刘汉玉、刘旭东堂侄女刘兰英、刘旭东堂侄刘汉儒、刘旭东堂侄刘汉鼎先后牺牲，被誉为“一门九烈”。益寿县政府为表彰刘旭东一家的英勇事迹，颁发“群英齐荣”旗帜一面。

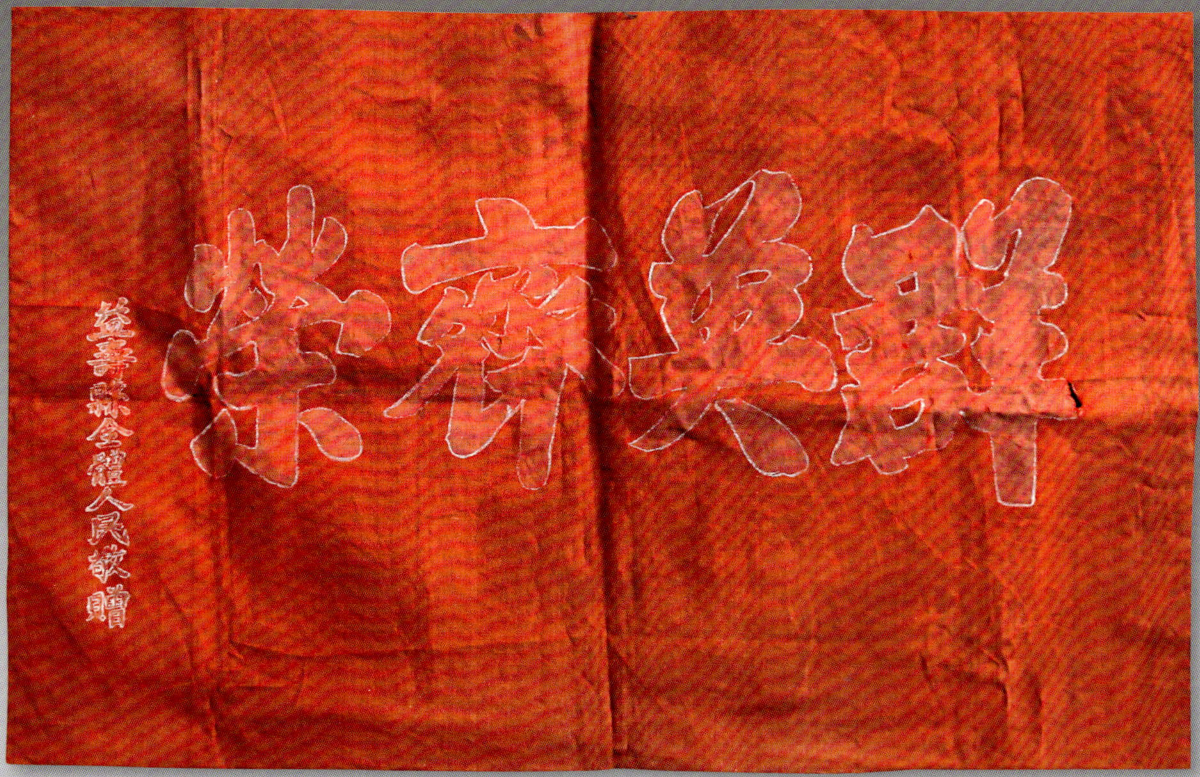

参军纪念匾

1947年
聊城市茌平区博物馆藏

参军纪念匾，上书“民族健儿”四字，1976年在茌平县杜郎口镇大刘庄村征集。1941年驻茌平县城的日、伪三支队两次攻打茌东抗日中心根据地大刘庄，大刘庄自卫队员和群众在共产党员带领下，顽强抵抗。但敌我力量悬殊，大刘庄被攻破，抗日群众伤亡惨重。1947年，饱受侵略者蹂躏并同日、伪军顽强斗争的大刘庄青年，响应党和政府的号召，纷纷报名参加中国人民解放军。晋冀鲁豫边区六行署为表彰大刘庄群众的民族精神及积极参军的革命热情，特发此匾。

解放区人民积极参军

山东省支援前线委员会发给王健的立功奖状

1947年
淄博市博物馆藏

1984年8月王健捐献给淄博市博物馆收藏。

1947年9月14日，山东省支援前线委员会为王健颁发的立功奖状，正面书“王健同志在爱国反蒋自卫战争中积极支援前线，光荣完成任务，经评定为一个二等功劳、一个三等功劳，特给此状”。背面写有“功劳记录”。事迹中手写填录五条功劳，有“不怕艰苦能克服困难完成任务”等。

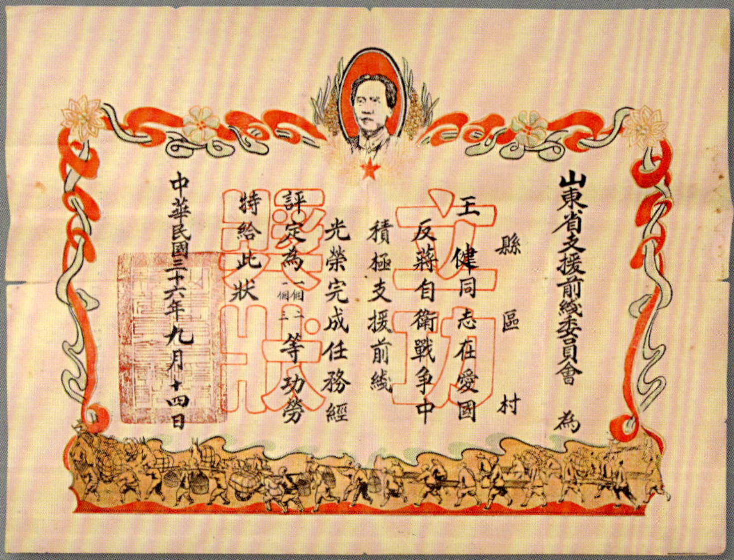
山東省支援前綫委員會 為
縣 區 村
王 健同志在愛國
反蔣自衛戰爭中
積極支援前綫
光榮完成任務經
評定為一個二一個三等功勞
特給此狀
立功
獎狀
中華民國三十六年九月十四日

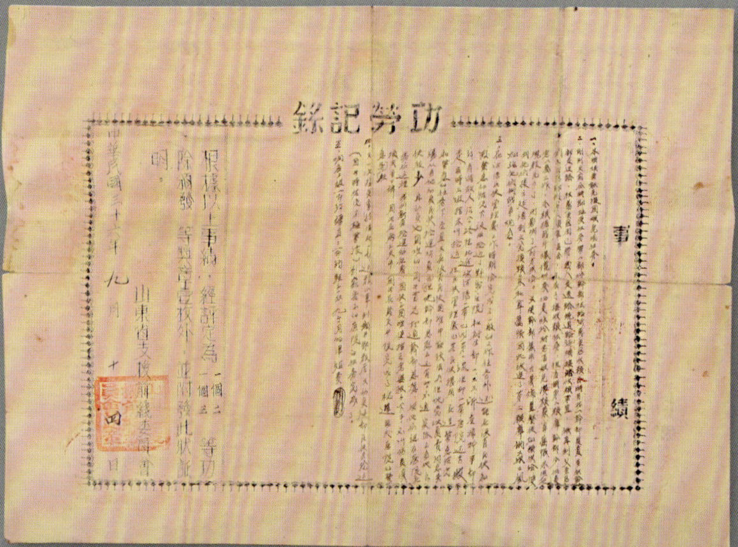

东海军分区担架大队授予李春茂的三等功喜报

1947年

地雷战纪念馆藏

1947年9月3日，八路军胶东军区东海军分区担架大队授予海阳县盘石区院下村李春茂的三等功喜报。解放战争时期，海阳子弟兵的身影活跃在全国各地。截至1948年12月海阳的总参军人数1.6万余名，参军人数约占全县的十分之一。其中有4783人为解放战争英勇牺牲。据统计，胶东20个县市中涌现出的民兵英雄在名册上有220人，仅海阳县就有133人，占总人数的60%。

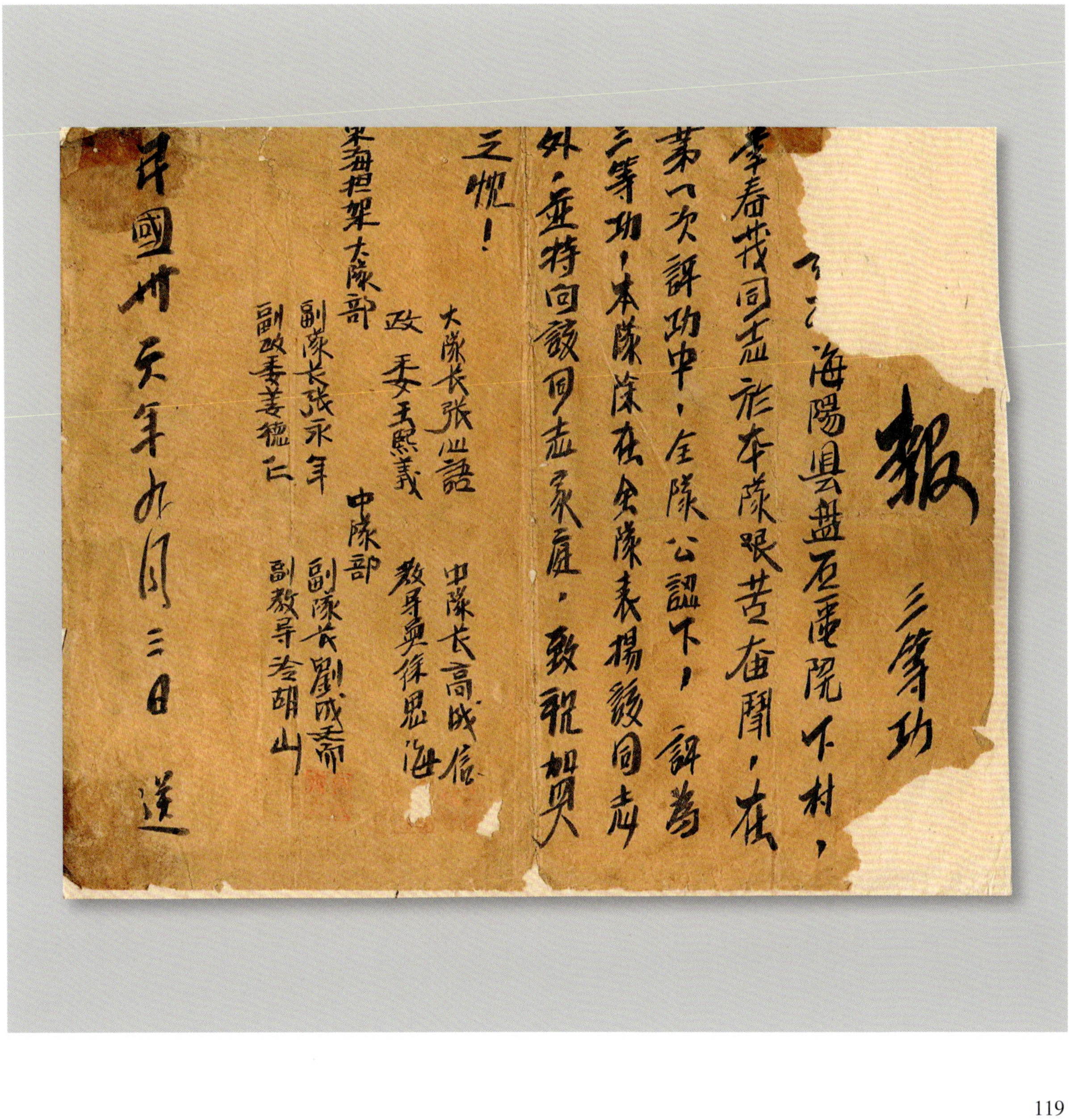

報

三等功

海陽县盘石區院下村，

李春茂同志於本隊艱苦奮鬥，在

第一次評功中，全隊公認下，評為

三等功，本隊除在全隊表揚該同志

外，並特向該同志家庭，致祝賀

之忱！

東海担架大隊部

大隊長張汕語

政委王熙義

副隊長張永年

副政委姜德仁

中隊部

中隊長高成信

教导员徐思海

副隊长劉成泰

副教导姜胡山

民國卅六年九月三日 送

中国人民解放军第三野战军授予李春茂的渡江支前光荣证

1949年

地雷战纪念馆藏

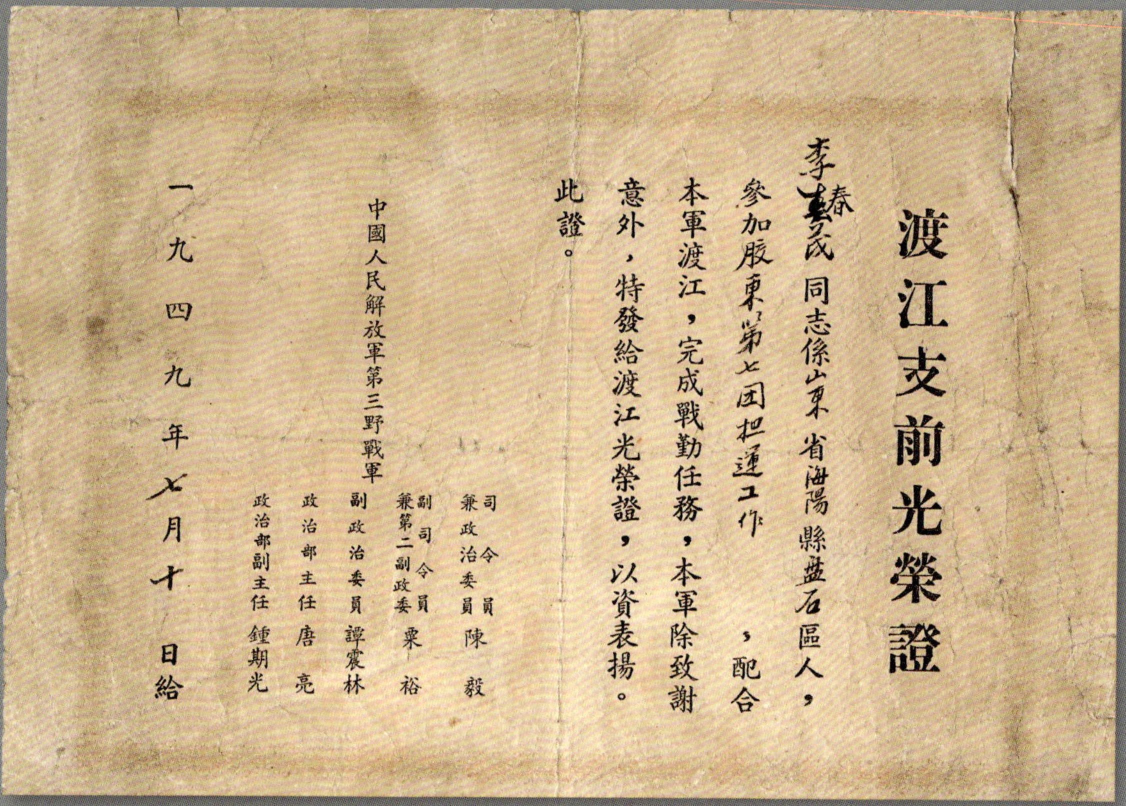
渡江支前光榮證

李春茂同志係山東省海陽縣盘石區人，參加膠東第七团押運工作，配合本軍渡江，完成戰勤任務，本軍除致謝意外，特發給渡江光榮證，以資表揚。

此證。

司令員兼政治委員 陳毅

副司令員兼第二副政委 粟裕

副政治委員 譚震林

政治部主任 唐亮

政治部副主任 鍾期光

中國人民解放軍第三野戰軍

一九四九年七月十日給

海阳县盘石区李春茂在胶东第七团押运工作中，配合第三野战军渡江，完成战勤任务。中国人民解放军第三野战军于1949年7月10日授予李春茂渡江支前光荣证。

解放战争中，海阳人民不仅踊跃参军参战，还积极开展支援前线的活动，县委、县政府直接组织领导、支援前线队伍。自1945年至1949年，前后组织支前民工271966人次，出动担架24800余副，小推车11800余辆，海阳支前民工冒着枪林弹雨，随军转战黄海之滨，大江南北，用推车推、肩挑、背扛、人抬，把弹药、粮食等军需物资，源源不断地运往前线。与此同时，后方妇女还积极组织起来，筹集粮草、加工军粮、缝制军服、赶做军鞋，涌现出许多支前模范、人民功臣。

丁其玉的淮海战役纪念证

解放战争时期
台儿庄革命烈士陵园（战史陈列馆）藏

封面印有“淮海战役纪念证，中原野战军四纵队政治部制”。丁其玉，男，时任十三旅三十七团一营一连战士。

淮海战役，是解放战争时期华东、中原野战军和华东、中原军区部队以及晋冀鲁豫军区部分部队，于1948年11月6日至翌年1月10日，在以徐州为中心的广大区域内，对国民党军进行的一次大规模战略性进攻战役，是中国人民解放军战史上一次辉煌的以少胜多的经典战役。是役歼灭国民党军队555000余人，基本上解放了长江中下游以北的广大地区，为我军而后的渡江作战创造了极为有利的条件。

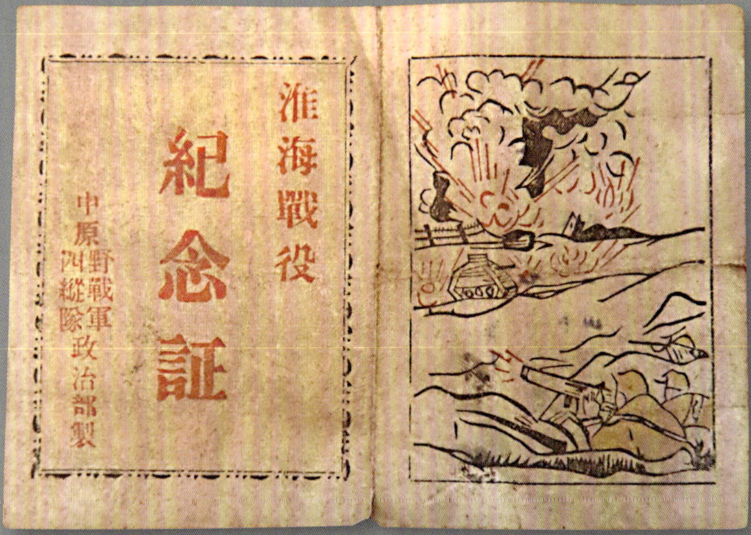

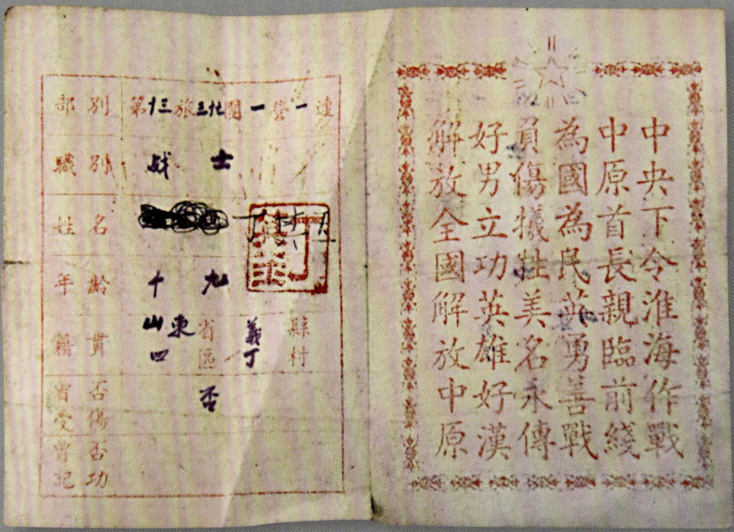

华东野战军部队日夜兼程，直奔淮海前线。

淮海战役中梁山支前用粗布口袋

1948年
菏泽市博物馆藏

长条口袋，内里墨书“爱荣”，粗土布制成，淮海战役期间曾用于盛放支前军粮。梁山县汲楼高玉福捐。

淮海战役打响后中，冀鲁豫区广大人民积极投入支援淮海战役的繁重支前工作，几十万名民工及数以万计的担架队、运粮车，随军出征开赴前线。后方群众则掀起筹粮碾米热潮，自制粮袋，碾米、磨面、做军鞋，“保证前线吃饱穿暖”。除保证供应粮草、弹药、担架、被服外，在筑路、修桥、充当向导、补充兵员等方面，冀鲁豫区人民也出色地完成了任务。淮海战役是一场真正的人民战争，淮海战役的胜利也是人民的胜利，为解放军渡江作战奠定了基础。

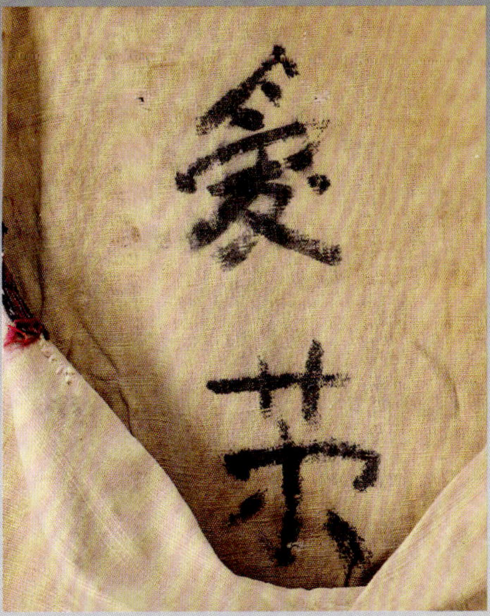

于化虎

1914—2004

山东海阳人，中共党员。全面抗战爆发后，他带领民兵先后制造出踏雷、绊雷、连环雷等二十多种地雷，并将布雷技术传遍胶东，打击日军。1945 年，被胶东军区授予“爆破大王”和“民兵英雄”称号。1950 年被评为“全国民兵英雄”。

1946年于化虎荣获的二等功奖状

1946年

山东博物馆藏

1946年12月31日胶东行政公署、胶东军区颁发给海阳县行村区文山后村于化虎的奖状。因土改整训有功，经山东省政府、山东军区审核批准特奖予于化虎二等功奖状。

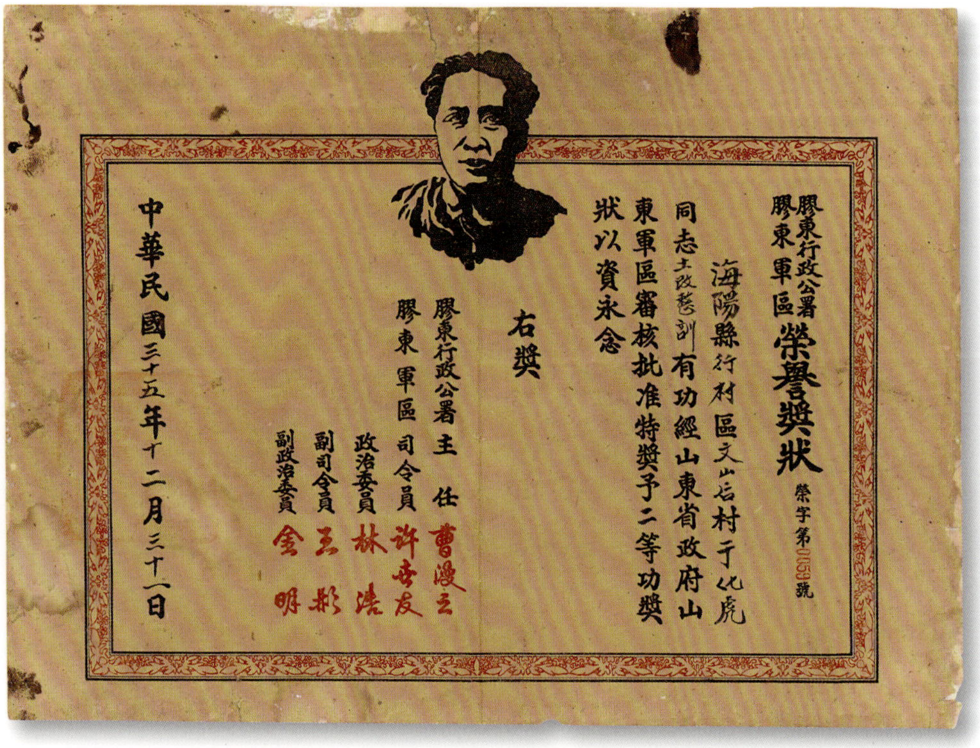

膠東行政公署
膠東軍區
榮譽獎狀
榮字第00059號

海陽縣行村區文山后村于化虎同志土改整訓有功經山東省政府山東軍區審核批准特獎予二等功獎狀以資永念

右獎

膠東行政公署主任 曹漫之
膠東軍區 司令員 許世友
政治委員 林浩
副司令員 王彬
副政治委員 金明

中華民國三十五年十二月三十一日

1947年于化虎荣获的二等功奖状

1947年
山东博物馆藏

1947年3月10日胶东行政公署、胶东军区颁发给海阳县邢（行）村区文山后村于化虎的奖状。因动员参军、积极练武、推动生产有功，经山东省政府、山东军区审核批准特奖予于化虎二等功奖状。

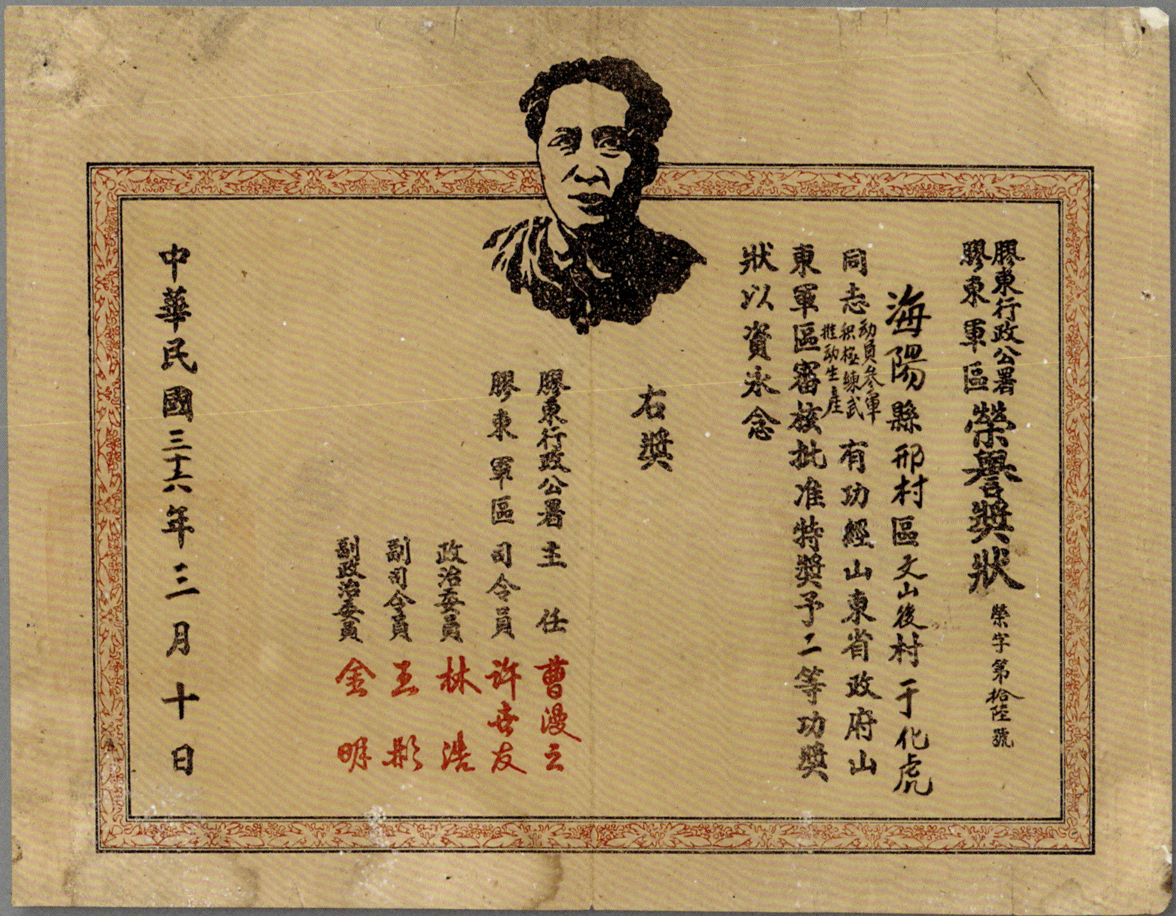
膠東行政公署
膠東軍區
榮譽獎狀
榮字第拾陸號
海陽縣邢村區文山後村于化虎
同志動員參軍積極練武推動生產有功經山東省政府山
東軍區審核批准特獎予二等功獎
狀以資永念
右獎
膠東行政公署主任 曹漫之
膠東軍區司令員 許世友
政治委員 林浩
副司令員 王彬
副政治委員 金明
中華民國三十六年三月十日

纪彦的二等功奖状

1947年
山东博物馆藏

1947年3月8日，海阳县小纪区纪家店纪彦同志创造爆炸技术、动员参军有功，经山东省政府、山东军区审核批准，由胶东行政公署、胶东军区颁发二等功奖状。

纪彦在1945年8月被胶东军区授予“民兵英雄”光荣称号。纪彦所在的纪家店村和摆驾岭（今五虎岭）、亭儿崖、筲帚夼、槐树底组成的五村联防，被胶东军区授予“战斗模范村”的荣誉称号。1947年2月，胶东区行政公署发布《关于开展立功运动的指示》，动员广大人民群众，克服困难，争取反攻胜利，提出了“人人立功，事事立功，到处立功，随时立功”的要求。胶东各县掀起一波波参军热潮。

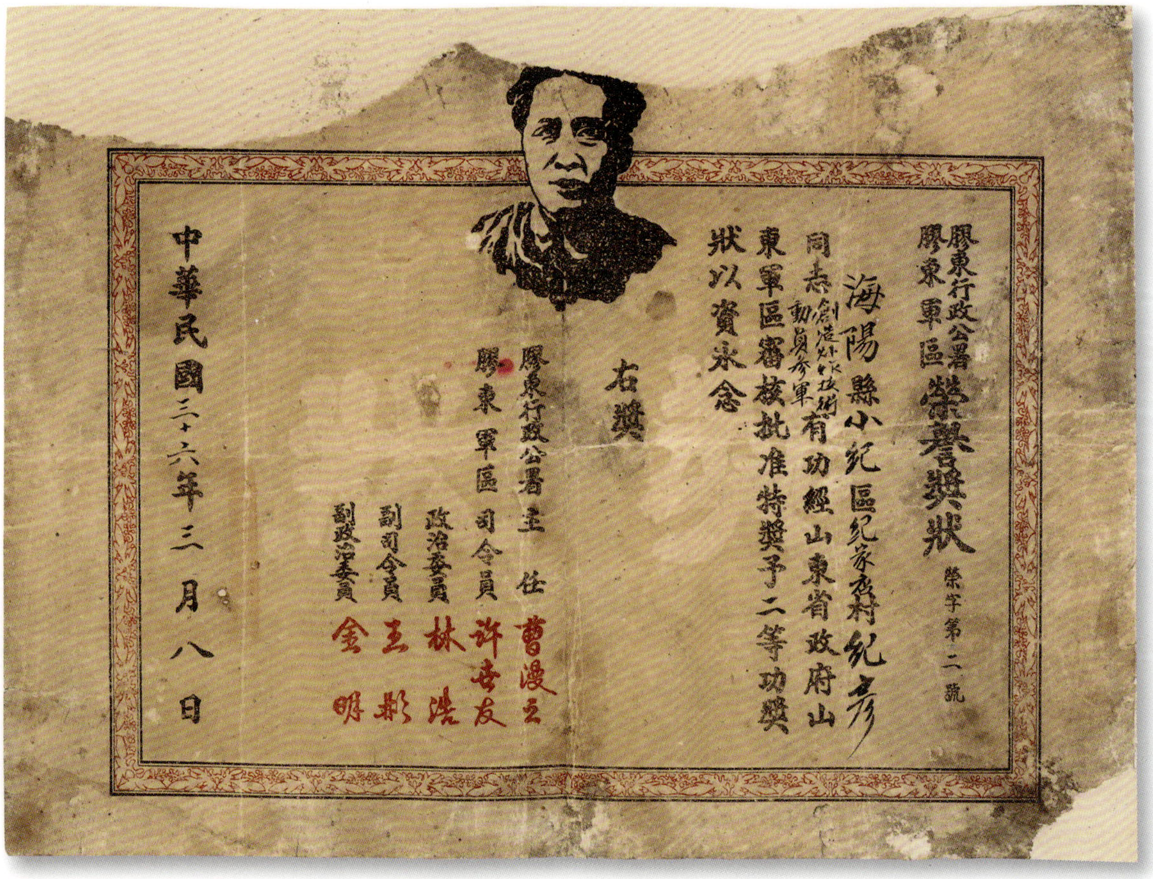
膠東行政公署
膠東軍區 榮譽獎狀 榮字第二號
海陽縣小紀區紀家夼村紀彥
同志創造爆炸技術動員參軍有功經山東省政府山
東軍區審核批准特獎予二等功獎
狀以資永念
右獎
膠東行政公署主任 曹漫之
膠東軍區司令員 許世友
政治委員 林浩
副司令員 王彬
副政治委員 金明
中華民國三十六年三月八日

莒南县支前民工田德隆的壹等功奖状

1948年

山东博物馆藏

为加强和统一领导华东的支前工作，全力支援即将进行的淮海战役，1948年10月，中共中央华东局正式成立了华东支前委员会，鲁中南区党委第一副书记兼鲁中南军区司令员傅秋涛任主任委员，梁竹航任副主任委员，唐少田、白备伍、张雨帆、张劲夫、魏思文等任委员。

田德隆是莒南县薛庆镇看马庄村人，在淮海战役的支前工作中胜利完成任务，经华东支前委员会评议荣立壹等功。在淮海战役中广大支前群众依靠人力和相当落后的工具，用肩挑、车推、船运等方式，将大量的粮食、弹药等军需物资源源不断地运往前线，将伤员转运到后方救治，涌现了无数支前模范。

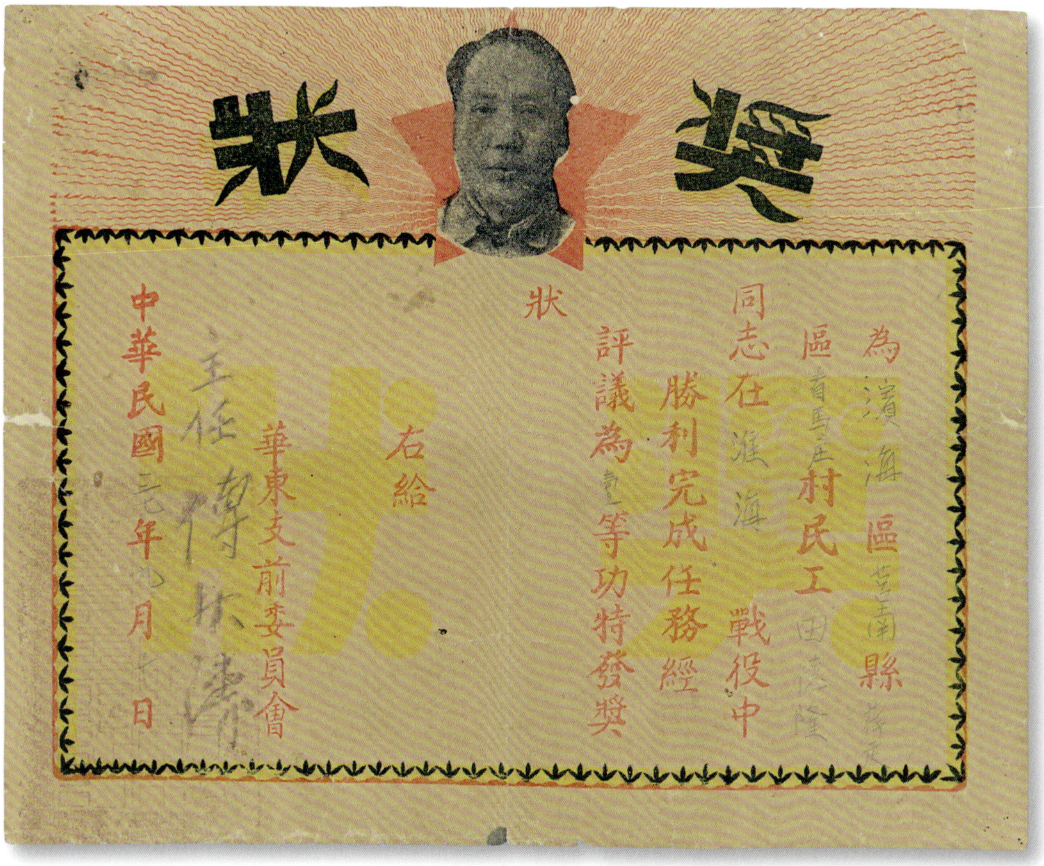

沂蒙担架团五营的“支前京沪杭 功扬沂蒙山”奖旗

解放战争时期
山东博物馆藏

华东第三野战军第二十军后勤部赠给沂蒙担架团五营的“支前京沪杭　功扬沂蒙山”奖旗。

济南战役结束后，山东地方党组织把支援人民解放军作战作为各项工作的重中之重，积极组织群众支前。山东人民在党组织领导下，继续支援大军南下，参加淮海、渡江等战役，为全国的解放作出了重大贡献。我军在全国共进行了142个战役，而山东人民就支援了34个；发生在山东地区的、全部由山东人民支援的战役就有23个。革命战争时期，沂蒙山区420万人口中有120万人参战支前，20万人参军入伍，10万英烈血洒疆场。一面旗帜见证了淮海战役中沂蒙担架团穿越火线救伤员的每一个历史时刻，凝聚的是沂蒙人民忠诚爱国、敦厚淳朴、坚忍不拔、勤劳勇敢的革命精神。据不完全统计，在整个解放战争中，山东解放区共出动一百万民工，43.5万副担架，把203780名伤员转移到后方，有数百万名人民群众参加了护理工作。奖旗上铿锵有力的十个字，是对“党群同心、军民情深、水乳交融、生死与共”沂蒙精神作出的最为生动的诠释和彰显，记载和见证了这个来自沂蒙山的担架团久经考验、凯旋荣归的感人事迹。

晋冀鲁豫野战军第一纵队司令部颁发的“大反攻中首立奇功”锦旗

1947年
冀鲁豫边区革命纪念馆藏

此锦旗质地为棉麻纤维，此面“大反攻中首立奇功”锦旗是晋冀鲁豫野战军第一纵队司令部奖给攻克郓城的一旅一团全体指战员的。解放战争时期，在千里挺进大别山的战略进攻中，晋冀鲁豫野战军强渡黄河，一旅一团首克郓城，被授予“大反攻中首立奇功”锦旗。

晋冀鲁豫野战军主力部队于1947年6月30日，在张秋镇至临濮集的三百余里地段上，强渡黄河，发起鲁西南战役，至7月28日，歼敌四个整编师部和九个半旅共6万余人，揭开了中国人民解放军战略进攻的序幕。

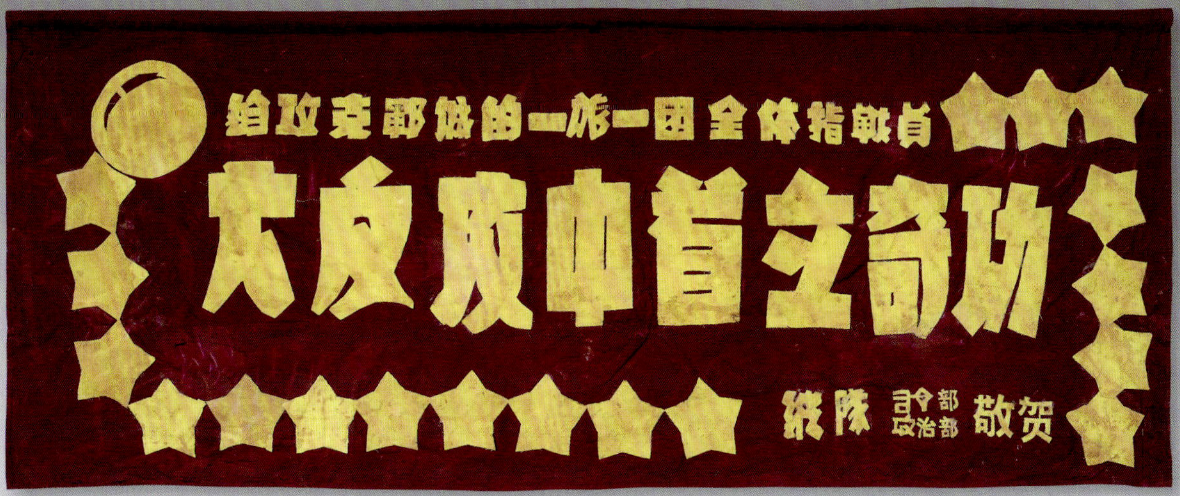

刘廷献

1929—1948

山东胶州人。1947 年入伍，系华东野战军第十三纵三十七师一一〇团二营战士。1947 年 9 月，华东野战军主力发起战略进攻，挺进中原后，国民党军队 10 万余人由昌邑、高密、胶县一线进犯胶东解放区，企图围歼华东野战军内线兵团于胶东半岛。我军以两个纵队阻敌，以两个纵队两个师转至外线，切断胶济路，断敌后方补给线。10 月 2 日至 10 日在饮马、山阳庄地区歼敌 12000 千余；11 月 4 日至 30 日在胶县、高密歼敌万余；12 月 4 日至 26 日又在莱阳歼敌 17000 余。至 12 月底共收复县城十余座，歼敌 36000 余人，最终粉碎了敌人对山东的进攻。在莱阳战斗中，刘廷献一人缴获六〇炮一门、冲锋枪三挺，荣立二等功。1948 年，刘廷献在淮海战役双堆集战斗中英勇牺牲。

刘廷献烈士的奖状

1947年

胶州烈士纪念馆藏

刘廷献的二等功奖状，华东野战军第十三纵队三十七师一一〇团颁发。由于口音差异，奖状将“刘廷献”名字误写为“刘廷善”，落款时间延续民国纪年法，为中华民国三十六年十二月廿五日。该文物于1992年征集入馆，由刘廷献烈士亲属捐赠。

华东野战军颁发的二级人民英雄奖章

1947年
济南市博物馆藏

1947年6月，为表彰在解放战争第一年涌现出的大批英雄模范的丰功伟绩，华东野战军颁发了大批奖章和纪念章，人民英雄奖章即为其中重要的一种。该章分为三级，即一级人民英雄、二级人民英雄、三级人民英雄。其中，二级人民英雄奖章，铜质，通径4.2厘米。根据三野战史，华东野战军二级人民英雄奖章获得者只有99名。

1947年1月下旬至2月上旬，山东、华中部队遵照中共中央军委的命令，进行了统一整编，成立华东军区，山东野战军与华中野战军合并，成立华东野战军。华东军区下辖胶东、鲁中、鲁南、渤海、苏中、苏北军区和滨海军分区，东江纵队等，共约30万人。陈毅任华东军区司令员、华东野战军司令员兼政治委员，粟裕任副司令员。华东野战军下设十一个纵队和一个特种兵纵队，除两个纵队留在苏中和苏北坚持敌后斗争外，均在山东解放区执行内线作战任务。

李永江

?—1950

山东栖霞人，1944年8月参加八路军，历任战士、班长、排长、连长等职。因在战斗中勇敢无畏被称作“李二虎”，济南战役中任三营七连二班班长。1948年9月攻打济南内城时，华东野战军九纵七十三团“常胜连”担任主攻，其发扬了高度的革命英雄主义精神，我军虽三次受挫，仍顽强攻击，不屈不挠，连续爆破突击。李永江率领全班首先进行突击，他第一个爬上10米高的云梯顶端，当发现云梯不够长，离城头还有半人多高之时，他毫不迟疑地把冲锋枪往脖子上一挂，两腿用力一蹬跃上城墙，成为登上济南内城城墙的第一人。济南战役结束后，李永江荣立特等功一次，并荣获华东野战军第九纵队嘉奖的“济南英雄”荣誉称号。1950年11月28日李永江在朝鲜参加抗美援朝柳潭里战斗中壮烈牺牲。

济南战役后李永江荣获的“济南英雄”奖状

1948年

济南市博物馆藏

1977年由旅大市沙河口区民政街3822号李永海捐赠，系济南战役中华野九纵七十三团三营七连二班班长李永江所获“济南英雄”奖状。

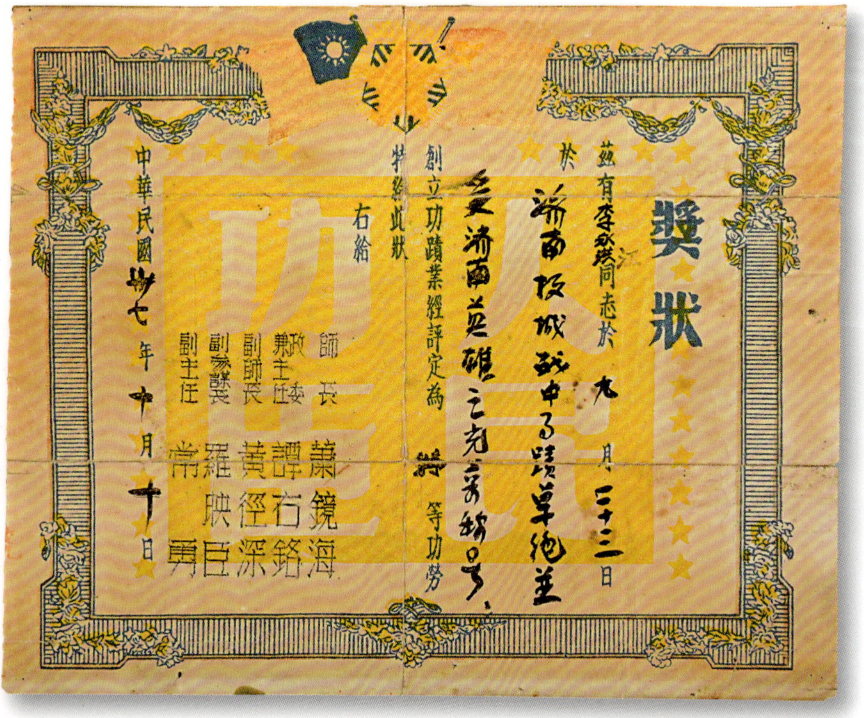

朱象文的淮海战役壹等功奖状

1948年
昌邑市博物馆藏

奖状为纸质，外有木框封存，白底彩印墨写，上书写：为胶东区昌南县北孟区魏家村民工朱象文同志在伟大淮海战役中胜利完成任务，经华支评议为壹等功，特发奖状。落款为：华东支前委员会主任委员傅秋涛，中华民国卅七年十二月卅日。

该奖状是解放战争时期昌邑县支前民工与人民解放军军民情深的最好见证。在淮海战役期间，昌邑、昌南两县人民先后参加支前3.3万多人次，朱象文是其中一员。他跟随支前部队将大量军需物资运往前线，再将一批又一批伤员转移到后方。淮海战役胜利后，华东支前委员会主任傅秋涛为其颁发了此壹等功奖状。

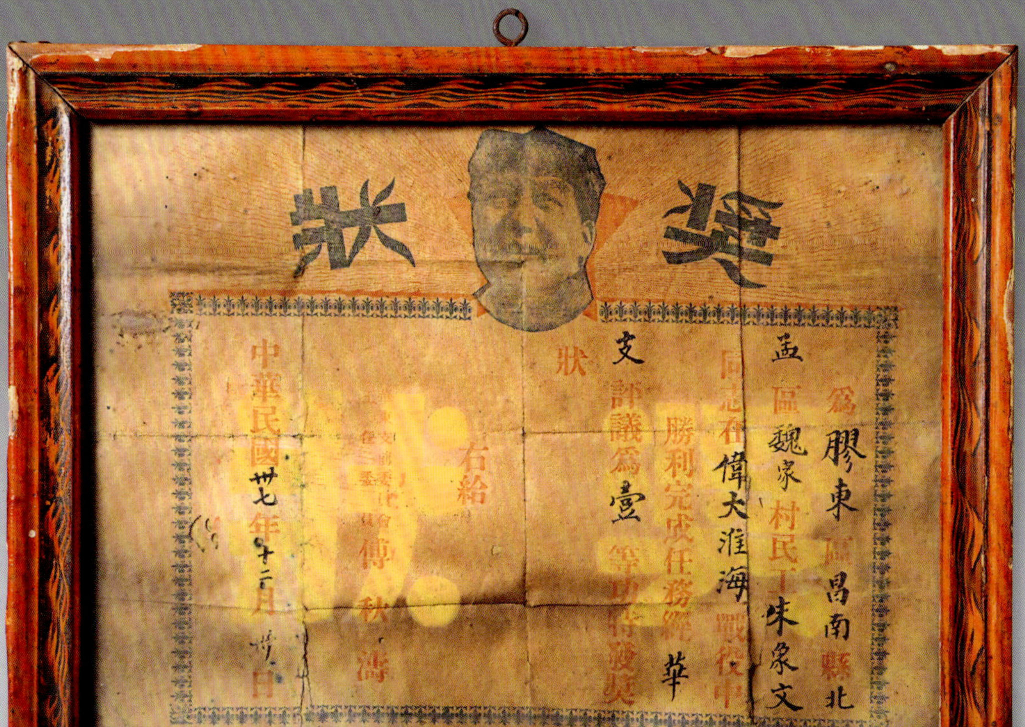

二十七师司令部、政治部奖给七十九团四连“潍县战斗模范连”锦旗

1948年

潍坊市博物馆藏

第二十七师司令部、政治部奖给二十七师七十九团四连的“潍县战斗模范连”锦旗。棉麻质。整体红底黑字，金色牙条、金色垂穗装饰。黑色贴布楷书“奖给七九团四连，潍县战斗模范连，第二十七师司令部、政治部”字样。部分字迹剥落、缺失。

潍县战役亦称胶济铁路中段战役，是解放战争时期我华东军民转入战略进攻后，取得的一次具有重大意义的胜利。潍县城墙高13米，内壁16米，基厚9米，石头砌成，高大坚固，易守难攻。1948年4月24日0时21分，主攻部队九纵二十七师七十九团在团长彭辉、政委陶庸指挥下对潍县西城发起总攻。八连在北侧、四连在西侧先后爆破登城，写着“把胜利红旗插到潍县城头”的两面鲜艳红旗飘扬在突破口上，“固若金汤”的潍县城被突破。敌人疯狂反扑，我军坚守阵地，弹药打光，用石头、铁锹、洋镐顽强抵抗，直至与后续部队会师，潍县解放。

潍县大捷，使胶东、渤海、鲁中三大解放区连城一片，为解放山东全省创造了条件。参战部队积累和掌握了“城市攻坚战”和打大城市的经验。第二十七师司令部、政治部表彰授予七十九团四连为“潍县战斗模范连”。

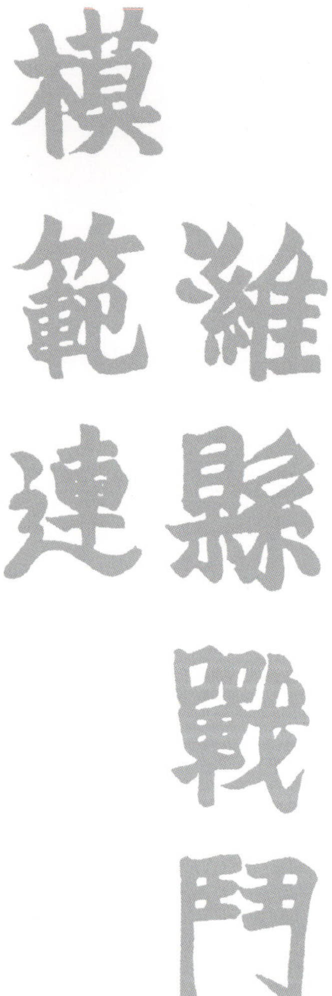

給七九團四連
維縣戰鬥
模範連
第二 七師
政治部

第九纵队司令部、政治部奖给七十九团八连“潍县战斗英雄连”锦旗

1948年
潍坊市博物馆藏

棉麻质。整体红底黄字，金色垂穗装饰。黄色贴布楷书“奖给七九团八连，潍县战斗英雄连，第九纵队司令部、政治部”字样。

潍县战役是华东野战军山东兵团第一次大规模的攻坚战，为攻克济南和解放山东奠定了基础。潍县战役异常激烈，潍县城墙高大坚固，历史上从没有任何一支队伍凭武力打开过潍县城。守城的国民党第九十六军军长陈金城自称潍县“固若金汤”“鲁中堡垒”。主攻部队七十九团八连担负强行爆破城墙打开突破口的任务。1948年4月24日0时21分，在二级人民英雄、副连长曲月平的带领下，战士们冒着枪林弹雨将城墙炸开了一个三四米宽的突破口，第一面红旗插上了潍县城头。敌人负隅顽抗，八连连续打退敌人5次反扑，子弹、手榴弹打光了，就用石头、砖头砸，固守突破口。潍县战役胜利后，第九纵队司令部、政治部嘉奖七十九团八连为“潍县战斗英雄连”。

解放军战士登上潍县城墙

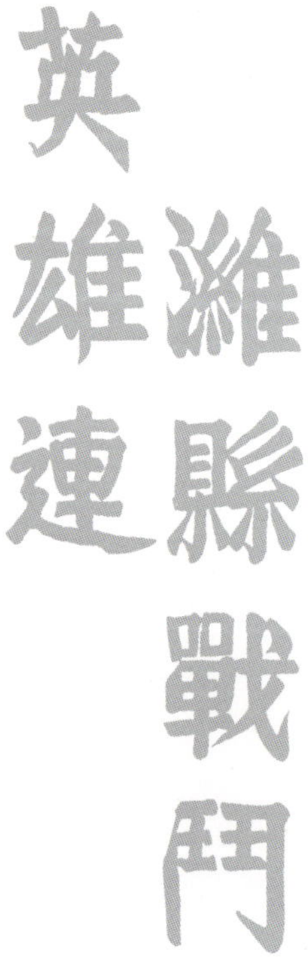

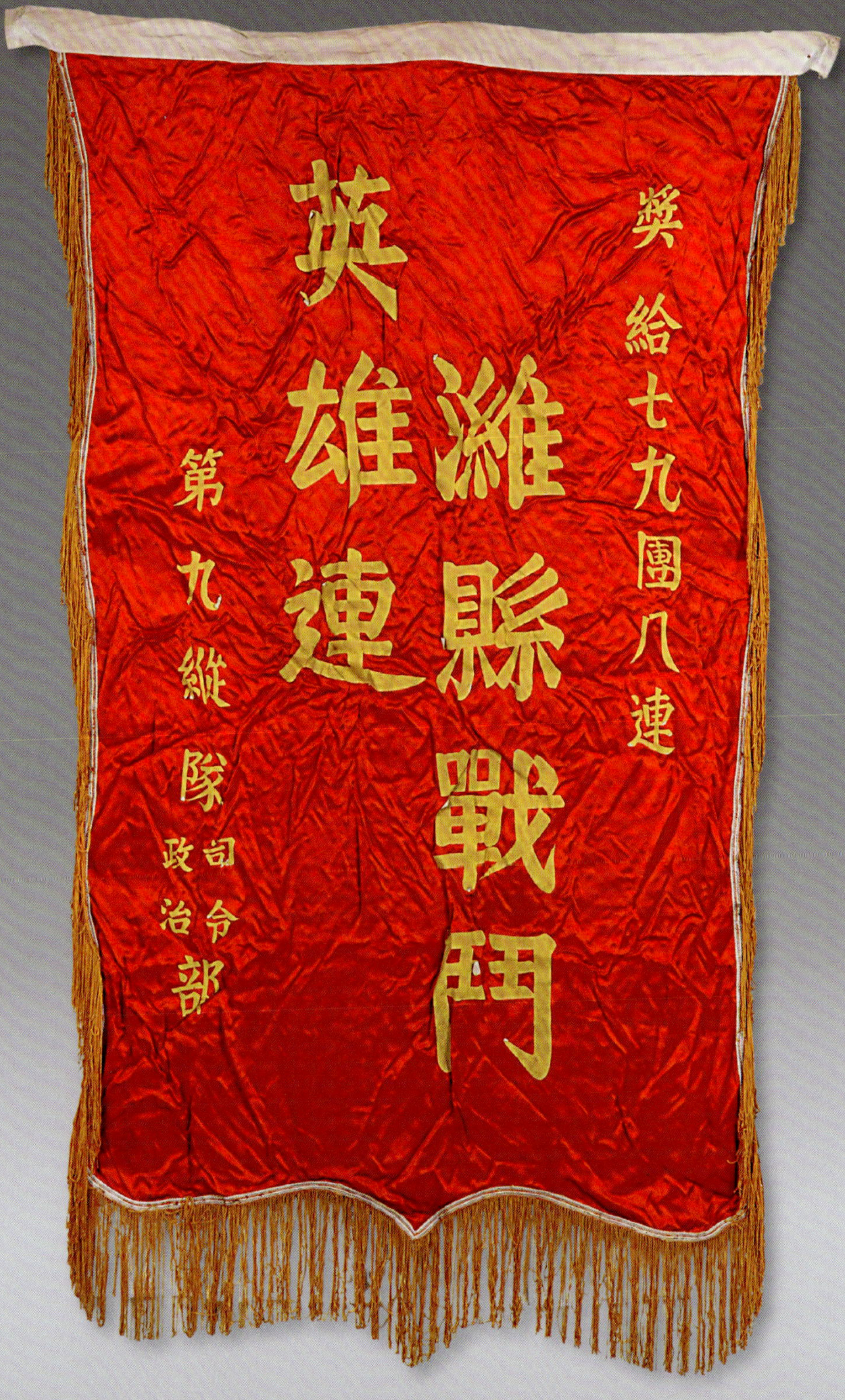
奬給七九團八連
濰縣戰鬥
英雄連
第九縱隊
司令
政治部

华东野战军颁发给叶金龙的“人民英雄”奖章

解放战争时期
冀鲁豫边区革命纪念馆藏

铜质奖章。华东野战军颁发给叶金龙的“人民英雄”奖章。1947年6月，为表彰在解放战争第一年涌现出的大批英雄模范的丰功伟绩，华东野战军颁发了一套人民英雄奖章。

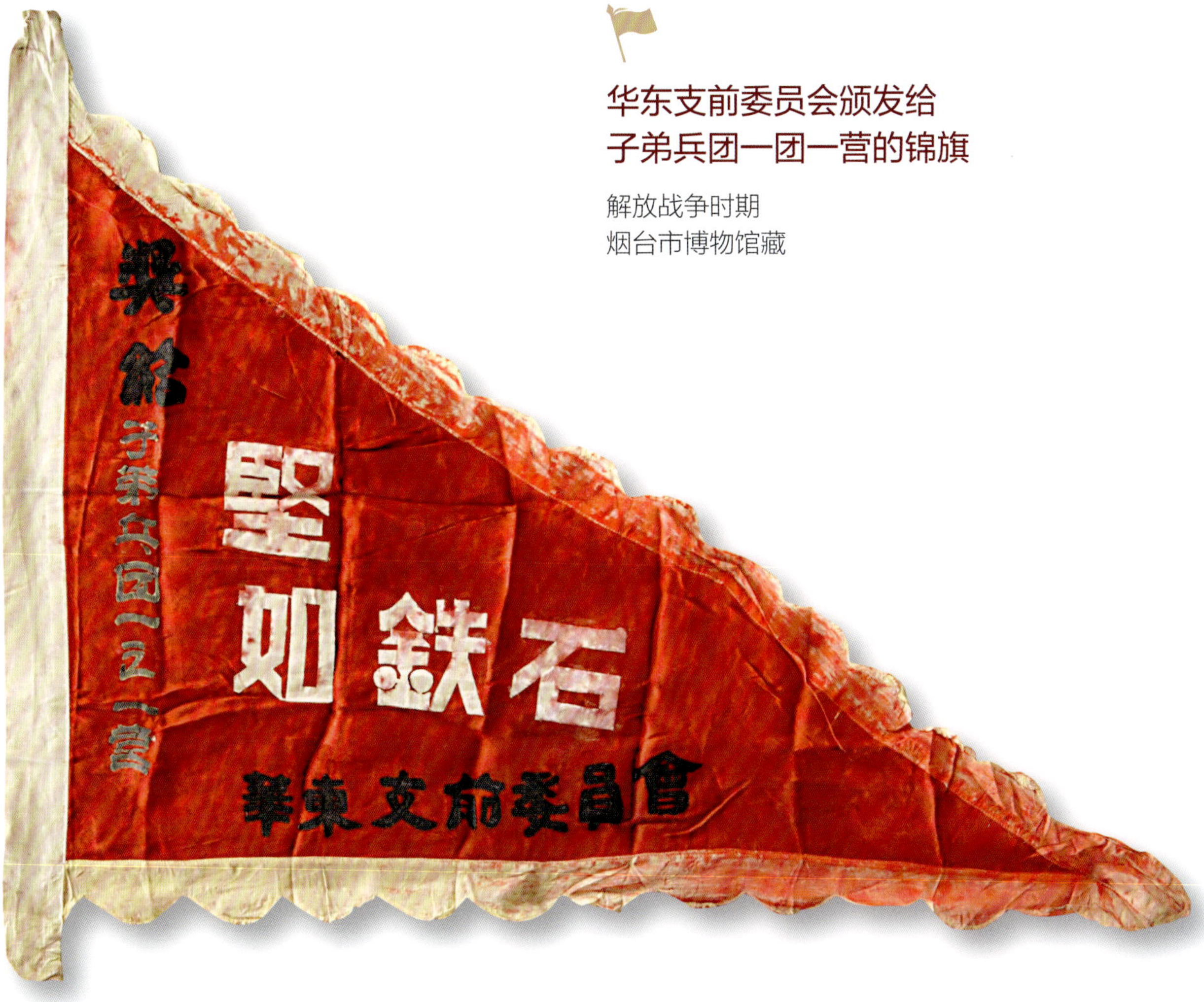

华东支前委员会颁发给子弟兵团一团一营的锦旗

解放战争时期
烟台市博物馆藏

锦旗为三角形，旗面为红绸，四周镶黄绸牙边。旗面正中贴绣“坚如铁石”四个大字，侧边自上而下贴绣“奖给子弟兵团一团（注：该字残缺）一营”，底边用黑布从左到右贴绣“华东支前委员会”。

1948年11月4日，按照军委要求，为加强和统一领导华东地区支前工作，全力支援即将进行的淮海战役，中共华东中央局筹建了华东支前委员会。淮海战役是解放战争期间规模最大的一场大决战，据统计，整个战役期间，共出动民工543万人，其中随军常备民工22万人，二线转运民工130万人，后方临时民工391万人，民工的总人数是参战官兵的九倍。正是因为有广大人民群众的全力支援，才有力地保证了战略决战的胜利，这面锦旗就是广大民工支前立功的见证。

支前民工用小车队把军需物资源源不断运往前线

胶东军区武装部编、胶东新华书店出版《民兵立功报功记功评功办法》

1947年
山东博物馆藏

《民兵立功报功记功评功办法》由胶东军区武装部编、胶东新华书店于1947年出版，对民兵与青妇队员们的立功问题和军属代耕地立功问题进行了说明和规定。

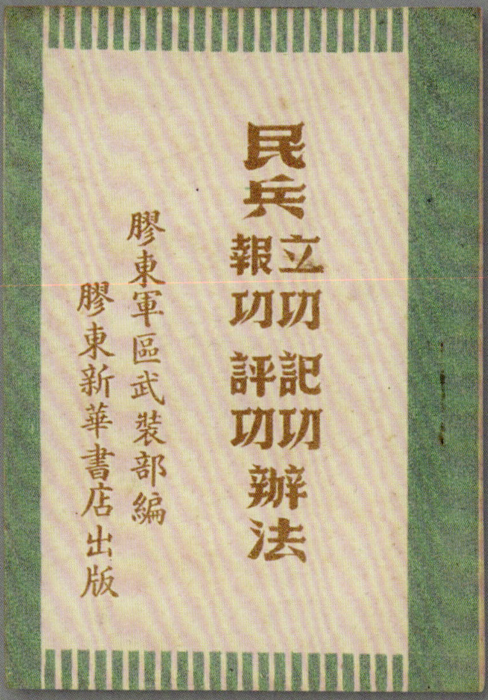
民兵立功報功記功評功辦法
膠東軍區武裝部編
膠東新華書店出版

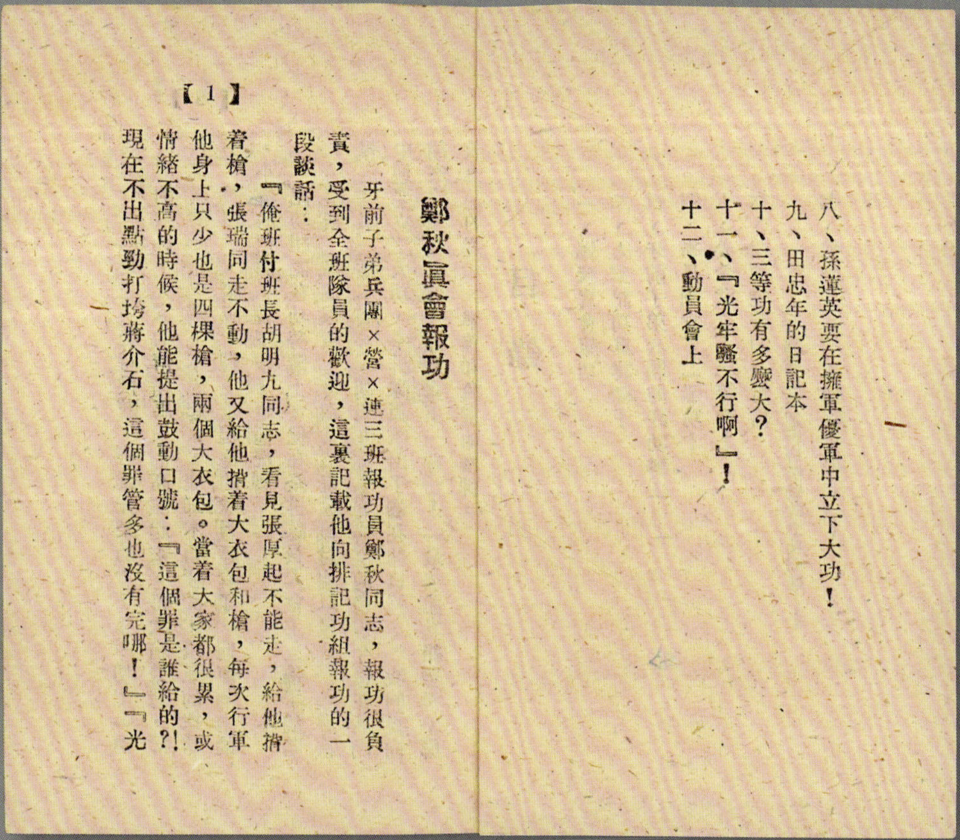
八、孫蓮英要在擁軍優軍中立下大功！
九、田忠年的日記本
十、三等功有多麼大？
十一、『光牢騷不行啊』！
十二、動員會上

鄭秋眞會報功

牙前子弟兵團×營×連三班報功員鄭秋同志，報功很負責，受到全班隊員的歡迎，這裏記載他向排記功組報功的一段談話：

『俺班付班長胡明九同志，看見張厚起不能走，給他揹着槍，張瑞同走不動，他又給他揹着大衣包和槍，每次行軍他身上只少也是四棵槍，兩個大衣包。當着大家都很累，或情緒不高的時候，他能提出鼓動口號：『這個罪是誰給的?!現在不出點勁打垮蔣介石，這個罪管多也沒有完哪！』『光

【1】

华北解放后，国民党残部据守渤海海峡的长山列岛，妄图封锁解放军华北基地。第三野战军一部于 1949 年 8 月 11 日向该部发起攻击，至 12 日即占领南北长山岛、大小黑山岛等 7 个岛。19 日，解放军部队向北之猴鸡岛、砣矶岛等发起攻击，守敌逃遁，20 日收复该岛。至此，长山列岛全部解放。

1954年二十六集团军七十八师二三四团奉命进驻长山列岛，归海军长山北警区指挥。

胶东北海区长山特区船工刘政华的特等功功劳证

1949年
山东博物馆藏

这张功劳证是参加过长山岛战役的北海区长山特区船工刘政华在战后获得的，1949年8月27日由山东省人民政府支前办事处颁发。

长山岛战役胜利，标志着山东全境解放。在长山岛战役中，船工发挥了巨大的支援作用。20多岁的刘政华被编入警备四旅十一团海上突击队，在海战时给部队当向导。解放长山岛战役的部队是由华野二十四军七十二师和山东军区部分部队组成的，长山岛战役开创了人民解放军陆军乘木帆船大规模登陆作战、摧毁敌军立体防御的先例，在我军战史上写下了以劣势装备战胜优势装备之敌的光辉战例。我军在解放长山岛的战役中战斗决心坚决，筹划准备工作细致，参战指战员勇敢机智，后勤保障得力，军民同心同德，以较小的代价换来长山列岛的胜利解放。

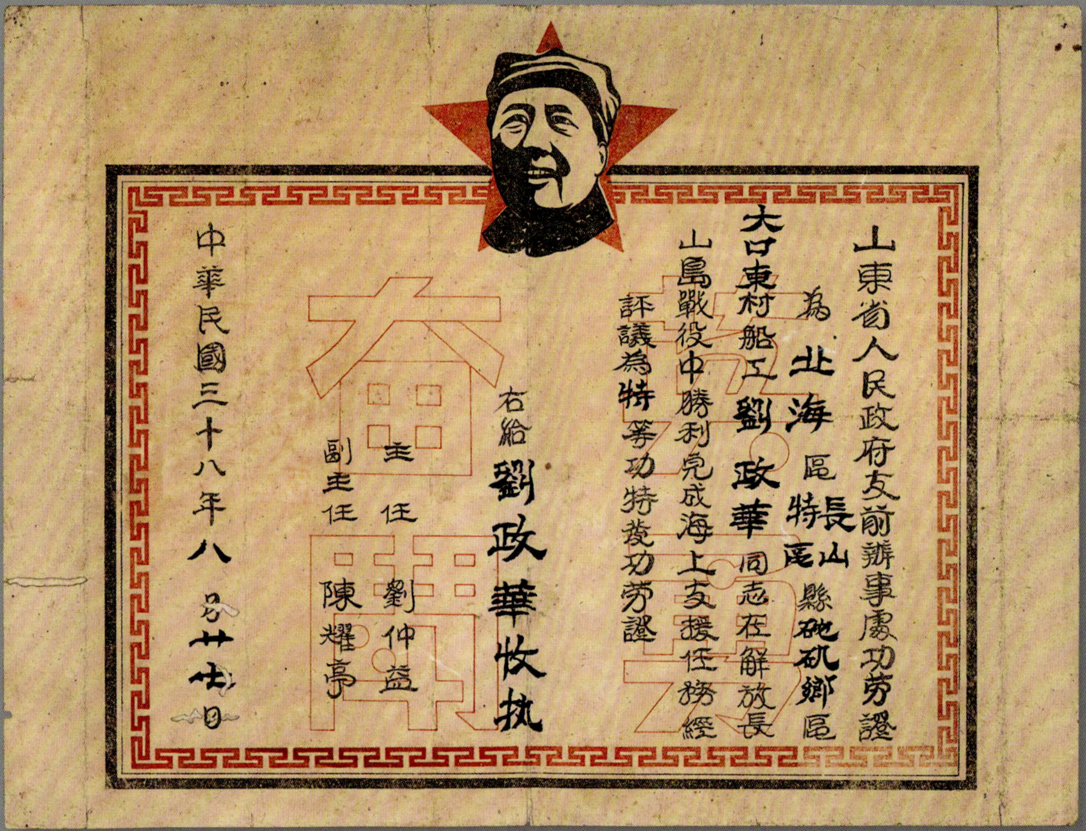
山東省人民政府支前辦事處功勞證
為北海區長山特區砣矶鄉區大口東村船工劉政華同志在解放長山島戰役中勝利完成海上支援任務經評議為特等功特發功勞證
右給劉政華收執
主任 劉仲益
副主任 陳耀亭
中華民國三十八年八月廿七日

纪洪福

烟台海阳人，胶东军区民兵英雄。1941 年参加民兵，任民兵团长。曾带领民兵多次参加战斗，先后活捉日、伪军 24 人，毙伤日、伪军 59 人，缴获长短枪 6 支、子弹 280 发，立一等功两次、二等功两次。1944 年 7 月 1 日，被胶东军区授予“胶东军区民兵英雄”称号。1945 年，纪洪福所在的槐树底村与纪家店村、摆驾岭（今五虎岭）、亭儿崖、笤帚夼组成的五村联防，被胶东军区授予“战斗模范村”的荣誉称号。

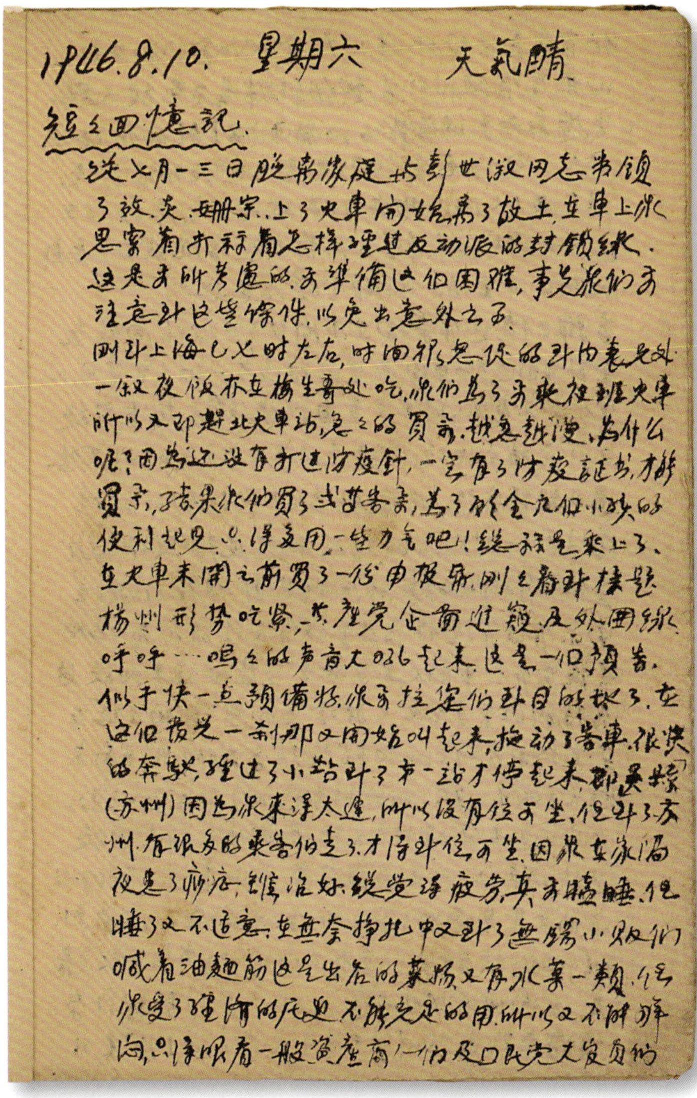
1946.8.10. 星期六 天氣晴

短短回憶記

纪洪福烈士的笔记本

1947年

山东博物馆藏

李桂芳等沂蒙红嫂勇架“火线桥”的门板

1947年
沂蒙红嫂纪念馆藏

1947年5月12日下午，孟良崮战役前夕，华野九纵的一支队伍连夜奔赴战场。时间就是胜利，为了给战士们争取宝贵时间赶快渡河，在当时村里男人都上了前线，又没有建桥材料的情况下，32名沂蒙妇女在沂南艾山乡妇救会会长李桂芳的带领下，拆掉自家的门板当桥板，以身当桥墩，跳进冰冷的汶河上中架起了一座“火线桥”，保证了大约一个团的兵力从桥上通过奔赴前线战场。沂蒙红嫂用自己的双肩托起了通往革命胜利的桥梁!

鲁南革命根据地支前用的独轮车

解放战争时期
鲁南革命烈士陵园藏

独轮车是一种人力推动的小型运载工具，框架、车轮为木质，在近现代交通运输工具普及之前，是一种广泛使用的运物、载人工具。解放战争时期，鲁南人民在战争前线和广大后方掀起了一场轰轰烈烈的支前运动，在物质条件极其艰苦的情况下，广大支前群众推着沉重的独轮车，将大量的粮食、弹药等军需物资源源不断地运往前线，将伤病员送到后方救治，有力地配合保障了前线部队作战。

胶东军区东海军分区武装部关于《开展杀敌立功武装保田冬季练兵给英模的一封信》

解放战争时期
山东博物馆藏

開展殺敵立功武裝保田
——冬季練兵給英模的一封信

親愛的男女英模同志們：

蔣介石以美帝國主義的援助，內戰陰謀到了頂點，將吃奶的力量都拿出來打內戰，血腥的鬼臉已完全在人民面前暴露，還高唱甚麼和平，召開反民主的國大，實際上一切一切還不是為了打內戰。竟敢公開進攻延安，以兩個軍的兵力進攻膠東，佔領掖縣城，陰謀繼續進攻，想消滅膠東共產黨八路軍和人民。

英模同志！咱們幾年來建設的民主膠東能被反動派摧毀嗎？「堅決不能！」堅決實行自衛！不管敵人怎樣的瘋狂，蔣介石死的命運，早就定下了。現在正是向死的方向奔走，瘋狗是活不幾天的，總會被人民打死，蔣軍的步步深入內地，戰線延長，兵力分散，更有利於我們消滅，現在已經消滅四十個師了。我們不在一城一市的得失，而是消滅敵人的有生力量，才能打垮其進攻。現在形勢是極端緊張，我們不要麻木，對美蔣的任何幻想，都是錯誤的，不要滿足過去勝利，應該更加配合主力作戰，更多的消滅敵人，在這次自衛戰中，全體民兵、自衛隊員每人要立下一件功勞，英模同志不但是在抗戰中的英模，而且要變為自衛戰中的英模，在立功中英模要作到「人人作計劃」「個個爭頭功」步步提高功勞，變為人民的功臣，百姓愛戴，永遠為人民服務。另外要幫助別人製定立功計劃，並帶領群眾，推動全村全區的立功運動，敵人到了那裏，就殺他到那裏，造成一個熱火殺敵立功運動。

其次，農民經過了土地改革，分得了土地，英模要帶領全體民兵宣誓，武裝保田，鞏固發展擴大民兵組織，握緊槍桿子，誰來侵犯咱就與他幹到底。殺敵立功，武裝保田，必須得有技術作保證，所以在今冬練兵中，英模要帶起頭來，領導全體民兵投到練兵中，作到「個個作計劃」、「人人學技術」、「村村練武」、「區區競賽」造成全面的練兵熱潮，達到學一套本領殺敵人。

最後祝努力努力勝利完成任務，功勞簿上見面吧！

致

革命敬禮

東海軍分區武裝部

十二月一日

1946年5月4日，中共中央发出了《关于土地问题的指示》，指出：要改变抗日战争时期的土地政策，即由减租减息改为没收地主的土地，分配给农民，实现耕者有其田。1947年秋，国民党军开始进攻胶东；12月，胶东军区东海军分区武装部向所辖地区的英模同志发出号召，开展武装保田冬季练兵活动，信中说："全体民兵、自卫队员每人要立下一件功劳，英模同志不但是在抗战中的英模，而且要变为自卫战中的英模，在立功中英模要作到'人人作计划''个个争头功'步步提高功劳，变为人民的功臣，百姓爱戴，永远为人民服务……""杀敌立功，武装保田，必须得有技术做保证，所以在今冬练兵中，英模要带起头来，领导全体民兵投到练兵中……造成全面的练兵热潮，达到学一套本领杀敌人……祝努力努力胜利完成任务，功劳簿上见面吧！"解放区分得了土地的农民群众也同仇敌忾，情绪高昂，坚决拥护共产党，积极支援解放军。

晋冀鲁豫军区政治部编印《烈士英名录》

1947年
菏泽市定陶区博物馆藏

1947年晋冀鲁豫军区政治部编印。纪念在艰苦伟大的全面抗战中为了祖国独立和人民解放而牺牲的烈士，收集了烈士生平及斗争简历。书中按照牺牲烈士生前所在部队分为八个部分，详细记录了烈士的姓名、职务、籍贯、年龄、入党、入伍及牺牲情况。

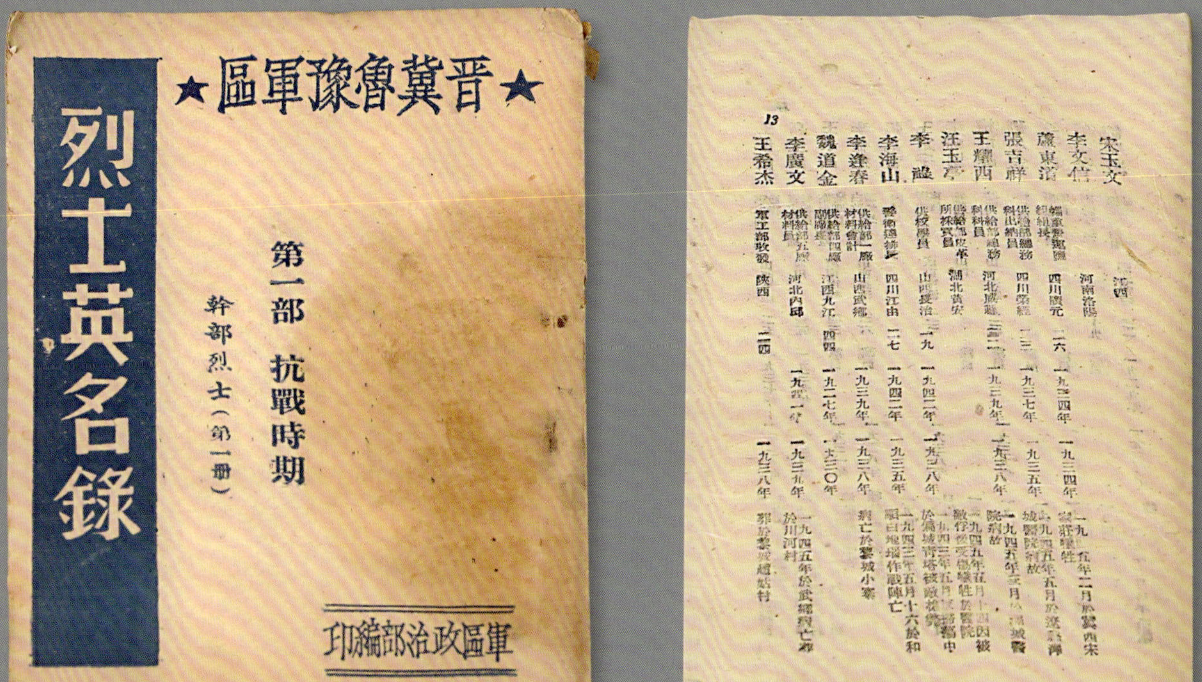

谷振礼

1915—1975

吉林长春人，中共党员。1947 年 10 月参加革命，生前系北海舰队四零一医院医务处副主任，1975 年 5 月 5 日在中国人民解放军第四零一医院因抢救伤病员过劳致病牺牲。

萧劲光给谷振礼的亲笔信

20世纪中期
青岛市革命烈士纪念馆藏

该亲笔信是萧劲光用印有“中国人民解放军第十二兵团司令部”红头纸撰写，信中内容如下。

谷大夫：

你的工作问题，仍须回兵团工作，因为兵团现在面（临）变动，你可暂住医大二分校附院帮助工作，其生活供给由院方负责，将来由兵团设法还他们，等兵团给你去信后旋即回来。

致

敬礼

肖劲光

一月五日

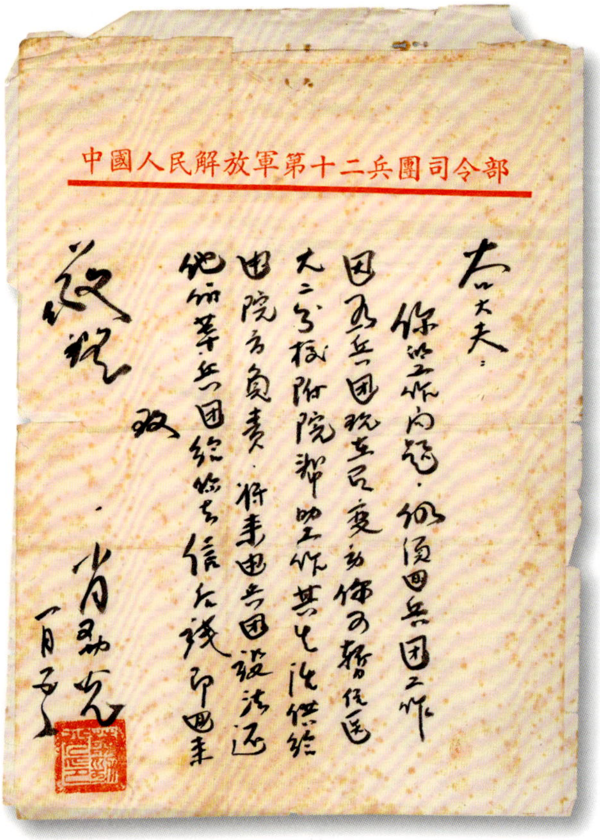
中國人民解放軍第十二兵團司令部

谷大夫：

你的工作问题，仍须回兵团工作，因为兵团现在面变动，你可暂住医大二分校附院帮助工作，其生活供给由院方负责，将来由兵团设法还他们，等兵团给你去信后旋即回来。

致

敬礼

肖劲光

一月五日

山东省纪念革命烈士建筑委员会临沂分会《山东省革命烈士英名录》

1950年

沂蒙革命纪念馆藏

繁体手写，装订成册，共计25册。记录了从大革命时期到解放战争时期的25年间，在沂蒙山区境内战斗、工作牺牲及沂蒙山区人民在外地牺牲的烈士，共计62576名。

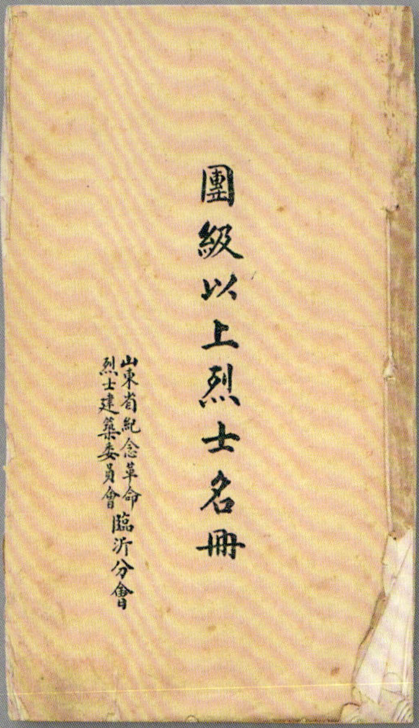

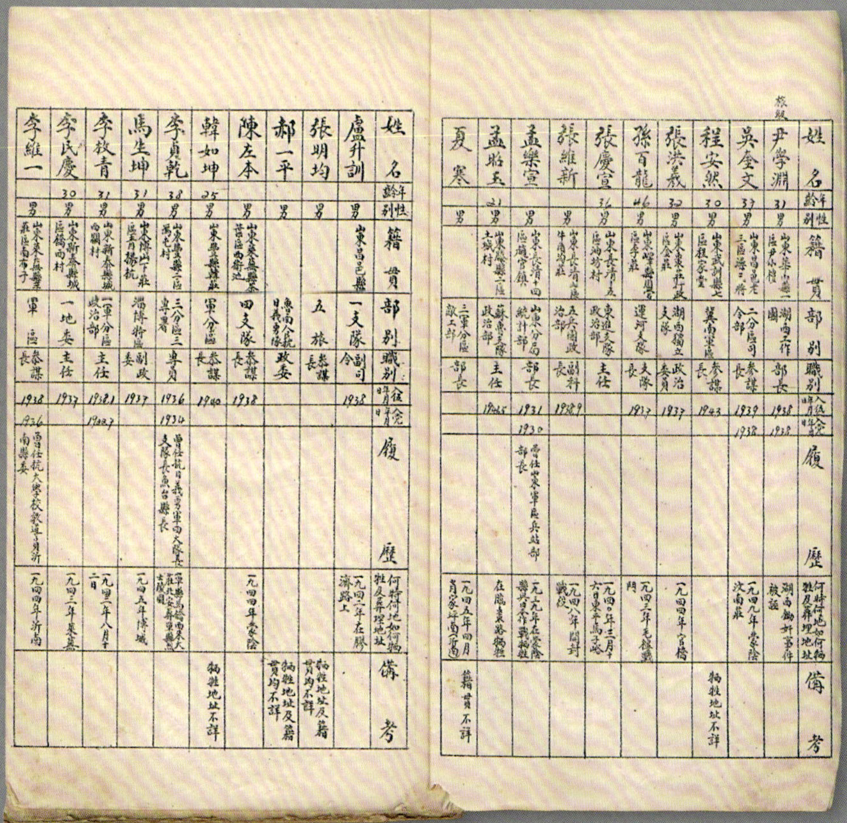

革命烈士紀念堂

华东革命烈士陵园，位于山东省临沂市兰山区金雀山街道办事处。陵园占地面积约10万平方米。陵园始建于1949年4月，内部由馆、堂、廊、亭、墓等18座大型纪念性建筑物组成。主体建筑革命烈士纪念塔、革命烈士纪念堂与南北大门位于一条中轴线上，其他建筑对称性地分布在主体建筑两侧。革命烈士纪念塔位于陵园中央，塔高45米，为五角亭柱式建筑，塔身正面“革命烈士纪念塔”七个贴金大字，四周石壁上刻有浮雕和题词。革命烈士纪念堂长45米，高21.4米，为双层古宫殿式建筑，堂内巨大石质联碑上镌刻着62576位烈士英名，其中县团级以上干部372名。陵园现已成为全国爱国主义教育示范基地，全国100个红色旅游经典景区之一，全国30条红色旅游精品线路之一，国家AAA级旅游景区。

华东支前司令部、政治部颁发给李常海的奖状

1949年

烟台市博物馆藏

华东支前司令部、政治部奖状，胶东区福山县古现区古现村民工李常海在京沪杭战役中胜利完成任务，经团评委评议为壹等功，特发奖状。落款为：司令员傅秋涛、政治委员宋任穷、副司令员曹荻秋、副政治委员陈丕显、政治部主任魏思文，落款日期为中华民国三十八年（1949年）六月十九日。

1948年11月4日，华东局决定成立华东支前委员会和华东支前司令部，统一领导包括山东在内的华东地区的支前工作。鲁中南区党委第一副书记、鲁中南军区司令员傅秋涛，被任命为华东支前委员会主任和华东支前司令部司令员。傅秋涛走马上任后，思考的第一个问题就是以什么样的形式支援前线最有效，为此，他去征求华野各纵队首长的意见。他们答复说：“带手的民工我们已经够用了，现在缺的就是带枪的民工（民兵）！”原来，面对淮海战场上的强敌，各纵队都希望能集中优势兵力去战胜敌人，可是战场上许多事又不得不让他们从主力部队中分兵来做，例如打扫战场、押送俘虏、看护仓库、打击小股敌人和土匪等，而这些，依靠民工是万万不可能的。

于是，傅秋涛就向山东各解放区的民兵组织发出了“带上武器，支援前线”的号召。武装民兵们无不热情高涨，纷纷报名要求参加支前。就这样，山东很快就调集到首批2.2万余名携带有各式武器的武装民兵。为便于指挥和管理，华东支前司令部将他们按部队编制编成了17个团，统称“华东子弟兵团”，然后分别配属给华东野战军各纵队，让他们执行运送伤员、押送俘虏、看管物资等战勤任务，以便主力部队腾出手来专心打仗。

此件文物反映了胶东地区支前民工的来源区域和参战轨迹，是解放战争时期反映支前队伍活动的珍贵资料。

滨海地委印
《地委关于今秋参军工作指示》

1946年
山东博物馆藏

1946年9月23日滨海地委印。1946年6月全面内战爆发后，华东局决定撤销滨海区党委和滨海军区，将滨海第一地委所属的诸城、高密、胶县、藏马、莒北5个县委划归胶东区党委领导，滨海第二、三地委和新海连办事处合并为滨海地委，直属华东局领导，辖莒县、莒南、日照、临沂、临沭、郯城、东海、竹庭（赣榆）8个县委。为粉碎国民党军队的进攻，滨海区人民在“一切为了前线，一切为了战争胜利”的口号下，全力以赴，投入战斗。

解放区群众热烈欢送参军青年

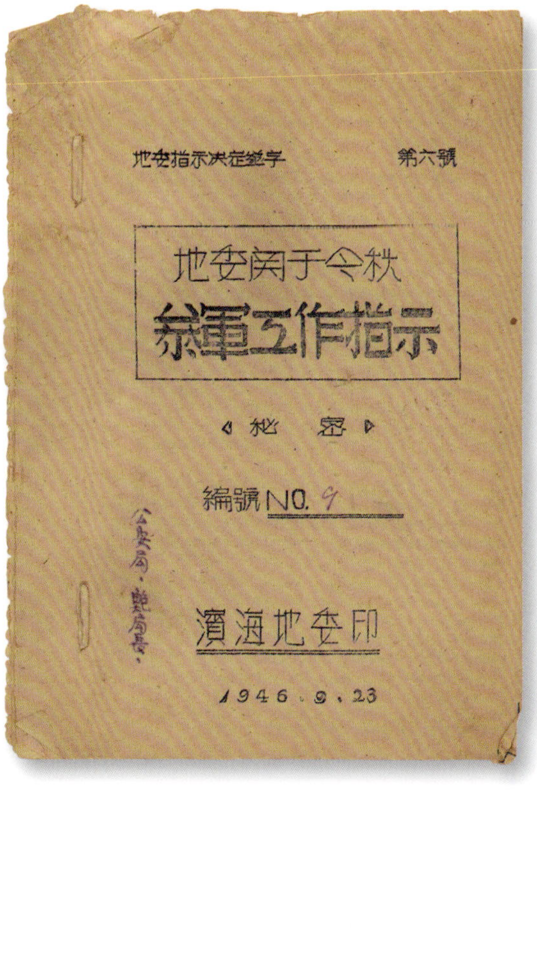

地委指示决定發字 第六號

地委關于今秋
參軍工作指示

《秘 密》

編號NO. 9

濱海地委印

1946.9.23

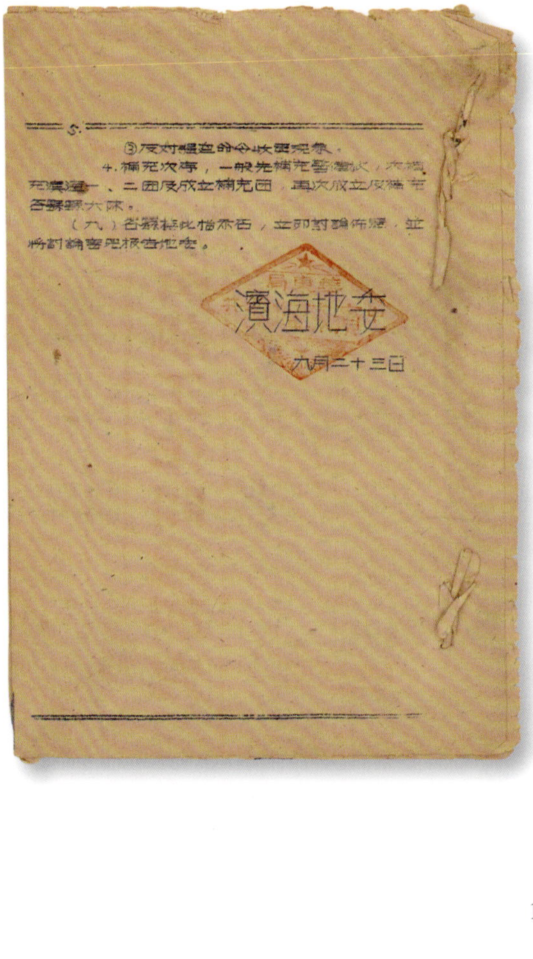

5

③反对强迫命令收買冒充等。

4.補充次序，一般先補充警衛隊，次補充濱海一、二团及成立補充团，再次成立及補充各縣縣大隊。

（六）各縣接此指示后，立即討論佈置，並將討論情形报告地委。

濱海地委

六月二十三日

华东支前委员会颁发给胶东支前民工丁培相的民工服务证

1948—1949年
烟台市博物馆藏

华东支前委员会颁发给胶东支前民工丁培相的民工服务证。证内主要记录了人员姓名、籍贯、职别、服务时间、服务机关、本人主要表现、领导机关鉴定等信息。

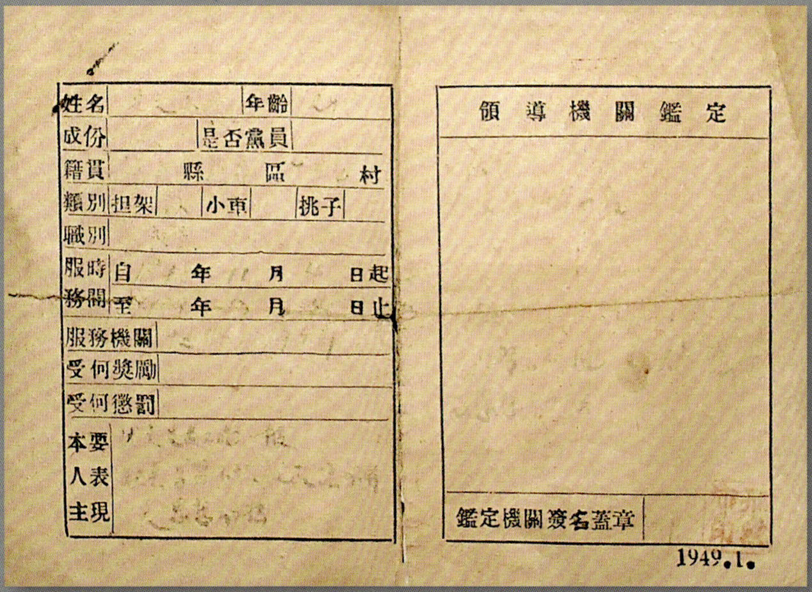